Henri Hauser

Professeur à la Sorbonne et au Conservatoire des Arts et Métiers
Correspondant de l'Institut

Les Débuts du Capitalisme

LIBRAIRIE FÉL

LES DÉBUTS DU CAPITALISME

LES DÉBUTS DU CAPITALISME

PAR

Henri HAUSER

Professeur à la Sorbonne
et au Conservatoire national des Arts et Métiers
Correspondant de l'Institut

PARIS
LIBRAIRIE FÉLIX ALCAN
108, BOULEVARD SAINT-GERMAIN, 108

1927

AVANT-PROPOS

C'est toujours une périlleuse aventure que de réunir sous un même signe des études écrites, et souvent publiées, à des dates très différentes. Parmi les huit chapitres dont se compose ce volume, l'un — le premier — est un essai vieux de plus d'un quart de siècle ; d'autres — le second et le huitième — remontent à quelques mois à peine, et encore ont-ils été fortement remaniés et augmentés en vue de la présente publication. Le lecteur peut donc se demander s'il y a entre ces pages un autre lien que le mince fil rouge qui servit à les assembler.

Nous osons croire qu'il n'éprouvera pas cette impression. Une même pensée nous a constamment guidé depuis de longues années : rechercher, dans les faits du passé, les origines des formes économiques et sociales de l'époque actuelle. Il nous a semblé que les hommes du XIXe siècle finissant et de notre temps, très légitimement fiers des transformations qui s'opéraient et s'opèrent si rapidement sous leurs yeux, enivrés pour ainsi dire par leurs victoires répétées sur la nature, étaient trop enclins à croire qu'entre notre époque et celles qui l'ont précédée il n'y avait ni ressemblance ni commune mesure. Il est certain qu'un Turgot ou même un Lavoisier, s'il s'éveillait tout d'un coup au mugissement de nos automobiles et de nos avions, s'il entendait la sonnerie de nos téléphones, s'il surprenait, sur le pont d'un navire chauffé au mazout, la chantante vibration des antennes, serait mille fois plus étonné qu'un Rip van Winkle apprenant que le roi George a cessé de régner sur la terre américaine — plus étonné même qu'un contemporain de François Ier, un Jean Ango ou un Kleberger qui se serait trouvé transporté dans les bureaux d'un Necker.

Faut-il, pour autant, renoncer au principe de la continuité historique ? Voilà ce que nous ne croyons pas. En dépit des différences — et les noter exactement est l'un des principaux devoirs de l'historien — le présent plonge, et souvent très loin, des racines dans le passé. On ne comprendra que très imparfaitement celui-là si l'on ne connaît celui-ci. Entre la crise de vie chère dont furent témoins les hommes du milieu et du troisième quart du XVIe siècle, crise dont Jean Bodin fut le génial narrateur, et la crise actuelle, il est des différences de quantité et aussi des différences de modalité; je n'aperçois pas d'essentielle différence qualitative.

C'est en ce sens que l'expression, si commode et si à la mode aujourd'hui, de *révolution industrielle*, nous a toujours paru dangereuse et quelque peu décevante. Il y eut bien, en une brève période et en un coin du monde, dans l'Angleterre des années 1760 à 80, une accumulation de nouveautés techniques et de transformations sociales, une brusquerie dans le changement des rapports économiques sans précédent et sans exemple. Mais de même que la « révolution » dont nous-mêmes avons été témoins durant notre propre existence, serait inexplicable si elle n'avait eu pour antécédents l'habileté d'Arkwright et le génie de James Watt, de même la révolution industrielle anglaise du XVIIIe siècle est le terme d'une évolution. Et, que celle-ci ait atteint son apogée, du premier coup, en Grande-Bretagne, cela ne la fait pas spécifiquement ni exclusivement anglaise. C'est fausser les choses que de diviser l'histoire en deux périodes : avant la *mule jenny*, après la *mule*, et de croire que la grande industrie et le machinisme attendirent la paix de 1815 pour s'implanter sur le continent. La réalité est plus complexe.

Ce qui peut obscurcir parfois chez l'observateur des faits économiques le sens du continu — aussi indispensable à l'historien que le sens du différent — c'est que l'évolution ne suit pas une marche régulière. Il n'est pas exact qu'un progrès s'ajoute à un autre progrès et qu'on passe d'une forme économique à une autre par une série ininterrompue de modifications insensibles. Les transformations économiques ne sauraient s'ordonner sur nos fiches comme se classent, dans les vitrines d'un laboratoire, les diverses formes fossiles qui ont mené, par exemple, à l'oursin des mers actuelles. Ou, si nous empruntons le langage des géologues, nous dirons qu'il y a, dans l'histoire économique, des transgressions et des régressions.

L'intérêt passionnant que présente l'histoire économique du XVI⁰ siècle tient, en grande partie, à ce qu'elle fut suivie d'une de ces régressions. Assurément, la valeur de ces expressions séculaires est moins que médiocre, et il faudrait bien trouver un moyen de les bannir du langage scientifique. Le mot de siècle, en dehors de sa valeur chronométrique, n'a aucune signification. Mais nous dirons que la période qui accompagne et qui suit les grandes découvertes — la période qui va de la fin du XV⁰ siècle à 1560 environ — est une période d'essor économique, une *renaissance*, qui sera suivie, durant près de deux cents ans, d'une véritable accalmie. A beaucoup d'égards, le temps où les agents des banquiers de l'Allemagne du sud spéculaient à Anvers ou à Lisbonne sur le poivre des Moluques, le temps où, appliquant en grand une invention des foires de Champagne, les employés lyonnais des maisons italiennes, suisses, allemandes, faisaient de leur ville une sorte d'immense *clearing house* européen, ce temps est bien plus près du nôtre que celui de Colbert. Il y eut, autour de 1540, une première « révolution » économique, aussi profonde, toutes proportions gardées, que celle du XVIII⁰ siècle. Puis les guerres civiles et les guerres nationales brisèrent les forces déjà déployées, et des formes sociales que l'on aurait pu croire périmées reprirent toute leur puissance. Le milieu du XVIᵉ siècle est une époque nettement capitaliste, au moins en ce qui concerne le capitalisme commercial. Durant le siècle de Louis XIV, la puissance du capital est, sinon moins considérable, moins apparente et moins dominante, sauf en Hollande et à Hambourg. C'est pourquoi la crise de spéculation qui secoua la France et l'Angleterre après la paix d'Utrecht apparaît comme une nouveauté. On n'avait rien vu de semblable depuis la crise de 1559.

Sauf pour deux chapitres dont nous avons déjà signalé le remaniement — et qui sont précisément parmi les plus récents — nous reproduisons ces études, à peu de chose près, dans la forme même où elles parurent pour la première fois. Qu'on ne voie point là une manifestation d'amour-propre d'auteur. Mais il nous a semblé qu'un travail général de refonte, outre qu'il aurait dépassé nos forces, aurait risqué d'enlever à ces essais leur principal caractère, celui d'être des tentatives successives pour investir la

vérité, des approximations variées et non un corps
de doctrine. Nous nous sommes donc borné à de très
légères retouches, faisant disparaître les phrases
qui auraient sonné comme de trop grossiers ana-
chronismes, indiquant discrètement les travaux qui
sont venus rajeunir le sujet.

Qu'on ne voie pas non plus dans ce respect de nos
anciens textes un attachement obstiné à des con-
ceptions qui ne cadreraient plus de tout point avec
l'état actuel de la science historique. Nous présentons
ces modestes études telles qu'elles furent, avec leurs
erreurs et leurs insuffisances. Nous ne disons pas
que nous en récririons aujourd'hui toutes les lignes
telles que nous les écrivions jadis. Ceci est en particulier vrai du premier chapitre, que nous ne pouvons
relire sans y retrouver l'écho d'un enthousiasme
un peu juvénile, prompt aux généralisations ambi-
tieuses : l'étude patiente des faits et des textes se
charge de rogner les ailes de l'esprit.

Ce n'est pas que nous soyons très sensible aux
discussions doctrinales, si ardentes en Allemagne,
sur la définition du capital, sur les expressions de
capitalisme et de *période capitaliste*. Dans une bro-
chure dont la première édition avait happé aux
Français en 1918 et qui vient d'être rééditée, le
professeur Richard Passow déclare à ces expressions
une guerre inexpiable (1); il leur dénie toute valeur
scientifique, il ne veut y voir que des termes de polé-
mique et de politique. Nous ne nous échaufferons
pas à ce point. Nous croyons qu'on peut parler du
capitalisme comme d'un fait, sans amour et sans
haine. Ce n'est pas nécessairement un élément d'une

____

(1) « *Kapitalismus* », *eine begrifflich-terminologische Studie*. 2ᵉ éd.,
Jena, 1927.

terminologie marxiste ou antimarxiste. Et si les économistes peuvent discuter à l'infini sur le concept de capital, cette controverse laisse les historiens indifférents. Ils savent très bien ce que veut dire M. Henri Pirenne lorsqu'il étudie les « périodes de l'histoire sociale du capitalisme » (1). En dépit des anathèmes de M. Passow, l'expression de période capitaliste restera, parce qu'elle correspond à un ensemble de réalités peut-être difficiles à définir très exactement, mais sur lesquelles nous nous entendons très bien.

Ce qui aurait pu nous amener à modifier certaines parties de ce volume, c'est la lecture des travaux qui, depuis vingt-cinq ans, ont paru sur ces questions ou même de ceux qui, plus anciens, nous étaient alors inconnus. Au premier rang nous placerons ceux de sir William Ashley (il en est peu où le sentiment des nuances soit plus exquis) et ceux de M. Tawney. Je pense également aux nombreux travaux de M. Henri Sée, à la fois à ses études originales et aux petits livres dans lesquels il a su résumer toute une évolution (2). Je n'ai pas tiré un moindre profit d'études parues en Allemagne (3), en Amérique, en Belgique, en Hollande (4), en Italie, en Russie. Les énumérer serait donner à cet avant-propos l'allure d'une bibliographie.

Parmi ces travaux, beaucoup n'ont pu que nous confirmer dans nos propres opinions. Depuis le temps

(1) Voy. encore, du même auteur, *Les villes du Moyen Age.* Bruxelles, 1927.

(2) Au moment où j'écris ces lignes paraît dans la *Revue historique* (mai-juin 1927) un article : *Dans quelle mesure Puritains et Juifs ont contribué aux progrès du capitalisme moderne ?*

(3) Particulièrement ceux de M. Strieder, qui corrige si heureusement Sombart.

(4) Au premier rang ceux de M. van Dillen.

où nous avancions certaines thèses, alors hasardées, par exemple sur les origines du crédit, sur les modes d'organisation du travail libre, bien des étonnements sont devenus des banalités. Et nous craignons fort que certains lecteurs, négligeant de dater nos essais, ne nous accusent parfois d'enfoncer à grands coups d'épaule des portes désormais ouvertes.

Il en est qui s'ouvrent. Sur la question des origines de la révolution industrielle en France, n'avons-nous pas trouvé un secours inattendu dans le livre de Ch. Ballot, auquel il n'a manqué que d'être repensé par l'auteur pour se placer à l'un des tout premiers rangs, assez près du livre classique de M. Paul Mantoux ? Hier encore, à propos des premières machines à vapeur qui apparurent en France, les recherches de M. Lemonnier sont venues montrer que Ballot avait vu le vrai.

Nous croyons également que le rôle des questions ouvrières dans la Révolution française, considéré naguère comme d'une très secondaire importance, apparaît plus nettement à la lumière des récentes publications. Notre dernier chapitre donnera peut-être aux chercheurs quelques indications.

On voudra bien ne pas oublier que ces études, pour fragmentaires qu'elles soient, se relient à celles que nous avons publiées sous le titre de *Travailleurs et marchands* (1). Elles les complètent et, sur quelques points, les corrigent. Elles sont, sous une forme que nous aurions souhaitée plus harmonieuse, la suite de nos *Ouvriers du temps passé*. Nous espérons qu'on voudra bien les rapprocher de leurs devancières pour voir dans cet ensemble une contribution à l'histoire économique.

(1) Et à nos études sur les *Compagnonnages dijonnais*.

Nous avons essayé d'ailleurs, en étudiant cet aspect particulier du passé, de ne jamais isoler les faits économiques des autres phénomènes de l'histoire. L'activité humaine est une, tout en étant multiple ; elle ne se découpe pas en domaines isolés. L'histoire ne doit pas davantage, sous prétexte d'analyse, s'enfermer en des compartiments étroits et bien clos. Au-dessus de la politique, de l'économie, des croyances, de l'art, il y a la vie, qui embrasse tout. Les spécialistes sont parfois tentés de l'oublier.

CHAPITRE PREMIER

Les origines du capitalisme moderne en France [1].

Il ne semble pas indispensable de donner ici une définition du capitalisme moderne ; ce serait la définition d'un phénomène concret, du régime économique sous lequel nous vivons. On peut différer d'opinion sur la définition abstraite du *capital*, hésiter entre la définition purement formelle des économistes : « Le capital consiste dans l'accumulation des provisions et des outils, c'est-à-dire des instruments de travail (2) », et la définition à la fois critique et historique des théoriciens socialistes : « Le capital est toute richesse qui sert à produire un revenu à son possesseur indépendamment du travail de ce possesseur (3). » Peu importe. On est d'accord, dans les diverses écoles, pour reconnaître l'existence du *capitalisme* entendu comme période de l'histoire. Il est évidemment, dans l'histoire des sociétés occidentales, une période — la période actuelle — dans laquelle le capital est devenu un facteur essentiel de la production industrielle et prélève une part sur les profits de l'industrie. De même qu'il y a eu avant nous des époques patriarcales où le système social reposait sur la propriété foncière indivise de la famille, des époques féodales caractérisées

(1) Sous ce titre nous donnons le texte remanié de trois conférences faites en avril 1901 à l'Ecole des hautes études sociales.
(2) V. le ch. IV du *Précis* de LEROY-BEAULIEU.
(3) Ce que M. Ant. Menger appelle « le revenu sans travail ».

par les relations d'homme à homme et de fief à fief, de même il existe une époque caractérisée par le rôle du capital industriel, par la concentration, entre un petit nombre de mains, des instruments de travail. C'est ce que nous appelons l'époque capitaliste.

On loue ou l'on blâme — éloges et blâmes superflus — ce phénomène social ; le capitalisme devient, ainsi, non plus seulement un fait soumis à l'observation, mais un objet d'amour et de haine, un dieu qui a ses fidèles et ses athées, ses défenseurs et ses ennemis. Dans un camp ou dans l'autre, personne ne nie l'évolution qui a enlevé au travailleur isolé la possession des instruments de la production.

« D'abord modeste instrument du travailleur manuel, dit M. Ch. Gide (1), le capital s'est peu à peu détaché de ses mains, il a passé dans celles des riches. D'abord simple instrument de production, il est devenu fréquemment un instrument de lucre. » Comment a pu s'opérer cette transformation ? D'après Karl Marx, deux conditions essentielles rendent historiquement le capitalisme possible : 1º qu'il y ait un nombre considérable de travailleurs libres, qui ne possèdent, en dehors de leur faculté de travail, rien qui puisse les faire vivre ; 2º que les instruments et moyens de production soient entre les mains d'une classe particulière d'individus qui interviennent comme acheteurs de la force de travail (2).

<hr>

(1) *Principes d'écon. pol.* (7ᵉ éd.), p. 155.
(2) M. Vandervelde dit de même, *Le collectivisme et l'évolution industrielle*, p. 10 : régime où la plus-value produite par le travail en commun, comparé au travail isolé, « est accaparée, sous forme de profit, par les seuls détenteurs des moyens de production et d'échange ». Gide, p. 154 : « Cette définition [du capitalisme] suppose évidemment une certaine condition économique et sociale, notamment le fait que la richesse peut être prêtée à intérêt ou qu'elle peut être employée à faire travailler des gens pauvres et qui seront trop heureux de se louer pour vivre. »

Si nous poussons un peu plus loin l'analyse, nous constaterons, semble-t-il, que le régime capitaliste, envisagé comme période de l'histoire, peut être caractérisé par les traits suivants : *a*) en régime capitaliste, l'instrument de travail, l'outillage, au lieu de se composer d'objets simples, peu nombreux, que le travailleur peut se procurer lui-même et avec lesquels il peut, lui tout seul, faire tous les produits qu'il vend, cet instrument est un engin plus ou moins compliqué, une *machine* (1) qui commande le travail de multiples ouvriers, et qui le divise entre les divers travailleurs ; *b*) pour que soit possible l'acquisition et l'entretien de ces machines, plus l'entretien des forces humaines qu'elles commandent, il faut que des capitaux plus ou moins considérables aient été, par l'épargne, le commerce ou le crédit, concentrés en une seule main ou en un petit nombre de mains ; *c*) dès lors, entre ceux qui possèdent l'instrument de travail et ceux qui l'emploient, entre le *capitaliste* et les *ouvriers*, il y a antinomie d'intérêts, lutte de forces antagonistes, ou, comme on dit, *lutte de classes* : l'un, maître de la machine, veut payer le plus bas prix possible la force de travail dont il a besoin; les autres, disposant de cette force de travail sans laquelle la machine n'est qu'une ferraille, veulent vendre cette force le plus cher possible.

D'où la division de notre étude en trois parties : dans la première, nous passons en revue les progrès du machinisme ou (si ce mot paraît trop ambitieux)

---

(1) Peu importe, d'ailleurs, que cet engin soit un moyen d'utiliser les forces de la nature ou seulement d'augmenter ou de mieux adapter à leur tâche les forces de l'homme. En un certain sens, tout outil autre que la main humaine est déjà une machine. Mais cette machine primitive est la possession de l'artisan, c'est lui qui la commande.

de la technique, et ceux de la division du travail ; dans l seconde, la concentration croissante du capital ; dans la troisième les conflits entre le travail et le capital.

Nous ne nous dissimulons pas ce qu'une telle division a de factice, comme toute analyse. Elle peut donner à croire que le machinisme et la division du travail ont, historiquement, précédé la formation du capital. Cela n'est pas. C'est plutôt le contraire. Sans doute il serait plus conforme à la réalité de décrire synthétiquement l'évolution totale du capitalisme. Mais un tel procédé ne nous permettrait pas d'isoler aussi nettement les uns des autres les différents facteurs de la genèse du régime actuel. Nous tâcherons donc de décrire parallèlement, et non simultanément, le développement de ces facteurs (1).

Le lecteur ne devra pas oublier qu'il s'agit ici d'une question d'*origines*, d'une de ces questions où il est indispensable de « dater finement ». Il ne s'agit pas, étant donné notre capitalisme actuel, de rechercher à quelle époque il apparaît tel quel dans le passé : nous ne l'y trouverions pas. Il s'agit de voir à partir de quel moment apparaissent les facteurs qui, en se développant, donneront naissance au régime actuel. Pour apprécier une époque, pour doser les parcelles d'avenir qu'elle contient, il faut la comparer moins avec les périodes qui la suivent qu'avec celles qui la précèdent immédiatement. C'est la méthode des géologues qui convient en cette matière.

(1) Pour ne pas nous égarer, nous limiterons nos recherches à la France. Notre étude y perdra en généralité. Mais nous y gagnerons de pouvoir plus sûrement préciser certaines dates. Car si l'histoire sociale d'une nation ressemble à celle de toutes les autres, cette histoire n'a pas suivi en tous pays une marche identique, d'une rapidité partout égale. Il n'existe pas, entre ces histoires parallèles, un synchronisme absolu.

Ceci posé, à quelle date nous installerons-nous pour observer l'apparition des formes nouvelles ? A en croire l'un des plus récents parmi les critiques de Marx, M. Slonimski (1), il faudrait commencer notre étude... à l'âge des cavernes ! « La séparation entre les travailleurs et les moyens de production, qui forme la base et l'essence du capitalisme, est un fait de la vie économique qui se trouve déjà dans la plus haute antiquité ; et rattacher ce fait à l'époque toute récente qui commence avec le XVIe siècle (2), c'est ignorer l'histoire. »

Objection juste en gros, mais en gros seulement. Que des régimes capitalistes aient déjà vécu dans le monde, cela est de toute évidence. Paul Guiraud, par exemple, a établi avec éclat le rôle relativement important des questions industrielles en Grèce (3), et l'on sait de reste la place que ces mêmes questions et celle du crédit tenaient dans l'empire romain. Mais là n'est pas le point du débat. Il a aussi existé des *féodalités* autres que celle du Moyen âge occidental ; la féodalité a existé en Egypte, en Chine, au Japon, dans l'Inde, elle existe en Abyssinie. Pourtant, quand nous parlons des origines de la féodalité médiévale, nous savons ce que nous voulons dire ; nous allons chercher ces origines dans l'organisation romaine, les invasions, etc., et non pas dans l'Egypte des premières dynasties. Il s'agit ici du capitalisme *moderne*, de celui que nous avons aujourd'hui sous les yeux, et ce capitalisme-là n'existe pas dans la société des premiers siècles du Moyen âge.

(1) *Versuch einer Kritik der K. Marx'schen ökonomischen Theorien*, Berlin, 1899, p. 13.
(2) Nous reviendrons plus loin sur cette question de date.
(3) *La main-d'œuvre industrielle dans l'ancienne Grèce*, Paris, 1900, 12ᵉ fascicule de la Bibliothèque de la Faculté des Lettres de l'Université de Paris.

Quand est-il né ? Après l'avoir cherché trop loin de nous, craignons de le trouver trop près. Dans l'opinion courante, dans la presse, dans la conversation journalière, le capitalisme est un phénomène très récent, à peu près contemporain d'un fait scientifique et d'un fait politique : à savoir la découverte de la machine à vapeur et le triomphe de l'individualisme au XVIIIe siècle. Par exemple, Schulze-Gävernitz, sous ce titre : *Grande industrie*, étudie presque exclusivement le tissage mécanique du coton dans le Lancashire, comme si la grande industrie datait seulement de la *mule-jenny*.

Je ne songe ni à nier ici le rôle social de la vapeur, ni à méconnaître l'influence économique exercée par le développement des institutions anglaises et par notre Révolution. Je dis que dater d'une époque aussi voisine de nous les *origines* du capitalisme, c'est être dupe de l'illusion que je signalais plus haut, c'est vouloir retrouver dans le passé tout le présent, et non pas seulement les éléments du présent.

Cette illusion, Karl Marx a contribué à la répandre, parce qu'il a surtout puisé ses arguments dans l'histoire de la révolution industrielle anglaise — ceux qui ont lu superficiellement son livre n'y ont pas vu autre chose — mais il ne l'a pas partagée. Il a dit très nettement que ce n'était pas la machine à vapeur qui avait créé la division du travail, mais que tout au contraire l'extrême division du travail avait rendu nécessaire et, en un certain sens, véritablement *créé* la machine à vapeur, non pas l'engin obscur qui existait depuis longtemps et dont on se servait à peine, mais « une machine à vapeur révolutionnée », c'est-à-dire une machine à vapeur adaptée à l'extrême division du travail et, dans une certaine mesure, nécessitée par cette division même. N'oublions pas, en effet, que les premières découvertes de Papin appartiennent au XVIIe siècle, que Newcomen construit sa première grande machine en 1705, Papin son bateau en 1707, et que cependant il faudra trois quarts de siècle pour que cette invention sorte tous ses effets. Papin et Newcomen ont *inventé* la machine à vapeur, ils ne l'ont pas *créée* en tant qu'instrument de production. Même la découverte de Watt, la machine à double effet (1764-69) ne deviendra réellement un agent de révolution sociale que lorsqu'elle s'adaptera au métier d'Arkwright (1771).

Dans cette conception hautement idéaliste — qu'on appelle, je ne sais pourquoi, le matérialisme historique — ce n'est pas l'objet, l'engin qui modèle la société ; c'est au contraire le besoin social qui, à son heure, adopte les engins qui lui sont propres. La fonction ici crée son organe, et non l'organe sa fonction (1).

Marx a montré que la *machinofacture*, comme il dit, a eu pour antécédent la *manufacture*, et que la manufacture est un fait ancien. Quoi qu'on pense des

(1) Sur ce point — c'est-à-dire sur un point de raisonnement pur —, je ne serais pas d'accord avec P. Guiraud (*op. laud.*, p. 87) : « Or, *c'est la machine qui crée la manufacture.* » Il est bien vrai que « l'histoire de tous les temps établit qu'il y a un rapport étroit entre le développement du machinisme et le développement de la grande industrie ». Mais ce rapport est-il de cause à effet, ou d'effet à cause ? Il est bien vrai que chez les Grecs « l'usine fut une rareté ». Mais M. P. Guiraud lui-même (p. 89-90) donne l'une des raisons *sociales* de cette rareté : l'élévation du taux de l'intérêt (12 et 18 p. 100). Une autre raison est l'esclavage. Si la machine eût été économiquement utile et possible, l'esprit ingénieux des Hellènes ne l'aurait-il inventée ? Schulze-Gävernitz s'accorde avec Marx pour montrer que ce ne sont pas les progrès de la physique et de la mécanique qui ont directement révolutionné l'industrie, mais les besoins de l'industrie qui ont nécessité les inventions mécaniques ou plutôt leur adaptation. Presque toutes les inventions mécaniques sont très anciennes, mais on n'avait pas l'idée de les appliquer tant que la situation économique ne l'exigeait pas.

théories sociales de Marx, on doit reconnaître qu'il parle véritablement en historien, lorsqu'il dit, au chapitre XII, paragraphe 1, de la troisième édition (je tiens à donner cette référence, car cette citation va peut-être étonner plus d'un lecteur) : « La coopération qui repose sur la division du travail a réalisé sa forme classique dans la manufacture. Comme forme caractéristique du système de production capitaliste, elle a dominé pendant la période de la manufacture proprement dite, qui, en gros, dura *du milieu du XVIe siècle* au dernier tiers du XVIIIe. » Ailleurs il va plus loin encore : Si « l'ère capitaliste, dit-il, date seulement du XVIe siècle », pourtant « les premiers commencements de la production capitaliste nous apparaissaient déjà *aux XIVe et XVe siècles* à l'état sporadique dans quelques villes de la Méditerranée (1). » Il faut donc aller chercher les origines de notre capitalisme jusque dans l'époque du plein épanouissement du système des communautés de métiers, système que le capitalisme devait précisément avoir pour effet de détruire.

I

LE MACHINISME ET LA DIVISION DU TRAVAIL (2)

§ 1. — Que pouvait donc, en fait de machines, connaître l'industrie du XIIIe siècle ?

« La forme élémentaire de toute machinerie avait été léguée par l'empire romain dans le moulin à

---

(1) XXIV, 1.

(2) Une fois pour toutes, et pour n'avoir plus à le redire, je signale ici la ressemblance entre certaines des idées qui vont suivre et celles qui sont exprimées par M. Karl Bücher dans ses belles études (*Entstehung der Volkswirtschaft*), que l'auteur — ce dont il s'accuse — n'avait pas lues lorsqu'il professa les leçons ici reproduites.

eau (1). » C'était le seul moyen qu'on eût trouvé d'utiliser les forces naturelles. Après les croisades, on y ajouta le moulin à vent, d'abord peu répandu. Le moulin était encore exclusivement employé pour la préparation de la farine et du tan, plus tard pour le foulage du drap. Ajoutez à cette machine essentielle les crics et les cabestans dont les maîtres maçons se servaient pour hisser au faîte les matériaux apportés à pied-d'œuvre. Et c'est tout.

Il n'est guère question non plus alors de division du travail. Cette division n'était pas nécessaire. Si on laisse de côté le mouvement commercial, limité à un petit nombre d'articles, des croisades et des foires, l'économie du XIIIe siècle était une *économie fermée*. L'artisan travaillait pour le marché local, produisait en quantités à peu près constantes quelques objets toujours les mêmes.

Rangerons-nous sous cette rubrique : *division du travail*, les dispositions qui, du moins dans les communautés jurées, interdisent à un même maître le cumul de plusieurs métiers ? Il s'agit là tout au plus d'une spécialisation professionnelle, d'une division sociale du travail, non d'une division technique du travail industriel, la seule qui puisse mener au capitalisme. Chaque ouvrier ne fait qu'un métier, le cordonnier fait des chaussures, le tisserand une pièce de toile, mais chaque ouvrier confectionne à lui tout seul l'objet tout entier qu'il doit livrer au public.

Schmoller ne me paraît pas avoir suffisamment établi la différence entre ces deux modes de division dans son *Etude historique sur la division du travail*, parue

(1) Marx. — P. Guiraud : les Grecs, avant l'Empire, n'eurent pas de moulins à eau et n'employaient même pas les bêtes pour tourner la meule.

en 1889 et 1890 dans la *Revue d'économie politique*. Confusion d'autant plus inexplicable que Marx avait donné de cette distinction un exposé vraiment classique (1).

Dans une seule industrie, nous trouvons le rudiment de la vraie division du travail. Cette industrie est déjà plus avancée que les autres comme technique ; elle est pratiquée en grand dans près de vingt villes de France ; elle est obligée de recueillir et d'accumuler de grosses quantités de matière première, elle a des débouchés lointains et étendus ; elle doit lutter contre la concurrence étrangère. Aussi G. Fagniez remarque-t-il qu'elle est la première en date des industries capitalistes (2). C'est la draperie. Pour devenir drap, la laine passe successivement par les mains de plusieurs corps d'ouvriers, les arçonneurs qui la battent sur une claie, les lanneurs qui la chardonnent, les tisserands, les tondeurs, sans parler des foulons et des teinturiers. Dans les procès qui interdisent à un foulon d'arçonner ou de teindre, il ne s'agit plus seulement d'un pur isolement corporatif, mais bien de la séparation entre les diverses opérations qui concourent à la fabrication d'un même produit. Nous verrons quelles ont été les conséquences sociales de cette avance économique.

(1) **Chose curieuse**, cette distinction fondamentale entre la spécialisation professionnelle et la division sociale du travail avait déjà été faite par les Grecs (P. Guiraud, *op. laud.*, p. 54). Elle se trouve indiquée chez Platon et, plus clairement, chez Xénophon. Ce dernier décrit : 1° la confusion des métiers dans les petites localités, où le travail est trop peu abondant pour qu'on puisse le répartir entre un grand nombre d'hommes ; 2° dans les villes populeuses, la distinction des métiers ; 3° dans certains métiers, une véritable *division du travail* : « L'un vit exclusivement de la couture du travail, l'autre de la coupe du cuir, l'un taille les tuniques, l'autre se contente d'en ajuster les différentes pièces. »

(2) *Documents rel. à l'hist. de l'industrie et du commerce en France,* fasc. II, p. XII.

§ 2. — Si du XIIIe siècle nous passons au XVe, nous assistons à un premier progrès de l'industrie mécanique. Nous sommes encore très imparfaitement renseignés sur ces questions d'histoire de la technique. Nous voyons cependant que le moulin est déjà employé, pour fabriquer le papier et pour faire mouvoir les martinets de forge. « L'ère des usines à moteur hydraulique, disait fort justement le Play, est ouverte dès le XVe siècle en France... Les premières usines eurent pour objet la fabrication de la fonte et du fer, elles s'appliquèrent ensuite aux autres métaux et à une foule de produits (1). »

La presse à imprimer est déjà plus qu'un outil ; bien qu'elle soit mue par l'homme, c'est presque une machine. Il en est de même de presque toutes les industries alors nouvelles, de ces industries de la Renaissance qui s'introduisent chez nous entre Louis XI et François Ier ; lorsque Louis XI transfère de Lyon à Tours la manufacture de soierie, c'est tout un matériel qui se déplace, « moulins, métiers et chaudières ».

Le grand mouvement de réorganisation du royaume qui suivit les guerres de religion (2) amena un développement très remarquable du machinisme. C'est, bien longtemps avant la vapeur, le premier triomphe de la machine. En 1604, B. de Laffemas (3) cite avec orgueil ces moulins de forge dont nous parlions tout à l'heure, « où le fer se tranche et fend en tant de pièces si menues et de telle façon qu'on veut, ce qui ne se faisait auparavant qu'à la main chez les serruriers et autres tels ouvriers bien chèrement... Comme aussi

(1) *Réforme sociale*, III, p. 194.
(2) V. **Fagniez**, *Economie sociale de la France sous Henri IV.*
(3) *Recueil présenté au roi de ce qui se passa en l'Assemblée du commerce*, Cimber et Danjou, XIV, p. 219-246.

le cuivre et l'airain, qui se bat et s'aplatit à la main par les chaudronniers et autres ouvriers à grands frais, se façonne, ès dits moulins, en lames si plates et en telles formes que l'on veut, plus en un seul jour qu'un chaudronnier n'en saurait faire en un mois, et à meilleur marché ». Le valet de chambre de Henri IV n'a-t-il pas ici remarquablement indiqué les caractères essentiels du machinisme : accroissement de la production, économie de la main-d'œuvre ?

C'est sous la même rubrique qu'il range « l'invention nouvelle de bluteaux (1) pour faire bluter plus de farine en une heure qu'on n'en peut faire en un jour par la façon ordinaire, et *où les enfants depuis l'âge de sept ans, les aveugles et les vieillards décrépits peuvent gagner leur vie, assis et sans peine ni travail de corps... ».* Laffemas dégage ici, avec une admirable netteté, un troisième caractère du machinisme : la réduction de l'effort physique, et il prononce déjà le mot terrible : « Prenez les enfants. » Il en est de même pour « l'invention nouvelle de faire filer en un seul atelier grande quantité de toutes sortes de laines, poils et cotons, lins, chanvres, filoselles et autres semblables étoffes, par les petits enfants, aveugles, vieillards manchots et impotents, assis à leur aise, sans travail ni peine de corps, plus en un jour qu'il ne s'en peut faire en

(1) C'est le blutoir à manivelle : il rend « la farine plus nette et salubre pour le corps humain, en ce qu'elle demeure renfermée dans un grand coffre, au lieu que les boulangers, pâtissiers et autres la font bluter par des valets nus, sales et quelquefois malsains ». Pour les fils, de quelle machine est-il question ? « L'auteur en fait veoir les expériences à Paris et en avance les frais, sur l'espérance qu'il a d'en estre recogneu... », Or ne voit pas que l'assemblée ait autorisé ces inventions. Cependant je relève, aux archives de la Côte-d'Or (B. 12096, f° 122), des lettres du 1er août 1621 (enreg. le 15 juin 1624, *ib.*, 12069 ter) qui donnent à Denis Beguignon, boulanger à Paris, le droit exclusif d'établir des moulins à bluter de son invention dans toutes les villes et terres de S. M.

trois par les quenouilles, et en plus grande perfection ».

Inutile d'ajouter que les métiers organisés résistent de toutes leurs forces à l'introduction de ces « inventions » nouvelles. Parmi celles-là mêmes qu'autorisa l'assemblée du Commerce de 1604, beaucoup n'entrèrent jamais dans la pratique. Il fallut près d'un siècle pour que la frappe des monnaies *au moulin* conquît pleinement droit de cité à côté de la monnaie au marteau (1). Il va sar dire aussi que ce mouvement de perfectionnement de la technique ne se produisait pas avec la même vitesse dans toutes les industries et dans toutes les régions. M. Boissonnade remarque, par exemple (2), qu'en Poitou le régime de la petite industrie prévalut jusqu'à la fin de l'ancien régime.

Il n'importe. Chaque jour les découvertes géographiques élargissaient commercialement la planète. Avec des débouchés nouveaux, considérables, lointains, il fallait renoncer aux systèmes anciens, où la production se réglait sur la consommation locale. Il faut produire, quitte à aller ensuite chercher ceux qui achèteront. Le besoin d'une production plus abondante, plus régulière, moins coûteuse révolutionnait l'industrie et y introduisait chaque jour davantage une plus complète division du travail. Dans le règlement de 1455 sur l'exploitation des mines du Lyonnais et du Beaujolais (3), nous trouvons déjà des charpentiers « appuyeurs de montagne » (le boisage est donc ici distinct du minage), puis des « ouvriers de martel », c'est-à-dire des mineurs proprement dits, et des « maréchaux » qui travaillent au jour. Le « maître de montagne » doit coordonner ces divers travaux « en telle

(1) LENORMANT, *Monnaies et médailles*, p. 293-300.
(2) *Essai sur l'org. du travail en Poitou*, II, p. 138.
(3) S. LUCE, *De l'exploitation des mines* (*Revue des quest. hist.*, 1877, I, p. 189-203).

manière que les ouvriers d'icelles mines ne chôment et que le travail d'icelles ne soit aucunement retardé ». Ceci sans parler des fondeurs et affineurs, qui travaillent aux martinets, des fourniers et cuisiniers attachés à chaque mine, et dont les fonctions sont soigneusement distinguées. De même, dans les ateliers de soieries du XVIᵉ siècle, à Lyon, à Tours, à Toulouse, on voit des tisseurs, des teinturiers, des mouliniers, des dévideuses ; bientôt même à côté du tisseur, dans les métiers à la tire, se tiendra une femme qui tire les lacs et qui, de sa vie, ne fera autre métier ; une autre femme est chargée, sans plus, de lire le dessin. Une presse à imprimer exige, pour la servir, de cinq à huit personnes, dont chacune a sa besogne propre. Plusieurs presses peuvent se trouver réunies dans un même atelier, et chaque atelier a ses correcteurs et ses fondeurs de caractères.

Pour peu qu'on réunisse à ces faits typiques un certain nombre de faits semblables, on n'hésitera pas à souscrire à ces lignes par lesquelles M. Vandervelde (1) résume l'évolution industrielle du Moyen âge et du XVIᵉ siècle : « Pendant toute la période corporative..., la division du travail reste peu développée. Mais, avec les grandes découvertes d'outre-mer, les marchés s'étendent, la manufacture apparaît, la division du travail, *purement professionnelle chez les artisans du Moyen âge*, décompose maintenant les diverses opérations qui aboutissent à l'achèvement des produits. Inférieur en productivité, le régime corporatif touche à sa fin ; l'ère capitaliste commence. »

Les réformes de Colbert arrêtent en partie cette évolution : elles tendent à cristalliser l'industrie sous la forme corporative. Mais lui-même ruine son système,

____

(1) *Le collectivisme et l'évolution industrielle*, p. 23.

il y introduit un élément de désordre en créant des *manufactures*, c'est-à-dire des ateliers soustraits aux règles corporatives, et où les inventions mécaniques pouvaient se donner libre carrière. Ainsi naît définitivement cette « grande industrie » dont M. Germain Martin a esquissé l'histoire (1). Peu à peu d'ailleurs le système de Colbert se disloque et nous assistons, surtout à partir de 1750, à un renouvellement complet de l'outillage. Les moulins à eau, employés pour la papeterie (2) comme pour la forge, se multiplient sur nos rivières (3). Buffon installe des hauts fourneaux d'un modèle perfectionné (4), Vaucanson transforme les métiers à tapisserie et à soierie, les machines-outils elles-mêmes s'introduisent en France et déjà l'on cite, par exemple, une machine à tailler les limes qui, manœuvrée au moyen d'une manivelle par un seul ouvrier, peut tailler huit limes à la fois. Enfin il semble résulter d'un texte, à la vérité unique et assez obscur, que la « pompe à feu » aurait servi à l'épuisement des eaux des mines d'Anzin dès 1752, avant James Watt (5). Quoi qu'il en soit, les progrès du

(1) *La grande industrie sous Louis XIV* et *La grande industrie sous Louis XV*.

(2) A l'Exposition de 1900 (exposition rétrospective de la papeterie) figurait un de ces marteaux en bois, mû par une roue de moulin, qui triturait mécaniquement la pâte de papier ; il provenait des anciennes papeteries d'Ambert.

(3) Vidal de la Blache, qui assistait à la conférence dont sort cet article, me faisait remarquer que les cartes des géographes du XVIIe et du XVIIIe siècle (celles de Sanson par exemple) portent souvent, sur les rivières, le mot *artifices*, qui indique des usines hydrauliques.

(4) Faits cités par M. G. MARTIN dans sa *Grande industrie sous Louis XV*. V. en partic. p. 198 s.

(5) C'est une supplique du comte Solages (G. MARTIN, *Grande industrie sous Louis XV*, p. 183-184) de 1782 : il demande à obtenir une prolongation de concession pour une mine dont il compte épuiser les eaux au moyen d'une pompe à feu : « Les concessionnaires de la mine d'Anzin, dit-il, ont travaillé pendant trente ans, avec plusieurs *pompes à feux*, à épuiser les eaux de leur mine. »

machinisme sont alors si nombreux que nous ne pouvons songer à les citer tous. C'est la révolution industrielle qui commence.

La division du travail a favorisé le progrès technique ; à son tour la machine rend de jour en jour plus parfaite et plus efficace la division du travail. En 1766, Messance (1) constate que « les ouvriers plus occupés à la même espèce de fabrique » sont devenus plus adroits, perdent moins de matière, emploient mieux leur temps et inventent des machines propres à accélérer l'ouvrage. En 1773, Macquer (2) nous fait pénétrer dans une fabrique de toiles peintes : « Il y a, dit-il, plusieurs ouvriers *chargés chacun d'un travail particulier*, quoique ces travaux réunis tendent tous au même but », graveurs de moules, apprêteurs de toiles, imprimeurs, *pinsoteuses*, qui font des dessins au pinceau, enfin un coloriste en chef « qui a soin de cacher aux ouvriers mêmes la plupart des ingrédients qu'il emploie ». Rappellerai-je enfin la dissertation célèbre d'Adam Smith sur la fabrication des épingles ?

Telle que nous la trouvons dans les manufactures, l'industrie française de la fin du XVIIIe siècle est donc une industrie mécanique et spécialisée, à laquelle il ne manque plus que la connaissance ou plutôt l'application de la machine à vapeur pour passer définitivement de la période de la manufacture à celle de la *machinofacture*. Il est vrai que cette industrie n'est pas seule, qu'à côté d'elle continuent à vivre les petites

---

(1) G. MARTIN, *op. cit.*, p . 51.
(2) *Ib.*, p. 263. Il y aurait lieu de relever un grand nombre de faits analogues dans l'*Inventaire analytique des procès-verbaux du Conseil de Commerce et Bureau du Commerce de* MM. P. BONNASSIEUX et Eug. LELONG. — On notera la confirmation que ces vues ont trouvée depuis dans le beau livre posthume de Ch. BALLOT sur l'*Introduction du machinisme en France*, 1923.

industries des corps de métier. Mais n'en est-il pas toujours ainsi en histoire sociale ? N'avons-nous pas encore aujourd'hui 'a boutique à côté du bazar, l'échoppe à côté de l'usine ? Une forme nouvelle n'arrive jamais à faire disparaître tout d'un coup toutes les formes antérieures. Elles subsistent, ces formes en quelque sorte fossiles, comme des témoins des époques qui ne sont plus, jusqu'au jour où les formes suivantes, vieillies à leur tour, vont être dépassées par quelque chose de plus nouveau et reléguées au magasin des vieux souvenirs.

Mais, pour ne nous occuper ici que de la grande industrie, de l'industrie des manufactures telle qu'elle fleurit vers la fin de l'ancien régime, il nous reste à nous poser une question : comment cette industrie a-t-elle pu naître et se développer ? La perfection de son outillage, la constitution des foules ouvrières qu'exige la division du travail, tout cela n'a été rendu possible que par une lente accumulation du capital. Comment, dès les jours lointains du XIIIe siècle, le capital a-t-il pu se concentrer peu à peu entre les mains des chefs d'industrie ?

II

LA CONCENTRATION DU CAPITAL

Il semblerait *a priori*, que le perfectionnement de l'outillage et de la division du travail ait précédé la concentration du capital. Ce serait pour subvenir à l'achat de coûteuses machines, à l'entretien de nombreuses équipes d'ouvriers spécialisés que les maîtres auraient accumulé des sommes considérables : l'organe dans ce cas aurait créé la fonction, la fonction capitaliste.

C'est tout le contraire qui s'est produit. La première apparition du capital, c'est-à-dire d'une richesse qui produit à son possesseur un revenu indépendamment de son travail, a précédé et non suivi la première apparition de la division du travail. C'est la fonction capitaliste qui a d'abord créé la manufacture.

§ 1. — « Le crédit, en tant que mode de production, dit M. Gide (1), n'a véritablement pris naissance que du jour où les richesses futures, non encore existantes, qui constituent son véritable objet, ont été en quelque sorte réalisées et mises dans le commerce sous forme de titres négociables. Il y a eu là une véritable révolution économique qu'on peut faire dater du XIIIᵉ siècle. »

Du XIIIᵉ siècle ! Ceux que cette assertion surprendrait n'ont qu'à se reporter aux documents recueillis par M. Fagniez dans la *Collection de textes pour servir à l'étude de l'histoire*. Ils y verront qu'à la suite des croisades, grâce au commerce du Levant, aux foires de Champagne et de Beaucaire, l'humanité occidentale passe décidément de la période de l'économie naturelle à celle de l'économie-argent (2). Ce serait ne rien exagérer que de dire que l'événement capital de l'histoire de France entre l'avènement de saint Louis et celui de Philippe de Valois, c'est la substitution progressive du paiement en espèces au paiement en nature, d'abord pour le commerce international, ensuite pour les taxes pontificales et pour l'impôt

(1) *Principes*, p. 333. Au début du Moyen âge, la richesse mobilière se compose surtout de valeurs improductives, orfèvrerie, argenterie, qui ne deviennent des valeurs que si on les réalise ou si on les engage.

(2) Mêmes considérations dans une leçon de M. Ch. SEIGNOBOS (*Revue des cours et conférences*, 6 juin 1901, p. 600-610).

royal, puis pour les redevances des vilains, puis pour toutes les transactions. Michelet, ce grand visionnaire, l'a bien compris, et il résume l'histoire du XIVe siècle en ces mots : « L'époque où nous sommes parvenus doit être considérée comme l'avènement de l'or. C'est le Dieu du monde nouveau où nous entrons... Fisc et peuple n'ont qu'un cri, c'est l'or. »

Cette volatilisation de la richesse, elle commence à l'aube du XIIIe siècle (1), elle va causer l'avènement des pouvoirs et des classes qui manipulent l'argent, le juif, le Lombard, l'ordre du Temple qui constitua la première grande banque internationale de dépôts (2), puis la royauté, enfin la grosse bourgeoisie des changeurs et des marchands, le patriciat urbain.

Comment, le juif mis à part (3), comment pouvait-on accumuler du capital dans une société régie, en matière économique, par les idées de l'Eglise ? C'était d'abord la théorie du « juste prix », *justum pretium* : toute denrée doit être vendue à un prix équitable, ni au-dessus ni au-dessous. Mais, dans son *Histoire de l'économie sociale*, M. de Girard montre que la notion du *juste prix* n'est aucunement celle d'un prix strictement équivalent aux frais de production, ce n'est pas une condamnation de la plus-value (4). Elle permet

(1) Plus exactement entre le XIe et le XIIIe siècle, plus tôt sur les bords de la Méditerranée, plus tard dans les pays du Nord.

(2) Léopold DELISLE, *Mémoire sur les opérations financières des Templiers*, 1889.

(3) Notez que l'une des fonctions essentielles du juif, pendant la période de transition entre l'ère de l'économie-nature et celle de l'économie-argent, a précisément été de faire au roi des avances en argent sur la rentrée des impôts encore payés en nature. Les Lombards jouèrent le même rôle. Il convient de se méfier, au sujet des juifs, des exagérations de Sombart.

(4) *Histoire de l'économie sociale jusqu'à la fin du XVIe siècle*, Paris-Genève, 1900, p. 84.

le bénéfice, elle interdit simplement le bénéfice exagéré, celui qui, dans les idées de l'époque, apparaît comme abusif et usuraire. C'est donc une notion toute relative, singulièrement élastique, livrée à l'appréciation individuelle des intéressés. La notion du juste prix ne peut d'ailleurs s'appliquer qu'aux produits industriels fabriqués pour le marché local. Le grand commerce, le commerce du Levant, des foires et de la Hanse, ne lui est plus soumis (1). A côté de l'artisan qui échange ses produits contre de l'argent dont il achètera des denrées, on voit apparaître le marchand qui échange de l'argent contre des denrées et ces mêmes denrées contre de l'argent.

La seconde théorie enseignée par l'Église, c'est la condamnation du prêt à intérêt. *Pecunia pecuniam non parit*, l'argent ne fait pas de petits. Non il ne fait pas de petits, mais les scolastiques ont trouvé un biais pour lui procurer des enfants adoptifs. C'est la théorie du *lucrum cessans*, du manque à gagner, et du *damnum emergens*, de la peur de perdre. Si vous prêtez à autrui l'or qui dormait dans votre tiroir, l'intérêt que vous prétendez en tirer est illicite. Mais si vous deviez avec cet argent acheter des marchandises, un champ, une maison, si l'abandon momentané de cette somme vous cause quelque dommage, alors il est juste que vous soyez indemnisé. Et par là le crédit redevient possible, pourvu que ce crédit soit gagé non pas directement sur des espèces monnayées, mais sur des objets matériels qui peuvent rapporter à leur possesseur un certain

(1) Le commerce du Levant, se composant à l'importation de marchandises très riches sous un faible poids, permet de gros bénéfices. Le commerce d'exportation, composé de matières ou marchandises lourdes et grossières, exige, pour solder la balance, l'intervention du numéraire. V. HEYD, *Commerce du Levant*.

profit, par exemple sur des marchandises. Pour devenir banquier en toute sûreté de conscience, il suffit que le changeur, comme la Frosine de Molière, se fasse marchand.

Ainsi s'explique que les plus anciens contrats de prêt à intérêt que nous ayons soient des contrats de commandite (1). Le prêt est converti en une valeur équivalente de draps, de cuirs, d'alun, que le capitaine du navire, ou le voiturier doit conduire à Ceuta, aux Échelles, ou bien encore à la foire du Lendit. C'est une commandite à la grosse aventure, *in fortuna Dei*. Si les marchandises arrivent à bon port, il les vendra au profit commun de la société et se réservera, par exemple, 20 pour 100 du bénéfice, comme il est stipulé dans un contrat de 1210. Parfois la commandite se complique d'une question de change de monnaies, d'un paiement en monnaie de Marseille, en livres tournois, ou en besants sarrasinois qui sera effectué non plus dans la ville de Messine où naît le contrat, mais en Provence, ou à la prochaine foire de Provins, à celle de Bari, ou à Saint-Jean d'Acre ; il peut être fait soit au prêteur lui-même, soit à son représentant : et ainsi, dès 1200 apparaît la lettre de change. Une procuration notariée tient lieu du moderne endossement (2).

Ces grandes foires où se centralise le commerce des épices du Levant et des draps de l'Occident, connaissent les paiements par compensation. On manie, en somme, peu de monnaie à Troyes ou à Provins ; on y échange surtout des créances et, à la fin de la foire, les boutiques des changeurs constituent un véritable

(1) V. FAGNIEZ, *Doc. rel. à l'hist. du commerce et de l'industrie.*
(2) FAGNIEZ, fasc. I, n⁰ˢ 135, 140, 155, etc. Philippe-le-Bel réduit à 20 pour 100 l'intérêt des prêts, à 15 pour 100 celui des lettres de change tirées d'une foire sur l'autre.

clearing house (1). Les créances impayées peuvent d'ailleurs, moyennant une commission, être reportées de foire en foire. Enfin dans l'industrie même apparaît la vente à terme. La loi l'interdisait, mais les tanneurs de Troyes avaient trouvé moyen de tourner la loi et ils obtiennent du roi, en 1339, le droit d'acheter et de vendre les cuirs à terme et de faire jusqu'à deux reports successifs (2).

§ 2. — Dès lors le crédit existe, et la concentration du capital industriel est possible. C'est par le commerce que s'est opérée la concentration des premiers capitaux ; ces capitaux vont être utilisés maintenant par l'industrie. Cette révolution, nous l'avons indiqué, se produit d'abord dans l'industrie de la draperie. A côté de l'ancien tisserand, tel que le décrit le *Livre des métiers*, qui vend lui-même à la halle le drap qu'il a tissé avec ses valets et apprentis (3), on voit apparaître de bonne heure le *drapier*, c'est-à-dire le gros bourgeois qui ne tisse ni ne foule, mais qui emploie, à son compte, toute une armée de tisserands, de foulons, tondeurs, lanneurs, arçonneurs, teinturiers (4). Son rôle se borne à fournir la laine aux maîtres tisserands des dix-sept villes drapières et à vendre les draps aux foires

(1) FAGNIEZ, fasc. II, p. xix. Ce sujet des *lettres obligatoires* ou *reconnaissances* a été véritablement renouvelé par M. G. des Marez dans *La lettre de foire à Ypres au XIII° siècle ; contribution à l'étude des papiers de crédit*, sur laquelle il importe de lire le magistral et lumineux article de Huvelin, *Revue hist.*, t. LXXVII, p. 152-172. Ces lettres comportent la *clause à ordre* et parfois la clause *cumulative*, à ordre *et* au porteur, ou même à ordre *ou* au porteur. « Les chirographes yprois qui constatent une dette d'argent sont souvent payables en foire. » Encore faut-il observer que « souvent la foire n'était qu'une *date* et non un *lieu* de paiement ».

(2) *Ibid.*, n° 32.

(3) *Des toisserans de lange*, édit. Lespinasse, p. 93.

(4) Dès 1270 (FAGNIEZ, I, n° 233), nous trouvons à Paris un accord entre « le commun des menuz mestres tessarens qui font euvres à autrui d'une part, et ceus qui font fere leurs euvres à autrui d'autre part ».

ou dans les Échelles du Levant. « C'est à l'avance que cette branche de la production nationale avait prise sur toutes les autres », remarque M. Fagniez, qu'il faut attribuer un trait qui, avant de se généraliser, lui avait été particulier : « La distinction entre les commerçants capitalistes et les industriels qui exécutent leurs commandes (1). » Ces capitalistes exercent déjà leur pouvoir sur un grand nombre de travailleurs. En effet, un document de 1403 affirme que dans la seule ville de Chartres le métier de draperie fait vivre « bien dix mille personnes (2) ». Cette organisation capitaliste se retrouve d'ailleurs dans les grandes villes drapières des autres pays, à Strasbourg par exemple, ou à Florence dans l'*Arte della lana*.

« Les artisans, a écrit l'auteur anglais d'une histoire de la civilisation occidentale, W. Cunningham, les artisans commencent, sous la direction des marchands, à manufacturer non seulement pour répondre aux besoins de leurs voisins et à la demande du marché urbain, mais en vue des possibilités de vente sur des places éloignées (3). »

§ 3. — Viennent maintenant les découvertes maritimes du xv⁶ siècle, l'ouverture de débouchés immenses et de nouveaux centres de production, l'afflux subit en Europe d'une quantité énorme de métaux précieux, et l'on pourra dire avec Marx : « Le commerce mondial et le marché mondial inaugurent au xvi⁶ siècle la biographie moderne du capital (4). » En ce seizième siècle

(1) *Ibid.*, II, p. XIII.
(2) *Ibid.*, n° 86.
(3) *Western civilisation in its economic aspect : Mediæval and modern times*, Cambridge, 1900. — Rappelons en passant l'exemple traditionnel de Jacques Cœur.
(4) « Welthandel und Weltmarkt erœffnen im 16ᵗᵉᵐ Jahrhundert die moderne Lebensgeschichte des Kapitals. »
Je n'ignore pas que cette formule de Marx n'est pas acceptée de

(j'entends par seizième siècle, pour la France, une période qui va environ de 1453-1465 à 1610-1614) se posent vraiment toutes les questions, questions intellectuelles, questions religieuses, questions économiques des temps modernes : siècle de la Renaissance, siècle de la Réforme, siècle du crédit.

La réception du droit romain, entre autres effets, a celui de légitimer le prêt à intérêt, d'ébranler la notion catholique de l'usure. Luther condamne encore, du point de vue scolastique, le crédit et le prêt ; mais Calvin, inspiré par son éducation juridique, ne condamne plus que les intérêts usuraires (1) et repousse la notion vieillie « de l'improductivité intrinsèque de l'argent ». Ainsi, « la Renaissance du XVIᵉ siècle... garde..., les uns diront l'honneur, les autres, la responsabilité d'avoir posé la première pierre de l'économie politique libérale ou classique (2) ».

Les foires de Lyon deviennent, sous François Iᵉʳ,

tous. Évidemment si l'on compare l'économie du XVIᵉ siècle à la situation du marché actuel de Londres, de Paris, de New-York, de Berlin, où un coup de téléphone suffit à déterminer une crise à répercussions universelles, où le riz de l'Inde s'échange contre le pétrole de Pennsylvanie, l'or californien contre la laine australienne, etc., on refusera aux marchés du XVIᵉ siècle l'épithète de « mondial ». Pourtant un marché comme celui des foires de Lyon, où s'échangent des valeurs françaises, allemandes, italiennes, suisses, espagnoles, etc., où des banquiers italiens prêtent un capital à des imprimeurs allemands, où se centralise le commerce des livres du monde entier; comme ceux d'Augsbourg et de Nuremberg, où s'établissent les cours des métaux précieux et des épices, n'a plus rien à voir avec l'économie médiévale. On oppose encore à Marx que le système colonial des peuples européens étant un *système clos*, les produits de l'Amérique ou des Indes espagnoles ou portugaises n'arrivent pas à un marché mondial, mais à un marché national. Cela est vrai dans une certaine mesure, mais *ils ne restent pas* à Séville ou à Lisbonne, ils aboutissent à Anvers, aux grandes places bancables qui détiennent le numéraire et règlent les prix. On prend dès lors aussi l'habitude des placements internationaux. V. A.-E. Sayous, *Les placements internationaux de la République de Berne.*

(1) E. DE GIRARD, *op. cit.*, p. 223. Voy. plus loin, ch. II
(2) *Ibid*, p. 255.

la grande Bourse internationale des marchandises et des valeurs mobilières (1). Les grandes banques d'Augsbourg et de Nuremberg, les Welser et les Fugger dominent le marché des métaux (2) et pèsent de tout le poids de leurs lingots sur la politique européenne ; ils donnent leurs filles à des archiducs, ils font des empereurs romains, et leurs faillites ébranlent des trônes (3). C'est une grande affaire financière internationale, c'est la banque des indulgences que nous trouvons à la base même de la Réformation. Par deux fois, une famille de banquiers florentins mêle orgueilleusement ses *palle* aux lys de France.

Les rois ne se contentent même plus d'emprunter directement à tel ou tel particulier les sommes croissantes qui leur sont nécessaires pour leurs guerres ou leurs plaisirs, pour le développement de la grande politique. La rente mobilière, la dette publique, apparaît à l'Hôtel de ville de Paris dès François Ier.

En 1566, le comte de Retz propose même au bureau de ville la création d'une banque au capital d'un

(1) Sur ces questions, v. EHRENBERG, *Zeitalter der Fugger*, FAGNIEZ, l'*Economie sociale de la France sous Henri IV*.

(2) Il importe de rappeler ici que l'augmentation rapide du stock métallique européen du siècle n'est pas due exclusivement à la découverte des nouveaux mondes, mais pour une bonne part à la reprise de l'exploitation dans les usines de l'ancien monde (Saxe, Tyrol, Transylvanie, etc.), délaissées ou mal exploitées depuis les Romains. Or les banquiers allemands possédaient ou plutôt, comme on dit aujourd'hui, contrôlaient un grand nombre de ces mines.

(3) Une faillite à Augsbourg a sa répercussion sur la culture de la cannelle dans les îles de la Sonde ; n'y a-t-il point-là un phénomène « mondial » ? Les efforts mêmes qui sont faits, par exemple sous Henri IV, pour reconstituer artificiellement une économie nationale fermée (origine du mercantilisme) témoignent de la solidarité économique déjà existante entre les nations de l'Europe occidentale. V. à ce sujet Laffemas et Montchrestien. Et déjà cette solidarité avait été admirablement exprimée par Bodin, dans sa *Response aux paradoxes de Malestroit*. Il est d'ailleurs un élément dont il faut alors tenir grand compte, et qui corrige dans une large mesure la législation douanière, c'est la contrebande.

million de livres (3.704.000 fr.), constituée grâce à une loterie, banque de prêt sur gages. En 1608, le Conseil d'État approuvera les statuts d'une banque de dépôt et de prêt, au capital de 1.500.000 livres, à Paris, avec des succursales, et qui s'intitule déjà *Banque de France*. Le capital ne fut pas souscrit, mais l'existence de ce projet montre à quel point le mécanisme du crédit s'était perfectionné même chez nous. On sait pourtant combien nous nous laissâmes devancer à cet égard par la Hollande, l'Angleterre et les villes suisses. En France, Henri IV put ramener l'intérêt légal de 8 1/3 à 6 1/4. On aura d'ailleurs une idée suffisante du développement énorme pris par le crédit quand on saura qu'il y eut à Paris, en 1609, une banqueroute de 4 millions de francs.

En 1620, la lettre de change recevra enfin la clause à ordre, qui lui donnera une facilité inouïe de circulation et de transmission (1).

Or ce prodigieux développement du crédit coïncide avec l'apparition ou l'essor d'industries nouvelles, les industries du livre et les industries de luxe, les industries de la Renaissance. Je ne voudrais pas répéter ici ce que j'ai dit et imprimé ailleurs. Mais je crois nécessaire de rappeler que ces industries, imprimerie, papeterie, soierie, verrerie, ne pouvaient se contenter du modeste outillage, du médiocre fonds de roulement, du petit nombre d'ouvriers qui suffisaient à un ouvroir de cordonnerie ou de serrurerie. Acheter des presses, faire fondre des masses considérables de caractères, amonceler des provisions de papier, garder des livres en magasin, les vendre à Leipzig ou en Espagne,

---

(1) Sur tous ces points, v. FAGNIEZ, *Economie sociale de la France sous Henri IV*. M. Charléty a publié, dans la *Revue de Paris* de 1901, des notes très intéressantes sur le marché des valeurs d'Etat à Lyon au début du XVIIe siècle.

cela n'était possible que grâce à une accumulation de capitaux fournis le plus souvent par le crédit. Dès le XVIe siècle, la soierie devient ce qu'était déjà la draperie, un métier capitaliste : elle connaît, à côté du *maître-ouvrier*, le *maître-marchand-fabricant* qui donne du travail à façon « sans être assis tout le jour sur le métier et mener la navette », et qui, en 1619, prétend même se faire réserver le droit exclusif d'acheter la matière et de vendre le produit (1).

Les anciens métiers, les métiers traditionnels résistent autant qu'ils le peuvent à cette invasion des méthodes nouvelles. Mais les membres riches de ces métiers finissent par prendre la direction des communautés, par rendre à peu près impossible aux pauvres l'accès de la maîtrise, et les jurandes elles-mêmes sont devenues, à la fin du XVIe siècle, des institutions oligarchiques et capitalistes (2).

§ 4. — La concentration du capital va se poursuivre dans les deux siècles qui suivent, particulièrement dans la grande industrie. Les riches

(1) Godart, *L'ouvrier en soie, monographie du tisseur lyonnais*, ch. IV.

(2) Je renverrai ici à mes *Ouvriers du temps passé*. Cunningham, *op. cit.*, p. 181, résume fort bien les différents aspects de la question : « Les vues du capitaliste employeur de travail et celles des petits maîtres indépendants diffèrent souvent au point de vue des règles avantageuses au commerce. Le capitaliste désirait être libre d'employer autant d'ouvriers qu'il lui plaisait avec la division du travail convenable, tandis que les petits maîtres s'opposaient à un système organisé pour accaparer une grande partie du trafic. Il devait aussi exister des différences dans l'éducation et le nombre des apprentis ; le régime capitaliste rompait avec les traditions des corps de métiers. Dans bien des cas où surgirent des difficultés, les membres riches semblent avoir été assez forts pour prendre en main la direction des affaires de la communauté, et pour modifier l'institution jusqu'à ce qu'elle devînt une association oligarchique d'employeurs capitalistes ; beaucoup de corps de métiers en France semblent avoir été transformés de la sorte... Dans d'autres cas, les petits maîtres furent capables de maintenir le régime traditionnel, et les employeurs capitalistes préférèrent émigrer hors des limites de la juridiction corporative.»

marchands deviennent des dispensateurs de travail. Dans l'industrie lyonnaise, en 1712, on distingue les maîtres qui vivent de la soie en trois catégories (1) :

1° « Maîtres-marchands n'ont point de métiers chez eux ; ils fournissent les soies et dorures, les dessins aux maîtres-ouvriers qui travaillent les étoffes, moyennant la façon que les marchands leur payent ». Ils sont environ 200 qui règlent à leur gré le marché du travail ;

2° Cette deuxième catégorie est un reste du passé, un de ces fossiles sociaux qui persistent encore dans une période nouvelle : « Maîtres qui travaillent pour leur propre compte, ils sont marchands et ouvriers tout ensemble, ils achètent la soie, la travaillent et en vendent l'étoffe ; leur nombre varie journellement, parce qu'au moindre événement fâcheux qui leur arrive, ils retombent dans leur première condition de maître-ouvrier à façon » ;

3° Restent ces maîtres-ouvriers, les *canuts*, qui sont de 3 à 4.000. La concentration capitaliste est déjà si puissante qu' « un seul maître-marchand occupe parfois jusqu'à cent maîtres-ouvriers », sans parler des compagnons et compagnonnes groupés autour de chaque maître-ouvrier. Cette puissance va être encore accrue par les lettres-patentes de 1712, qui font disparaître la catégorie intermédiaire. Aux élections de 1789, le prévôt des marchands faisait en ces termes l'éloge de ce régime capitaliste : « Les maîtres-ouvriers sont bornés à fabriquer à tant par aune les matières que leur fournissent les maîtres-marchands, la main-d'œuvre seule est le partage des ouvriers, mais l'industrie est celui des marchands. Ce sont ceux-ci qui inventent toutes nos belles étoffes et qui, correspon-

(1) Godart, *op. cit.*, p. 90.

dant avec tout l'univers, en font refluer les richesses dans notre ville (1). »

Dès 1674, Colbert signalait le péril de cette concentration croissante du capital. L'une des raisons qui le poussaient à multiplier les manufactures, c'était d'obliger « les maîtres à donner peut-être quelque chose davantage aux ouvriers », de façon que « les maîtres d'une seule manufacture ne se rendent pas les maîtres des ouvriers, auxquels ils ne donneraient peut-être que ce que bon leur semblerait (2) ».

Mais, en dépit des précautions prises par Colbert, la concentration poursuit son œuvre. Le fameux *Système*, malgré son échec retentissant, a définitivement émancipé le crédit. Il a donné aux chefs d'industrie une suprématie jusque là inconnue. Il en a fait de véritables acheteurs de travail, et des acheteurs qui font varier presque à leur gré le prix de cette marchandise, plus offerte que demandée. A Abbeville, en 1758, une manufacture jouit d'un privilège sous condition d'entretenir en permanence cent métiers. Or, nous dit l'intendant, les métiers sont bien « montés et prêts à travailler ; mais on n'emploie jamais à la fois plus de la moitié des ouvriers que nécessiterait le fonctionne-

(1) *Ibid.*, p. 96. — Cette distinction entre ceux qui travaillent et ceux qui font travailler apparaît dans d'autres industries. V. Louis MORIN, *Hist. corporative des artisans du livre à Troyes*, Troyes, 1900 : « Beaucoup avaient un atelier et du matériel qu'ils exploitaient pour le compte d'autres imprimeurs de la ville. » Inversement, les régions de petite industrie ne connaissent guère ce régime : en 1747, il n'y a pas en Poitou (BOISSONNADE, *op. laud.*, II, p. 138) plus de 150 maîtres qui fassent travailler à façon pour les étoffes. La concentration des capitaux est si faible « qu'un bien de 30.000 l. fait passer à Saint-Maixent un de ces négociants pour un Crésus ». Le maître poitevin, en général, travaille, comme autrefois, seulement sur commande des particuliers qui fournissent la matière.

(2) Sur cette période beaucoup plus connue que la précédente, v. en particulier M. DES CILLEULS, *Histoire et régime de la grande industrie*, et les deux volumes de M. Germain MARTIN, *La grande industrie sous Louis XIV et sous Louis XV*.

ment simultané de cent métiers (1) ». La manufacture constitue ainsi, artificiellement, une masse flottante de sans-travail dans laquelle elle puise suivant ses besoins, une *armée de réserve industrielle* qu'elle entretient, pour parler encore comme l'intendant, « dans la servitude et dans la misère ».

Dès lors le capital est roi. Les petites industries isolées, les petites fabriques de tissus du Gévaudan et du Velay, les velours et les soieries du Comtat disparaissent progressivement (2). Au contraire les grandes industries centralisées, forges du Nivernais, soieries de Lyon, draperies de Rouen, tissages du Nord prennent un développement toujours plus rapide. Elles vident les campagnes pour remplir leurs ateliers, elles y entassent des femmes, maintenues éternellement dans les travaux accessoires et inférieurs, payées 40 pour 100 moins que les hommes, plus sujettes encore aux fluctuations de la surproduction et du chômage, population immense (il y en a 7.000 à Lyon en 1752) vouée à la misère et à la prostitution (3).

A la fin de l'ancien régime, Turgot décrivait le degré de concentration du capital, sa domination sur le travail en ces phrases âpres, prototype de la célèbre formule lassallienne (4) :

« Le simple ouvrier qui n'a que ses bras et son industrie n'a rien qu'autant qu'il parvient à vendre à d'autres sa peine. Il la vend plus ou moins cher ; mais ce prix plus ou moins haut ne dépend pas de

(1) Des Cilleuls, note 937.
(2) G. Martin, *passim.*
(3) Godart, ch. VII.
(4) Nous n'avons pas la prétention de découvrir ce passage fameux déjà signalé par Karl Marx, qui a été cité par MM. G. Renard, des Cilleuls, G. Martin et autres. Ce n'est pas une raison pour nous de ne pas le reproduire. Il est extrait de la *Formation et distribution des richesses*, § 6 (t. II, p. 537 de l'éd. Schelle).

lui seul : il résulte de l'accord qu'il fait avec celui qui paie son travail. Celui-ci le paie le moins cher qu'il peut : comme il a le choix entre un grand nombre d'ouvriers, il préfère celui qui travaille au meilleur marché. Les ouvriers sont donc obligés de baisser le prix à l'envi les uns des autres. En tout genre de travail, il doit arriver et il arrive, en effet, que le salaire de l'ouvrier se borne à ce qui lui est nécessaire pour assurer sa subsistance. »

Nous sommes par là tout naturellement amenés à nous demander quels sentiments cette lente évolution du capital avait déposés dans les âmes de ceux qui travaillent et qui, de moins en moins, possèdent, comme de ceux qui, de plus en plus, possèdent les instruments de travail et qui travaillent de moins en moins. Après avoir étudié la formation du capital comme instrument de production, nous voudrons étudier l'histoire du capital comme classe et du travail comme classe.

III

Les conflits entre le capital et le travail

§ 1. — Dans l'intérieur de la communauté jurée et pendant l'âge d'or du régime corporatif, on peut admettre (sans trop l'affirmer) que les rapports entre le capital et le travail étaient empreints d'une certaine cordialité. Maître et compagnon vivaient ensemble sous la voûte de l'ouvroir, mangeaient à la même table, car le salaire était partiellement payé en nourriture, quelquefois même en logement. La médiocrité du capital nécessaire pour tenir un ouvroir, la facilité relative de l'accès à la maîtrise permettaient à tout compagnon d'espérer qu'il deviendrait maître à son tour. Le compagnonnage au XIIe, au XIIIe siècle, n'était pas une classe, mais un grade.

Il importe cependant de faire deux remarques. Même ou plutôt surtout en cette époque lointaine, tout le travail industriel n'était pas organisé en corps de métiers jurés. M. Boissonnade n'hésite pas à dire que, dans le Poitou, la jurande était l'exception (1). De même, dans le Midi, la formation des communautés est assez tardive (2). La forme la plus répandue était donc le travail libre ; dans le travail libre, aucun statut ne garantissait l'ouvrier contre la suprématie du capital. Sa meilleure sauvegarde résidait — sans parler des habitudes d'association partout répandues — dans le peu d'importance qu'avait alors le capital lui-même ; mais, à mesure qu'allait se développer le *procès* de concentration que nous avons analysé dans le précédent chapitre, cette situation devait se modifier à son détriment.

Ajoutons que certains métiers, même jurés, ont déjà des tendances capitalistes. Aussi ne faut-il pas nous étonner si la douloureuse histoire des conflits entre employeurs et employés commence à l'aube même de l'évolution industrielle.

La preuve que la coalition existe déjà en plein XIIIe siècle, c'est qu'elle figure au nombre des délits dans les *Coutumes* de Beaumanoir, écrites vers 1280. Il est bon de relire ce texte qui inaugure la longue histoire juridique du droit de coalition. La coalition est désignée ici par le mot d'alliance :

« Alliance qui est faite contre le commun profit,

---

(1) II, p. 4. Voy. nos *Ouvriers* et nos *Travailleurs*.
(2) V. DU BOURG, *Organisation du travail dans le Midi*. D'une façon générale, si l'association est un fait ancien, la réglementation est tardive.

c'est quand aucune manière de gens s'accordent qu'ils ne travailleront plus à si bas prix comme devant, mais croissent le prix de leur autorité et accordent qu'ils ne travailleront pour moins et mettent entre eux peines et menaces contre les compagnons qui ne tien dront leur alliance... »

Cette définition, d'une rigueur impeccable, ne permet guère d'affirmer que le XIIIe siècle lui-même fut une époque de rapports absolument harmoniques entre le capital et le travail. Naturellement, et comme nous pouvions le conjecturer *a priori*, la coalition apparaît d'abord dans les industries les plus avancées, dans celles où il y a déjà un embryon de division du travail, une certaine concentration du capital. En 1285 (1), il y a procès, devant l'échiquier de Normandie, entre les syndics ou, comme on dit en normand, les « attournés » des tisserands de Rouen et les « attournés » de la draperie de Rouen. Ce sont les deux fractions de la corporation, chacune d'elles formant un « commun », un syndicat : d'un côté, ceux qui achètent les laines, commandent les travaux, vendent les produits ; de l'autre, ceux qui travaillent, lesquels déclarent « qu'eux aussi sont une partie du métier de draperie ». Les drapiers veulent empêcher les tisserands de se réunir sur une place pour se louer, car ils y faisaient « compilations, taquehans (c'est un des mots nombreux qui désignent la coalition), mauvaises montées et enchérissements de leurs œuvres à leur volonté ». Cette place, affirment les drapiers, leur a été enlevée à la suite de désordres graves, « il y a bien cinquante ans et plus », ce qui ferait remonter au début du règne de saint Louis la date de cette première coalition. Il est à remarquer que les tisserands perdirent leur procès.

(1) FAGNIEZ, I, p. 301.

§ 2. — Ceci, encore une fois, dans l'âge d'or de l'histoire sociale. Que sera-ce à mesure que va se produire la scission progressive entre le capital et le travail ? Du XIVe au XVIe siècle, nous allons assister au développement régulier de ce phénomène : la lente expulsion de l'ouvrier du gouvernement du corps de métier (1).

Cette expulsion se réalise au moyen de deux méthodes parallèles, l'élévation des droits de maîtrise et la complication croissante du chef-d'œuvre. Seuls sont exceptés de ces aggravations les fils de maîtres.

Les droits de maîtrise, et même dans une certaine mesure les réductions dont bénéficient les fils de maîtres, avaient leur origine dans la nature des choses. Ceci est fort bien expliqué dans les statuts des poêliers de Villedieu, en Normandie, au XIVe siècle (2) :

« Il est ordonné et accordé entre eux que si aucun veut lever métier et être maître, parce que nul maître ne se peut élever sans l'aide des autres maîtres et des varlets et des outils des autres, il paiera audit Trésor 60 sols s'il n'est fils de maître ; et s'il est fils de maître, il en paiera pour 40 sols, pour ce qu'il doit avoir le plus grand avantage audit métier et que son père paya aussi ; et partant aura celui qui aura payé lesdits 40 sols l'aide des maîtres et des varlets et des outils de ladite poêlerie. »

Le droit de maîtrise est donc alors la juste rémunération des services que les maîtres anciens rendent au nouveau en l'aidant à installer son atelier. Il n'en est pas moins étrange, que, déjà au XIVe siècle, on ait cru nécessaire, dans un article de statuts, de légitimer ce droit. C'est donc qu'il n'était dès lors plus admis sans résistance.

(1) Nous renvoyons sur ce point à l'*Hist. des classes ouvrières* de LEVASSEUR.

(2) Cité par EBERSTADT, *Das franzos. Gewerberecht.*

Rudolph Eberstadt (1) a cherché à établir la courbe d'accroissement du droit de maîtrise. Il évalue la moyenne de ce droit à 40 sols pour le début du xive siècle, à 60 sols pour la fin. Au xve siècle, il n'est pas rare de rencontrer des droits de 10 livres, et l'on cite un exemple isolé de 40 livres. La royauté favorise alors ce rehaussement dans un intérêt fiscal. Toutes les réformes industrielles de Louis XI, par exemple, peuvent se résumer à ceci : il autorise les communautés à relever considérablement le taux des droits d'entrée, et aussi celui des amendes, à condition que sur ces taxes nouvelles le Trésor percevra un tiers ou une moitié (2).

De plus en plus s'accroît la différence entre le fils de maître et le compagnon ordinaire. Chez les chaudronniers de Paris, le fils de maître paie dix sols seulement ; le compagnon qui a fait son apprentissage à Paris, 4 livres, huit fois plus ; le « forain », l'apprenti du dehors, 12 livres.

Semblable est l'histoire du chef-d'œuvre. Rien n'était plus simple, en apparence, qu'un examen de capacité imposé au candidat à la maîtrise, et il n'est pas question d'autre chose dans le *Livre des métiers*. Mais, comme le droit de maîtrise, le chef-d'œuvre devient aux mains des maîtres un moyen de défense, une arme contre la concurrence des nouveaux maîtres. Déjà dans la première édition de son second volume, en 1859, Levasseur exposait magistralement comment le chef-d'œuvre devint progressivement plus compliqué d'invention, plus coûteux de matière, plus long de fabrication ; comment certains maîtres s'ingéniaient à ne jamais enseigner à leurs apprentis le genre de

(1) *Op. cit*. Voyez le compte rendu de M. Fagniez dans la *Rev. hist.* de mai-juin 1901.

(2) V. nos *Ouvriers du temps passé*, ch. 1er.

travail qu'on exigeait pour l'examen ; comment d'autres travaillaient clandestinement au chef-d'œuvre présenté par le compagnon riche ; comment, pour les fils de maîtres, le chef-d'œuvre était remplacé par « une légère expérience » ; comment enfin les jurys d'examen ne déclaraient recevables que les chefs-d'œuvre dont les auteurs leur avaient suffisamment graissé la patte. L'édit de 1581 dénonce éloquemment cette situation : il veut mettre ordre « aux excessives dépenses que les pauvres artisans des villes jurées sont contraints de faire ordinairement pour obtenir le degré de maîtrise... étant quelquefois un an et davantage à faire un chef-d'œuvre tel qu'il plaît aux jurés ; lequel enfin est par eux trouvé mauvais et rompu, s'il n'y est remédié par lesdits artisans avec infinis présents et banquets... (1) ».

A cette date de 1581, on peut dire que l'évolution est achevée. L'ouvrier pauvre est condamné à rester ouvrier. Il ne joue plus aucun rôle dans la conduite du corps de métier. Dans la communauté jurée comme dans l'industrie libre, il est complètement éliminé du gouvernement de l'atelier.

Il n'a plus, par exemple, aucun contrôle sur la fixation des salaires. Aussi est-il la première victime de la crise sociale du XVe et du XVIe siècle. Tandis que hausse autour de lui le prix de toutes les choses nécessaires à la vie, ses salaires ne s'accroissent qu'avec une déplorable lenteur (2). Encore ces misérables augmentations, ne les obtient-il que par la force : il les arrache par la grève. L'état de guerre devient l'état presque normal de certaines industries à partir de

----

(1) Sur cet édit et sur l'interprétation, à mon sens trop étroite, qu'en donne EBERSTADT, je renverrai à une série de leçons parues dans l a *Revue des cours et des conférences*.

(2) Voy. le t. II de la nouvelle éd. de LEVASSEUR, *initio*.

François Ier. Procès interminables, cessations combinées de travail, violences contre les personnes, appels aux pouvoirs municipal ou royal, telle est l'histoire journalière des rapports entre le capital et le travail, entre les coalitions de patrons et les coalitions d'ouvriers.

La lutte revêt une forme particulièrement dramatique dans les métiers libres, dans ces industries de la Renaissance où, grâce à l'absence de toute réglementation, la concentration capitaliste s'exerce en toute indépendance, où se constituent des armées d'ouvriers. J'ai conté quelques épisodes de ce drame. J'ai insisté sur l'âpreté déjà « prolétarienne » des revendications des compagnons imprimeurs en 1571, qui se proclament « les vrais imprimeurs, faisant la plus laborieuse et plus grande partie de l'imprimerie », tandis que les maîtres ne sont que de purs marchands, « fournissant les matières, outils et instruments », c'est-à-dire le capital. N'oublions pas que lorsque ces paroles furent écrites, l'industrie typographique était troublée par des grèves qui avaient commencé en 1539, c'est-à-dire 32 ans plus tôt, et l'on aura une idée de l'intensité du conflit. Quant aux causes de ce conflit, elles sont bien simples et bien visibles : les ouvriers se plaignent de l'excès de travail, de l'insuffisance du salaire, en particulier du salaire-nourriture, de l'abus que font les maîtres de la main-d'œuvre non payée, des apprentis, dont le nombre n'était pas fixé ici comme dans l'industrie réglementée.

Au XVIe siècle, la coalition est partout, et elle a généralement pour objet la hausse des salaires. Des peines sévères sont portées, en 1583, contre les « compagnons, serviteurs et garçons » cordonniers de Troyes qui voudraient « prendre plus haut prix des ouvrages que le

taux et prix ci-devant ordonné et qu'ils ont accoutumé
d'avoir (1) ».

L'antipathie entre le travail et le capital devient si
vive que les anciennes institutions de solidarité professionnelle se coupent en deux. Dans les métiers
libres comme dans les jurandes, patrons et ouvriers
se réunissaient autrefois en confréries pieuses et cha-
ritables. Au XVIe siècle, nous voyons se former des
confréries d'ouvriers, qui ont leur caisse spéciale, leurs
chefs élus, et l'on est souvent obligé, pour éviter les
rixes, d'interdire que les deux confréries rivales
célèbrent le même jour ou dans la même église la fête
du commun patron. Ces confréries d'ouvriers, nous
les trouvons à Paris, à Toulouse, même en Poitou.
En 1538, les compagnons menuisiers de Poitiers ont
voulu former une confrérie distincte de celles des
maîtres, mais le corps de ville veillait. « Pour éviter
d'engendrer débat entre eux », il leur ordonna de se
régler « selon l'ordonnance des maîtres du métier ».
Mais certaines confréries d'ouvriers obtiennent, en
quelque sorte, la reconnaissance légale, jusqu'au point
de pouvoir présenter aux États généraux un cahier
distinct de celui des maîtres. En 1614, à côté du cahier
des apothicaires de Paris, nous trouvons celui des
compagnons apothicaires qui se plaignent du chef-
d'œuvre et des banquets de maîtrise (2).

Interdites, ces confréries ouvrières n'en subsistent
pas moins, mais elles deviennent occultes, elles s'enve-
loppent de mystère. Telle est l'origine des compagnonnages, dont la formation est favorisée par le carac-

(1) LEVASSEUR, t. I, de la seconde éd., p. 599.
(2) *Arch. Nat.*, K. 675, n° 7 : « Vos très humbles et très obéissans
serviteurs les compaignons et jeunes hommes de l'estat d'appoticaire
en vostre bonne ville de Paris. » Le cahier des maîtres est sous le
n° 21. Le cahier des compagnons a été publié par PICOT, *Notices
et documents p. p. la Soc. de l'Hist. de France*, 1884, p. 372.

tère nomade que prend alors l'ouvrier (1). Chez ces mêmes cordonniers de Troyes dont nous parlions tout à l'heure, nous voyons les compagnons organiser le placement obligatoire des ouvriers du dehors. A Paris, en 1601, les compagnons du même état ont frappé un ouvrier « parce qu'il ne voulait payer leur écot en un cabaret où ils l'auraient mené sous prétexte de lui vouloir faire bailler de la besogne ». Les comgnonnages essaient donc de monopoliser le recrutement de la main-d'œuvre.

§ 3. — Il est à peine besoin de rappeler combien les grèves furent fréquentes encore sous le régime de Colbert et au XVIIIe siècle. Le sujet est trop connu, après les travaux de MM. Bonnassieux, des Cilleuls, Germain Martin, le livre de M. Godart sur l'*Ouvrier en soie*. Boisguillebert disait déjà que l'on voit, « dans les villes de commerce, de 7 à 800 ouvriers d'une seule manufacture s'absenter tout à coup et en un moment en quittant les ouvrages imparfaits..., les plus mutins usant de violence contre ceux qui auraient pu être raisonnables... » La révolte des canuts lyonnais de 1744 contre le règlement d'atelier appliqué par Vaucanson fut une manifestation terrible des colères ouvrières, bientôt réprimée par la force armée, la pendaison,

(1) E. MARTIN SAINT-LÉON, *Le Compagnonnage*, 1901, p. 33 (cite une sentence du Châtelet de 1506) et 38. L'auteur me fait remarquer (*ibid.*, n. 1) que j'ai eu tort de dire que les maîtres et compagnons cordonniers parisiens formaient deux confréries distinctes ; mais on obligeait « ces confrères ennemis à célébrer le divin service à des jours distincts », ce qui montre qu'en fait, l'unité légale de la confrérie avait cessé d'être. P. 39, il oppose la « confrérie de métier » et la « confrérie ouvrière ». P. 40, intervention de la *Confrérie du Saint-Sacrement* Voy. les études de M. R. ALLIER, sur la cabale des dévots. Nous avons en 1907, publié une série d'études sur *Les compagnonnages d'Arts et Métiers à Dijon aux XVIIe et XVIII siècles* qui nous permettaient de remonter jusqu'en 1608. Mais M. G. ROUPNEL (*les populations de la ville et de la campagne dijonnaises*, 1922) a cité un document décisif pour 1603.

les galères. Lorsque la révolte reprend, en 1760, les placards qui provoquent l'émeute ont une allure révolutionnaire et il semble que l'on entende déjà retentir le cri lugubre : *A la lanterne!* Ces placards sont décorés d'une potence, et voici trois vers qui s'adressent à un *renégat*, à un maître-ouvrier qui s'est soumis aux exigences des maîtres-marchands :

> Biron, sois en assurance :
> Des marchands tu auras la récompense,
> Et des compagnons la potence.

Et cela est signé :

> *Je m'appelle « Sans-Quartier ».*

Plus importantes encore que ces violences passagères sont les associations qui organisent le combat à l'état permanent. Le compagnonnage du tour de France, avec sa division en multiples *devoirs*, devient alors la règle dans presque toutes les professions de petite industrie : charpentiers, serruriers, menuisiers, cordonniers, et les maîtres ne trouvent d'ouvriers qu'en s'adressant au *Devoir* qui domine dans leur atelier (1). Ces grandes associations générales sont plus rares, remarque M. G. Martin, dans les manufactures, où les ouvriers préfèrent se grouper entre eux, sur place, contre leur patron commun. Il y a cependant une exception éclatante, celle des papeteries : « Tous les ouvriers papetiers, dit un arrêt du Conseil de 1777, se sont liés par une association générale..... Ils ont fait entre eux des règlements dont ils maintiennent l'observation par des amendes qu'ils prononcent tant contre les maîtres qui ont des démêlés avec leurs ouvriers que contre les ouvriers qui n'abandonnent

(1) V. *Office du travail, les Associations professionnelles ouvrières,* t. I, G. MARTIN, *Les Associations ouvrières au XVIIIe siècle* et MARTIN SAINT-LÉON, *ouvr. cité.*

pas les fabriques où ces démêlés ont lieu ; ces amendes
sont toujours payées, et par les maîtres qui craignent
une cessation de travail qui entraînerait leur ruine,
et par les ouvriers à qui l'entrée dans les autres manufactures est interdite jusqu'à ce qu'ils aient subi la
peine pécuniaire qui leur a été imposée. »

Contre ces associations ouvrières se formaient des
associations ʝatronales. Certains patrons avaient pour
principe, dit l'un d'eux, que, « pour assurer et maintenir la prospérité de nos manufactures, il est nécessaire que l'ouvrier ne s'enrichisse jamais, qu'il n'ait
précisément que ce qu'il lui faut pour se bien nourrir
et se bien vêtir ». Il importe de « retenir l'ouvrier dans
un continuel besoin de travail (1) ». En 1775, les maîtres-
marchands de Lyon se coalisent pour faire diminuer
les salaires ; quiconque parmi eux refuse de se syn-
diquer est considéré comme un traître et forcé de quitter l'industrie. Moins visibles que les coalitions ouvrières, plus faciles à nouer sans qu'on en aperçoive
rien du dehors, les coalitions patronales échappent
plus aisément à la loi répressive, et, par suite, aux
regards de l'historien. Leur action se manifeste, indi-
rectement, par la lenteur même avec laquelle les salaires
suivent le jeu naturel des lois de l'offre et de la demande;
elles obtiennent, pour s'opposer à l'effet de cette loi,
le concours des pouvoirs publics. Après le *Système*
par exemple, la hausse universelle des denrées et des
produits n'a pas pour corollaire une hausse égale des
salaires. « Quoique les laines, dira Roland à la fin
du siècle, soient augmentées de 20 pour 100 depuis
vingt ans et que les étoffes, dans leur augmentation,
aient suivi celle des matières premières, la main-
d'œuvre n'a point augmenté en proportion des denrées...

(1) Textes recueillis par M. Godart.

Les ouvriers qui n'ont pour vivre que le travail des mains, quelque laborieux qu'ils soient, restent toujours dans la misère et languissent véritablement plus qu'ils ne vivent. »

CONCLUSION

La conclusion qui me paraît ressortir de la triple étude à laquelle nous venons de nous livrer, est la suivante : si la révolution individualiste et la révolution industrielle de la fin du XVIII⁰ siècle ont pu précipiter l'avènement du régime capitaliste, elles n'ont pas créé ce système. Il existait avant elles, avec ce triple caractère : tendance à la division de plus en plus parfaite du travail et (conséquence nécessaire) à l'emploi de la machine ; concentration croissante des capitaux, des instruments de travail, entre les mains des « capitaines d'industrie » ; création de deux classes antagonistes, animées de passions hostiles et dont les intérêts sont de plus en plus en désaccord.

Les origines de ce régime, nous les avons trouvées dès l'époque ou florissait encore le système tout différent de l'atelier familial. Il se développe à mesure que se perfectionne l'industrie et que s'ouvrent de nouveaux débouchés. Enfin avec le XVI⁰ siècle commence véritablement l'ère capitaliste. Toutes les industries nouvelles sont des industries centralisées, qui recrutent leurs nombreux ouvriers dans l'armée chaque jour grandissante des sans-travail. Et si de nombreuses industries se modèlent encore, en apparence, sur le régime ancien, elles-mêmes sont atteintes par la nouvelle économie sociale, elles se constituent en petites oligarchies capitalistes, de plus en plus étoites, presque héréditaires. De l'état patriarcal, l'industrie a passé à l'état de guerre, et cet état de guerre atteindra son maximum d'acuité dans la seconde moitié du XVIIIe siècle. Les revendications ouvrières auront leur place, comme les revendications paysannes, dans les causes de la Révolution française, et l'on trouvera la main des associations dans plus d'une journée révolutionnaire.

Ce n'est donc pas la loi de 1791 qui a créé le conflit entre le capital et le travail, au nom des principes abstraits de l'économie politique. Comme l'a très bien montré M. G. Martin (1), cette loi fut, au contraire, une loi de circonstance, un expédient, expédient maladroit pour faire cesser l'état de guerre. Il s'agit pour ses auteurs de mettre fin à une situation dangereuse pour la sécurité publique, surtout à Paris, d'assurer le fonctionnement de certains services indispensables. Seulement, suivant la tendance de l'époque, on décore cette œuvre de circonstance d'un frontispice philosophique ; on place ces mesures de simple police municipale sous l'égide des principes. Il ne faut pas que ces belles déclarations nous en imposent. La loi de 1791 se compose en réalité de clauses qu'on alla puiser dans l'arsenal répressif de l'ancien régime. Elle a été une codification nouvelle des nombreuses ordonnances de Philippe le Bel, de Charles VI, de François Ier, etc., contre le droit de coalition, une édition revue et corrigée de l'édit de Villers-Cotterets de 1539. Elle n'ouvre pas une révolution, elle vient presque fermer une évolution.

Nous élèverons-nous maintenant au-dessus de ces conclusions purement historiques ? Essaierons-nous de donner à cette étude une conclusion sociologique ?

(1) *Assoc. ouvr.*, ch. III. En lisant les textes rassemblés dans ce chapitre, on se convaincra, contrairement à une opinion très répandue, de l'importance des questions ouvrières dans l'histoire de la Révolution. Elles sont loin de jouer un rôle aussi considérable que la question paysanne, mais elles ne sont nullement absentes.

Il en est une, semble-t-il, que nous ne pouvons pas repousser, et la voici : le capitalisme est né, à une date que nous pouvons non pas préciser, mais indiquer avec le vague que comporte toute recherche sur les origines ; il a commencé à se développer à une date plus précise, au temps de la Renaissance ; il a évolué à travers le temps. Mais alors, il n'est plus une catégorie nécessaire, éternelle de l'action humaine ; il redevient une catégorie historique, une forme transitoire de la civilisation, comme furent le patriarcalisme des sociétés commençantes, comme le féodalisme du Moyen âge. S'il est né, s'il a vécu, il peut mourir. Au point de vue purement dogmatique de l'ancienne économie, se substitue ainsi un point de vue historique ; à la statique sociale, une dynamique sociale, soumise à la loi du devenir.

De ce point de vue, l'histoire future n'apparaît plus comme tracée d'avance avec la régularité d'une figure de géométrie. L'humanité de demain n'est plus, de toute évidence, emmaillotée dans les formules rigides de l'école. On peut concevoir une société où le perfectionnement du machinisme et de la division du travail, la concentration croissante des instruments de travail entraîneraient d'autres conséquences que la constitution de deux classes antagonistes. Et, de même qu'au sein du régime corporatif s'élaborait déjà le capitalisme moderne, peut-être qu'au milieu de notre société capitaliste se construit déjà pièce à pièce, comme ces archipels de corail qui se bâtissent silencieusement sous le miroir des mers polynésiennes, l'édifice d'une société nouvelle (1).

(1) Il conviendrait aujourd'hui d'ajouter aux textes cités ci-dessus la belle et suggestive étude de H. PIRENNE, *les périodes de l'histoire sociale du capitalisme* (1914), et les deux ouvrages de H. SÉE : *L'évolution commerciale et industrielle de la France sous l'ancien régime* (1925) et *Les origines du capitalisme moderne* (1926).

CHAPITRE II

Les idées économiques de Calvin

Dans quelle mesure les idées calviniennes ont-elles agi sur l'évolution du capitalisme moderne ? Est-il exact, comme l'a écrit W. Ashley, que la lettre de Calvin sur l'usure, que nous pouvons dater de 1545, représente un point tournant — *turning point* — dans l'histoire de la pensée européenne? Convient-il, au contraire, de réduire à des proportions plus modestes le rôle du réformateur picard, de voir dans ses considérations sur l'usure une série d'efforts, continus mais timides, pour plier la rigidité de la doctrine, ainsi que le faisaient depuis longtemps les canonistes, aux besoins de la vie réelle ? Faut-il dire, comme l'écrivait Fenton en 1612 : « Calvin en a usé avec l'usure comme l'apo — thicaire avec le poison ? »

Nous n'avons pas l'ambition, en ces quelques pages, de traiter ce vaste sujet. Nous voudrions d'abord rechercher ce qui fait, en ce domaine, l'originalité propre de Jean Calvin.

I

Nous sommes encore ici en une de ces matières où il importe, suivant le mot de Michelet, de « dater finement ». Faisons d'abord le relevé chronologique des divers textes calviniens relatifs à l'usure. Le premier est une lettre qui a paru en latin, sous ce titre *De usuris responsum*, dans les *Joannis Calvini epistolae et responsa* (Genève, 1575, chez Pierre de Saint-André, in-f°).

Cette lettre porte en marge la mention *Ex gallico*. Les savants éditeurs des *Calvini opera* ont donc très bien fait de considérer comme une copie de l'original le texte français conservé en manuscrit à la bibliothèque de Genève. Lorsqu'ils l'ont publié (1), et malgré l'en-tête : « Jean Calvin à quelqu'un de ses amys », ils l'ont d'abord traité moins comme une lettre que comme une sorte de traité doctrinal, qu'ils ont classé parmi les *Quæstiones juridicae*, et qu'ils n'ont pas eu tout d'abord la préoccupation de dater. Aucun doute cependant sur le caractère épistolaire de ce morceau. Si bien, que, donnant plus loin le texte d'une lettre, latine celle-là, adressée à Calvin par un pasteur malheureusement peu connu, Claude de Sachins (2), ils n'hésitèrent pas à dire : « Cette lettre fut l'occasion qui fit écrire à Calvin son *Conseil sur l'usure.* » Je ne crois pas que l'on puisse contester cette assertion. La démonstration de M. Doumergue (3), est sur ce point convaincante.

J'ajouterai qu'on se demande comment certains auteurs ont pu croire que le *Consilium* de Calvin aurait eu pour destinataire Œcolampade. Il suffit, pour rejeter cette attribution, de rappeler que le savant bâlois était mort dès 1531, et n'a pu, par conséquent, entretenir avec Calvin aucune correspondance (4).

(1) *Calvini opera*, t. XI, p. 245. Une copie se trouve à Paris, Dupuy 102, f° 55.

(2) *Ibid.*, t. XII, p. 210 et n° 2. Le nom se trouve dans la toponymie du Nord et du Pas-de-Calais. Il date « De villa nostra Aneriana ». Mais il y a trop d'Asnières pour que cela puisse nous éclairer.

(3) *Jean Calvin*, t. V, p. 687-688.

(4) Le professeur Ernest Staehelin, l'érudit qui connaît le mieux Œcolampade, veut bien me suggérer l'explication suivante de la confusion ci-dessus mentionnée : Œcolampade s'est occupé de la question de l'usure ; il a traduit le sermon de saint Basile, sous ce titre : *Wider die Wucherer, und wie schädlich es sey, Wuchergeld auf sich zu nehmen...* D'ailleurs Œcolampade reste complètement fidèle à la doctrine traditionnelle.

Or la lettre de Claude de Sachins est datée du 7 novembre 1545. C'est donc dans les derniers mois de cette même année que doit se placer la réponse de Calvin.

Cette réponse n'a pas dû rester ignorée. Sachins ne l'a certainement pas gardée pour lui. Lui-même nous fait savoir que la question était alors une question ouverte : « Il ne manque pas de gens parmi nos modernes, et même parmi ceux qui font profession de l'évangile, qui ne sont pas défavorables à toute espèce de prêt à intérêt et qui admettent *honestam quamdam usuram*. » Il esquisse même, comme s'il préjugeait la réponse de Calvin, une sorte de défense de cette opinion : les passages de l'Écriture qui condamnent l'usure lui paraissent devoir être interprétés non *stricte*, mais suivant la loi de charité. Ce qui est défendu, pense-t-il, c'est l'usure qui constitue une fraude à l'égard du prochain et qui peut lui causer un grave préjudice. Cependant, puisqu'il faut s'en tenir à l'Écriture, il a décidé de consulter Calvin! Il semble escompter une réponse favorable.

Il ne lui cache pas qu'il écrit moins en son nom propre que pour tranquilliser la conscience d'un ami très noble et très riche, *genere et opibus clarus*, mais aussi très pieux. Celui-ci voulait savoir s'il lui serait loisible de « déposer de l'argent chez les banquiers, *apud trapezitas*, et de recevoir d'eux chaque année quelque profit, son capital restant toujours intact ». Donc la réponse de Calvin a été communiquée au moins à ce personnage. Elle a pu l'être à d'autres. On a certainement su, dans les cercles où rayonnait la pensée calvinienne, que le réformateur avait des idées personnelles sur la matière, car en novembre 1549, Utenhove, qui était alors en Angleterre, lui fait savoir qu'il a rédigé un mémoire sur l'acte de Henry VIII fixant à 10 pour 100 le taux maximum de l'intérêt, acte que beaucoup s'employaient à contester. Il demande à Calvin de lire ce mémoire et, au besoin, de le corriger. Il ne dissimule pas qu'il est personnellement intéressé à la réponse, ayant lui-même l'intention de placer quelques fonds. Nous n'avons malheureusement pas la réponse de Calvin ; nous pouvons en conjecturer le sens (1).

Cette question le préoccupe tellement qu'il y revient, en janvier 1556, dans ses cinquième et sixième sermons sur le chapitre XXIII du *Deutéronome* (2). Il résume son argumentation dans le huitième des *Praecepta* (3). Il la reprend en 1557 dans son Commentaire sur le Psaume XV, imprimé seulement cette année-là, mais auquel il travaille depuis 1552. Puis, le 10 janvier, nous le voyons de nouveau saisi d'une question délicate par un correspondant : cette fois, c'est un pasteur français bien connu, François de Morel, sieur de Collonges, qui lui a demandé « au nom des frères qui s'estoyent assemblés à Gien : si les ministres peuvent prester argent à profit... ». La réponse de Calvin (4) est un des textes qui nous renseignent de la manière la plus nuancée sur sa position. En 1563, il s'interroge à nouveau dans son Commentaire sur Ezéchiel, qui ne sera imprimé qu'en 1565 (5). On voit, par ces références, la place que tient le sujet dans l'œuvre et la pensée de Calvin.

(1) D'ailleurs, ce qui ne manque pas de piquant, Utenhove (t.XIX, 462) s'occupe de faire rentrer une créance de Calvin, qui lui sera remise à la prochaine foire de Francfort.
(2) *Opera*, t. XXVIII, p. 115-123.
(3) *Ibid*, t. XXIV, p. 682.
(4) *Opera*, t. XIX, p. 245-246.
(5) *Ibid.*, t. XL, p. 429-430.

II

Quelle idée, d'après ces textes multiples et variés, pouvons-nous nous faire de sa doctrine ?

Jean Calvin, à la fois par la nature vigoureuse de son esprit et par l'éducation complète et variée qu'il a reçue, est, ne l'oublions pas, un humaniste nourri de philosophie ; un juriste, élevé dans la familiarité du droit romain, en même temps qu'un théologien et un moraliste. C'est à ces divers points de vue qu'il se place pour étudier le problème du prêt à intérêt.

Le philologue dit d'abord : les commentateurs, et même les traducteurs des livres sacrés ont commis un faux sens. Le mot hébreu que l'on a rendu par le latin *usura*, n'a point ce sens, mais un sens bien plus énergique : *morsure* ou, comme dit notre vieille langue *rongeure*, « ce qui mord les povres gens et ce qui les ronge (1) ». Ce que les textes visaient, ce n'est donc pas le prêt à intérêt, le *fœnus* en lui-même, c'est le bénéfice réalisé aux dépens d'autrui, *ex alieno damno*. Les Latins distinguaient même l'*usura* toute simple, acte « per se honestum », et le *fœnus*, « odiosum ». Comme il n'y a qu'un nom en français pour ces deux opérations, ce nom unique est « detestabile ». On essaie de le remplacer par des périphrases : « Interesse, id quod interest », mots innocents qui peuvent masquer des opérations en soi blâmables.

Sur cette base philologique, le théologien-moraliste construit. On sait la place tenue dans la dialectique calvinienne par la distinction entre les lois divines et les lois humaines. Idée qui n'est pas spéciale à Calvin, qui est l'essence même de la pensée protestante, mais que la logique calvinienne pousse à ses der-

---

(1) Les hébraïsants que j'ai consultés donnent raison à Calvin.

nières conséquences. Il y a, dans l'édifice juridique de la société chrétienne, une infrastructure, et qui est de fabrication divine, donc intangible, absolue, universelle, puis une superstructure humaine, donc relative, changeante avec les temps et les lieux. L'une est le domaine du théologien, qui n'a qu'à faire régner la loi divine. L'autre est celui du juriste, qui doit se plier à la diversité des lois humaines. En ce domaine règne le magistrat civil, compétent dans sa sphère, et dont les ordres sont obligatoires pour le chrétien, tant qu'ils ne contredisent pas les ordres de Dieu.

Or, à quelle catégorie appartiennent les textes sur le prêt à intérêt ? En tant qu'ils interdisent de « mordre » et de « ronger » ses frères, ils énoncent la loi d'équité et la loi de charité, obligatoires sans conditions. « Et ainsi il ne nous sera jamais permis de ronger nulle créature vivante par usure. » Mais quant à l'interdiction générale faite aux juifs d'exercer l'usure entre eux, tandis qu'on la leur permettait sur les païens, « cette loy est politique ». Il importe donc de considérer que, « touchant la police, elle a esté propre aux Juifs ». C'est-à-dire que, pour l'interpréter, le juriste ne doit pas la séparer du milieu historique, juridique et économique, constitué par la société juive. Il est bien vrai que, depuis l'avènement de la nouvelle loi, la fraternité juive s'est élargie en « une fraternité commune entre tous les hommes ». Mais cette fraternité ne rend aujourd'hui les usures illicites que dans la mesure où elles lui sont contraires, *quatenus cum aequitate et fraterna conjunctione pugnant.* Aller au delà serait méconnaître les différences qui existent entre l'ancienne société palestinienne et la société européenne du XVIe siècle. « Notre conjonction n'a point de similitude ». C'est la notion sociologique du relatif introduite dans l'éthique même.

Or Calvin connaît admirablement son temps. Cet homme, que l'on se représente parfois comme un esprit abstrait, est un observateur des faits. A Orléans, il a été l'élève du jurisconsulte Pierre de l'Estoile ; à Bourges il a entendu les leçons d'Alciat (1) ; il sait ce qu'est un contrat, il semble avoir étudié la matière des hypothèques. A Paris il a vécu chez un riche marchand, Etienne de la Forge. Rien en lui de l'esprit monacal, des préjugés à la fois paysans et conventuels d'un Luther. A Strasbourg, à Genève il a sous les yeux le spectacle de la vie économique de son temps, et il sait en démêler le ressort indispensable : le crédit. N'y a-t-il pas, sur un autre mode, comme un écho de la célèbre louange rabelaisienne des « debteurs et emprunteurs (2) » dans ce passage du sermon sur le *Deutéronome* ? « Dieu n'a point défendu tout gain, qu'un homme ne puisse faire son profit. Car que serait-ce ? Il nous faudrait quitter toute marchandise : il ne serait point licite de trafiquer de façon que ce fust les uns avec les autres. » Et n'indique-t-il point lui-même les rapports subtils qui unissent l'économie et la morale lorsqu'il conseille aux prédicateurs de se donner une éducation économique ? « *Il faudroit quelquefois que les prescheurs fussent des marchans*, et qu'ils eussent manié toutes les traffiques du monde, pour respondre à ceux qui demandent conseil de ceci en particulier... Il y en a beaucoup qui auront des finesses et des ruses que ne cognoistront point ceux qui n'auront pas manié un tel train et mestier. »

Il y a plus. Il montre à quelles conséquences immorales et désastreuses on aboutit « si tout profit est

(1) La thèse récente de M. Viard sur Alciat, si elle ne touche pas ce point spécial, montre combien l'enseignement du maître est pénétré d'histoire.
(2) Livre III, ch. iii et iv.

défendu quand on preste », c'est-à-dire si l'on interdit tout prêt à intérêt. Et il le montre en se mettant pour ainsi dire, comme il l'a conseillé à ses confrères, dans la peau d'un marchand : « Quand un homme aura baillé sa marchandise en bonne foy, et qu'il n'en peut retirer le prix si on le traîne [c'est-à-dire si on ne le paie pas à l'échéance], il est certain que celuy qui délaye mérite bien de payer l'interest ou le profit à celuy qui luy a presté.. Voilà un homme qui a prins ma marchandise, de laquelle je doy vivre : *car quand j'auray vendu aujourd'hui, je rachette pour vendre demain*, et on me couppe la gorge, quand on empesche que je ne puisse entretenir le train de ma boutique. » Si mon débiteur est infidèle, « il ne tient pas à luy que je ne meure de faim et moy et ma famille. » Il est donc légitime que je prenne « interest et profit ». Aussi la loi m'accorde-t-elle 5 pour 100 : « Et pourquoy ? Pour les traffiques : d'autant qu'on ne se peut passer de cela. » Ce qui se dit en latin : *quia aliter non possunt inter se negotiari homines.*

La législation positive a donc bien fait, au sens de Calvin, de reconnaître le prêt à intérêt et de fixer un taux au-dessus duquel il serait considéré comme illicite. A Genève même, Calvin avait vu fonctionner cette législation sur les usures ou, comme on disait en patois savoisien, sur les « renèves ». M. Doumergue a cité les délibérations du Conseil des 17 janvier 1538, 24 décembre 1543, 19 février 1544, confirmées par l'ordonnance de 1547 qui fixent le taux maximum à 5 pour 100. On se rappelle que la lettre d'Utenhove parlait de la loi anglaise qui admettait 10 pour 100.

Cet acte de Henry VIII datait de 1545 (1). Il est

(1) Voy. sur cet acte ASHLEY, *Economic history*, t. II, p. 464.

encore contesté en 1547, puisqu'à cette date Utenhove
a cru devoir adresser à Calvin, aux fins de correction,
un petit mémoire, *minutulum*, qu'il a rédigé sur ce
sujet. Il expose que beaucoup voudraient voir le
taux fixé plus bas, au vingtième denier (5 pour 100)
ou au seizième (6,25 pour 100), par exemple quand il
s'agit de l'achat des rentes. Utenhove trouve la décision royale équitable, car il faut juger ces matières suivant la diversité des États et des lieux, *propter regnorum
locorumque diversitatem*. Il avait probablement lu la
réponse de Calvin à de Sachins. Il est donc vraisem-
blable que, malgré la précaution qu'il prend de dire
qu'il aimerait mieux « mendier son pain que d'attenter
en quoi que ce soit contre son Dieu », il n'a pas de
réelles inquiétudes sur « certaine somme d'argent
qu'il déposerait volontiers chez un honnête homme,
afin qu'elle ne se perde pas d'une façon tout à
fait inutile ». Il compte, pensons-nous, que Calvin
estimera comme lui que nous sommes ici dans le
domaine du relatif, donc de la législation civile, et
que la seule règle est celle qu'a posée le réformateur
lui-même, à savoir « que l'on n'excède la mesure
que les lois publiques de la région ou du lieu concèdent ».

Mais, poussant plus loin l'analyse, Calvin se demande
si cette tolérance du magistrat civil est fondée en raison. Et c'est alors que reparaît le logicien, saisissant
corps à corps l'argument des scolastiques, le fameux
argument emprunté à Aristote par saint Ambroise,
et encore affirmé en 1515 par le concile de Latran, à
savoir : « L'argent n'engendre point l'argent. » Il se
distingue par là d'autres richesses, la terre qui rend
au décuple les semences qu'on lui confie, les troupeaux,
qui s'augmentent par le croît.

On sait qu'en pratique, on admettait bien des accommodement₃ ; et le prêt à intérêt était déjà très répandu (1). Pour s'adapter aux conditions nouvelles qui naissaient de l'accumulation et du besoin des capitaux, les canonistes avaient ajouté aux théories déjà anciennes du risque — *dammum emergens* — et du manque à gagner — *lucrum cessans* — la formule du *trinus contractus*, contrat de participation aux profits et aux pertes compliqué d'un contrat d'assurance. Sir William Ashley croit que ce mode de contrat aurait gagné l'opinion générale des canonistes romains si la réaction catholique ne se fût pas produite. Toujours est-il que ces artifices, colorés de noms divers, ne portaient point atteinte à la théorie elle-même, ainsi résumée par Endemann (2) : « L'argent est de soi improductif. Il est par nature tout à fait incapable de porter des fruits. Celui donc qui lui demande des fruits, pêche non seulement contre le commandement positif du droit divin et humain, mais aussi contre la nature des choses. » C'est ainsi que le concile de Latran disait : « Il y a usure quant on cherche à acquérir un gain par l'usage d'une chose qui n'est pas de soi fructifère (telle que l'est un troupeau ou un champ),

(1) Pour s'en convaincre, il suffit de lire les nombreux textes qui condamnent le prêt à intérêt, et qui ne s'expliqueraient pas dans une autre hypothèse. Par exemple les textes réunis par W. Sombart (*Kapitalismus*, t. I, p. 185) prouvent tout le contraire de ce qu'il leur fait dire. Quand dès le xıı^e siècle on fait l'éloge d'un homme qui « vicinis suis indigentibus nummos *non tamen ad usuras* accommodabat », n'est-ce pas la preuve que trop souvent on « accommodabat ad usuras » ? De même si la *gilda mercatoria* de Coventry, au xıv^e siècle, spécifie que la fraternité devra faire des avances à ses membres chus en pauvreté, « sans rien prendre de gain », nous devons en conclure que l'usage était de prendre un gain. — Ehrenberg (*Zeitalter der Fugger*, p. 31) montre qu'en pratique, l'intérêt est depuis longtemps entré dans le droit commercial et étudie les divers stratagèmes qui le rendaient licite.

(2) *Studien in der romanisch-kanonistischen Wirtschafts- und Rechtslehre*, t. III, 1, texte cité par EHRENBERG dans *Zeitalter der Fugger*.

sans travail, dépense ou risque de la part du prêteur(1). »

C'est de deux façons à la fois que Calvin s'emploie à détruire cet argument, et la fameuse distinction entre les chose fongibles et les choses consumptibles. C'est là surtout qu'il montre son sens profond des réalités économiques, son intelligence du rôle joué en son temps par la monnaie et le crédit. Oui, dit-il, « je confesse ce que les enfants voient, assavoir que si vous enfermez l'argent au coffre, il sera stérile ». Mais en est-il ainsi ? Est-ce que les marchands laissent « l'argent oyseux et sans le faire profiter ? » Que non. Avec l'argent, « on achète un champ », et alors faut-il dire, lorsque poussent les récoltes, que « l'argent n'engendre point l'argent ? » Avec l'argent on achète des marchandises qui sont revendues avec bénéfice. Il ne faut « s'arrester aux mots », mais « regarder aux choses ».

A cette preuve positive de la productivité de l'argent, la dialectique ajoute une preuve négative. Un prêt d'argent peut être licite, et par contre un prêt où n'intervient pas l'argent peut être usuraire. Calvin dénonce par là les stratagèmes qui servaient aux canonistes habiles à masquer les contrats usuraires sous des opérations d'aspect licite parce qu'elles ne portaient en apparence que sur les fruits de la terre. Peu importe que j'aie prêté des semences et non de l'argent réputé stérile, « car si je preste du bled, et quand le bled vaudra 40 sols, je diray à un homme : « Voilà, j'en veux

(1) Ce concept n'est pas seulement celui de Luther qui, plus intransigeant que les docteurs catholiques, accepte seulement les rentes (*zins, census*) et l'*interest*, le dommage dans son sens le plus étroit ; encore dénonce-t-il souvent dans le *damnum emergens* et le *lucrum cessans* de purs prétextes. Mais on trouve aussi cette doctrine dans cet Æpinus dont nous parlerons plus loin (f° 26 v°). Bien qu'il admette que le crédit est indispensable à la vie sociale (*ad conservationem civilium negociorum alieni aeris usus necessarius est, absque hoc humana negocia consistere non possunt*), il ne tolère en principe que les achats de rente ou les prêts qui servent à enrichir le débiteur.

avoir 60... » Assavoir si je ne suis point usurier devant Dieu ?... Mais un tel profit est larcin. » Peu importe aussi que l'intérêt me soit payé en espèces ou en nature. En réalité « c'est une moquerie quand je diray : « Moy, je n'ay prins profit d'argent en usure, « mais j'ay prins du bled ou du vin : et cela m'est donné « pour récompense... » Ainsi c'est une sottise trop lourde, quand on voudra dire que l'usure n'est sinon en l'argent... Quand nous prenons accroist en bled, ou en vin, toujours nous sommes usuriers ».

Ainsi s'écroule la fameuse distinction posée par Chrysostome : « Celui qui loue un champ pour en recevoir une rente, ou une maison pour toucher un loyer, n'est-il pas semblable à celui qui donne argent à usure ? Pas du tout. *Absit.* » Calvin répond que ce qui importe, ce n'est pas la matière du contrat, mais ses modalités, lesquelles peuvent être usuraires dans l'un et l'autre cas. Le bon prédicateur Menot (1) avait déjà eu le courage de dénoncer les diverses formes d'*usura palliata*, par exemple la simulation d'une vente à réméré, où l'on achetait la terre pour 100 livres, en la faisant figurer dans le contrat pour 250.

Nous ne pouvons citer tous les passages où Calvin fustige ces esprits subtils qui ont « inventé tant de belles façons de contrats au monde ». Il montre que les constitutions de rente n'ont rien qui les distingue d'un prêt à intérêt, et que les créances hypothécaires, préconisées par les canonistes, sont plus lourdes en réalité pour le débiteur que les créances dites usuraires. « Pourquoy, demande-t-il, sera celle pache [une convention hypothécaire] juste et honneste, celle-ci [un prêt à intérêt] faulse et meschante ? Car il [le prêteur] fait

(1) Voy. l'éd. Nève, p. 165-166. Et cependant Menot restait fidèle à la doctrine : « Argentum enim est sterile, quia de se *il ne gaigne rien* »

plus amiablement avec son frère en accordant de l'usure
[en lui prêtant à intérêt] que s'il le contraignait à
hypothéquer la pièce. » C'est donc jouer sur les mots
que de blâmer un de ces contrats, une de ces « paches »,
e⁺ d'approuver l'autre.

Ce qui détermine le caractère usuraire ou non d'un
contrat, c'est son contenu. Il ne faut pas condamner
ces contrats en gros, indistinctement ni en tout temps,
ni en toutes choses, ni avec toutes personnes, *neque
passim, neque semper, neque omnia, neque ab omnibus.*
C'est surtout cette dernière circonstance qui est essentielle. Prendre « usure du pauvre » et contraindre le débiteur indigent, faire métier d'offrir des prêts, « comme
filets tendus, pour attraper les povres gens qui sont
en nécessité : comme on en a usé de tout temps et aujour-
d'hui encore plus que jamais (1) », voilà le péché,
que les intérêts soient stipulés en argent ou en blé :
« Car le bled, n'est-ce point la substance d'un povre
homme ? Et je luy viendray desrober ce dequoy il
devoit estre nourry et substanté. » Au contraire, s'il
s'agit d'un riche marchand qui, manquant d'argent
comptant, en emprunte pour acheter des marchandises
et faire de belles affaires, serait-il juste qu'il profitât
de mon argent sans me rien donner en retour ? On peut
donc, en pareil cas, toucher des intérêts sans être un
usurier : *Poterit quispiam fœnus accipere, qui tamen
non fœnerabitur.* De là découle la vanité du critérium
populaire qui croit le profit d'autant plus condamnable
qu'il est plus gros. Calvin n'eût pas été, comme certains démagogues de notre temps, indulgent aux petits
mercantis et impitoyable aux grosses fortunes, car
« l'iniquité est quelquefois plus grande en un petit
profit qu'en un grand ». Mille écus prêtés à un riche

_____

1. Ceci prouve que le besoin du recours au crédit était général.

qui n'en a pas un réel besoin, mais qui les désire « pour acheter une terre... par la cupidité de s'enrichir toujours et s'augmenter », rapporteront au créancier plus que quatre florins prêtés à « un povre homme qui aura des petits enfans et n'aura point du pain pour leur mettre entre les dents ». Où est l'usure condamnable ?

Telle est, réduite à ses linéaments essentiels, la construction théorique de Calvin : légitimité d'une pratique que la parole divine ne condamne pas en soi, et qui est nécessaire à la vie économique de l'époque, mais subordination de cette pratique aux lois divines d'équité et de charité. Aussi, après que le logicien a concédé, parce que son esprit ne peut faire autrement, l'autorisation du prêt à intérêt, le moraliste s'essaie à restreindre cette liberté qu'il considère comme dangereuse (1). Cette inquiétude est sensible déjà dans la lettre à de Sachins. Elle l'est plus encore dans celle à François Morel ! « Et quand un ministre se passera de faire tel profit, ce sera bien le meilleur. » Impuissant à se dégager complètement de l'idéologie médiévale, Calvin conclut par ce « précepte » où s'entrevoient toutes les nuances de sa pensée : « Je ne voudrais point, en la justifiant, favoriser l'usure — *nolim quidem meo patrocinio usuras fovere* — et je souhaiterais que le nom même en disparût de la terre — *atque utinam nomen ipsum abolitum esset e mundo* : mais je ne puis, sur une matière de telle importance, en dire plus que n'exprime la parole divine — *sed non audeo de re magni momenti plus pronunciare quam Dei verba sonant.* » A notre tour ne faisons pas dire à Calvin plus qu'il n'a dit, *plus quam Calvini verba sonant.*

On reprochera à Calvin de raisonner ici en casuiste.

---

(1) « Quand je permets quelques usures, je ne les fay pourtant pas toutes licites. »

Mais qu'est-ce que la casuistique, sinon l'art nécessaire de résoudre les antinomies qui se posent entre la morale pure et la morale pratique, l'art d'assouplir la règle universelle aux nécessités de l'action ? Il s'agit de savoir si la casuistique de Calvin était plus ou moins dangereuse pour l'âme, plus ou moins conforme à l'intérêt social que la casuistique de ses adversaires, celle qui permettait de voiler sous des masques licites les opérations les plus usuraires.

III

En quoi la position prise par Calvin est-elle nouvelle ?

Ce n'est pas le diminuer que de rappeler que d'autres avant lui se sont préoccupés de la question. Non seulement Mélanchthon, esprit beaucoup plus souple que Luther (1), admettait déjà un intérêt modéré, conforme à l'estimation d'hommes justes, ou du juge — c'est-à-dire du magistrat civil — dans les cas où le prêteur réalisait un profit par son commerce. Mais Bucer, dont on connaît les relations avec Calvin durant le séjour de celui-ci à Strasbourg (2), allait plus loin. Dès 1529, il explique, comme le fera plus tard Calvin, le mot hébreu *nesech* par « morsure » et non par « usure ». Comme le fera Calvin, il « trouve peu sage de condamner toute usure » et « se moque des subtilités de la scolastique ». Ces expressions, que M. Doumergue emprunte à l'un des biographes de Bucer, Klingenburg (3), expliquent comment celui-ci a été jusqu'à admettre que

(1) GRISAR, *Martin Luther, sein Leben und sein Werk*, p. 485, montre que Luther ne tient aucun compte des nécessités économiques de son temps.
(2) J. PANNIER. *Calvin à Strasbourg*, Strasbourg-Paris, 1925.
(3) *Das Verhältniss Calvins zu Butzer*, 1912, cité par Doumergue, t. V, p. 688-689.

Calvin n'a fait que suivre Bucer, qu'il n'a pu « que rendre au loin fécondes des idées déjà représentées par son ami strasbourgeois ».

Cependant, ainsi que le note très justement M. Doumergue, Klingenburg lui-même doit reconnaître que Bucer, ni dans son Commentaire de 1529 sur les psaumes, ni même plus tard dans son traité *De usuris* de 1550, n'a pas critiqué l'idée aristotélicienne, reprise par saint Ambroise et Chrysostome, de la non-productivité de l'argent. « Or, c'était l'essentiel », dit M. Doumergue. Oui, c'était l'essentiel, car les tempéraments apportés par Mélanchthon, puis par Bucer, à la règle canonique ne différaient pas, en principe, des tempéraments qu'y avaient apportés déjà les canonistes eux-mêmes. Ce qui est nouveau, c'est l'analyse du phénomène économique en soi ; c'est cette vigueur dialectique qui s'attaque à la notion même du prêt, qui voit dans l'argent monnayé ou dans la valeur mobilière la représentation des richesses réelles, qui suit l'argent dans la caisse du banquier, dans la boutique du marchand, dans le navire de l'armateur, comme dans le champ ou dans la vigne, et qui le voit enfantant, comme un grain de blé ou comme une tête de bétail, des valeurs nouvelles. *Pecunia pecunium parit*, cette découverte a-t-elle été faite avant Calvin (1) ?

Lorsque, dans le dialogue sur l'usure que Thomas Wilson publia en 1572 (2), le *civilian* veut citer les autorités « qui ne sont pas contre une usure modérée,

____

(1) On pourrait citer cette phrase d'Antonin de Florence, qui vécut de 1389 à 1459 : « Pecunia ex se sola minime est lucrosa nec valet seipsam multiplicare ; sed ex industria mercantium fit per eorum mercationes lucrosa. » Mais cette affirmation isolée ne paraît pas avoir agi sur l'évolution ultérieure des idées.

(2) *Discourse upon usury*, voyez l'édition [de R. H. Tawney, Londres, 1924.

mais pensent plutôt qu'il est nécessaire de la permettre »,
il les énumère dans cet ordre : « *Bucer, Brentius,
Calvyne and Beza* » ; mais antérieurement il a
introduit comme l'un des plus considérables : « One
Carolus Molinaeus, a Frencheman, a notable lawyer... »

C'est précisément une question de savoir à qui, de
Calvin ou de Dumoulin, appartient la priorité, et
si la pensée de l'un a pu agir sur celle de l'autre.

On donne des dates assez diverses pour la première
publication du *Tractatus commerciorum et usurarum,
redituumque pecunia constitutorum et monetarum...*,
édition que personne parmi les modernes n'affirme
avoir vue de ses yeux. La vie de Dumoulin, que Brodeau a mise en tête de l'édition des *Opera* de Paris,
1681, donne comme date, en une note marginale : 1545,
mais le texte même s'exprime plus explicitement : « Il
commença d'y travailler sur les conseils d'Alexandre,
continua en 1544 comme il dit luy mesme dans le
traité, et l'ayant achevé en 1545, il le dédia à François
Olivier, chancelier de France : l'Epistre liminaire est du
1er janvier 1546. » Cette accumulation de dates paraît
avoir ébloui les commentateurs. La *France protestante*,
même en sa deuxième édition, dit : 1545. Le biographe
le plus récent de Dumoulin, M. Marcel le Goff (1),
hésite, dit tantôt 1545, tantôt 1546 ou 1547. M. Doumergue dit : 1547. Il est dans la vérité. En effet
l'édition que nous avons maniée, celle de Lyon (Antoine
de Arsy), 1572, reproduit l'épître au chancelier et
une épître *candidis lectoribus*, datées, comme le dit
Brodeau, des Kalendes de janvier 1546, donc, dans
le style de l'époque, 1547. Il n'est donc pas dou-

____

(1) *Du Moulin et le prêt à intérêt. Le légiste et son influence.* Bordeaux.
(Thèse de Droit), 1905. Il dit d'abord : « Paris, 1545, in-4° », puis
« 1547 ». Puis, p. 7 : « Ch. du M. publia, en 1546, un Traité de l'Usure »
et p. 21 : « Le traité de l'Usure, qui est de 1546... »

teux que le traité de Dumoulin est postérieur, en sa forme latine originale, de plus d'un an à la lettre de Calvin à de Sachins. Quant au *Summaire du livre analytique des contractz, usures, rentes constituées, interestz et monnayes...*, il paraît à Paris (chez Pierre Gaultier et Mathurin du Puys) en 1547 (1).

Mais peut-on, de cette question de date, tirer de grandes conséquences ? En admettant que la réponse de Calvin à son correspondant ait été immédiatement répandue en dehors d'un groupe restreint de réformés et qu'elle ait été portée à la connaissance de Dumoulin, pourrait-on en conclure qu'il s'en est inspiré ? Assurément, que Dumoulin, qui, à la mode du temps, cite abondamment ses auteurs et qui ne craint point d'invoquer fréquemment Mélanchthon, ne mentionne pas une fois le nom de Calvin, cela seul ne nous autoriserait pas à repousser cette hypothèse. Mais le *Tractatus* n'est pas une œuvre improvisée, ni dont la doctrine eût pu être modifiée sur des points essentiels en une douzaine de mois. Pour le croire, il ne faut pas avoir manié ce lourd volume, je ne parle pas de l'élégant *Summaire* français, mais du *Tractatus*, avec son latin hérissé de références prises aux anciens, aux Pères, aux jurisconsultes. 806 pages d'un texte serré, divisé scolastiquement en cent questions (dont les dernières sont sur les monnaies), cette œuvre où rien n'apparaît de l'harmonieuse rigueur calvinienne, mais qui obéit à toutes les règles de composition des traités juridiques du temps, cette œuvre est un travail de longue haleine.

(1) Bibliothèque nationale. Rés. F. 2043. In-4° A-Aiiij + 159 f°°. Le privilège, qui mentionne les « œuvres et commentaires par luy [Dumoulin] composez tant sur les coustumes de Paris que sur le droict, et mesmement sur les contractz, usures, rentes contituées à prix d'argent, rachapts, interestz et monnoyes », est du 22 février 1542, ce qui semble indiquer que dès cette date l'auteur avait au moins conçu le projet de son traité.

Dumoulin ne nous trompe pas quand il nous dit qu'il y a travaillé depuis plusieurs années, dès 1543 ou même 1542. N'est-ce pas dès le mois de juin 1546 qu'il avait déjà touché à ces questions en son *Extricatio labyrinthi de eo quod interest...* (1) ? Il ne s'agit pas proprement, en ce volume, du prêt à intérêt, mais plutôt des dommages et intérêts et de la responsabilité civile ; mais il se relie à la question de l'usure par l'évaluation des dommages, le calcul de la capitalisation des revenus, le calcul des intérêts dûs pour retard. Il n'est pas extraordinaire que, dans les éditions ultérieures du *Labyrinthe*, l'auteur ait renvoyé au *Tractatus*, tant les deux œuvres sont connexes.

Au reste, ce qui fait l'originalité et, pour nous, le principal intérêt du *Tractatus*, c'est qu'il est l'œuvre d'un praticien expérimenté. L'auteur ne cite pas seulement des scolastiques plus ou moins obscurs, il invoque des décisions des tribunaux, qui en fait reconnaissent la légitimité de l'intérêt puisqu'ils condamnent les débiteurs à payer des intérêts de retard sur les sommes dues. Il sème son indigeste commentaire d'anecdotes vécues et notées sur les abus des commerçants et des banquiers, sur les changes et rechanges lyonnais, *crudelissimae illae usurae Lugdunenses*. Il a connu tel facteur du roi du Portugal, qui empruntait à 16 pour 100 et qui faisait avec cela des bénéfices ; d'ailleurs ce taux était plus modéré que les 18 pour 100 des banquiers. Il sait un avocat, lyonnais naturellement, que son médiocre talent retenait dans la misère, et qui s'est mis à placer son argent en banque, d'où, participant à des gains « impies », il est devenu plus riche que tous ses confrères, mais aussi plus haïssable

(1) Nous n'avons vu que l'éd. de 1555 (Lyon, Ant. Vincent, in-8°. B. N. F. 24330). Mais elle reproduit la dédicace au Parlement de Paris, datée des ides de juin, 1546.

et plus méprisable. C'est comme praticien qu'il a été mis au courant des placements lucratifs faits en Bourbonnais « et en la plupart des autres lieux de ce royaume » par les chapitres des églises. Tout cela sent, non seulement la vérité, mais l'observation poursuivie au cours de toute une carrière. Que Dumoulin ait ou non connu la lettre de Calvin, il portait, avant novembre 1545, son livre dans son cerveau.

En quelle mesure la doctrine s'en rapproche-t-elle de celle de Calvin ?

Sans avoir l'ambition de résumer en quelques lignes l'énorme fatras de Dumoulin, nous y trouvons, comme chez Calvin et chez Bucer, la discussion du mot hébreu que l'on a inexactement traduit par usure : *Hebraeis a morsu vocatus*, sans d'ailleurs que Dumoulin tire de cet argument philologique les conséquences qu'en fait sortir la puissante logique de Calvin. Avec son expérience d'avocat, il confirme le raisonnement calvinien sur l'hypothèque, considérée comme plus dure pour le débiteur que le crédit consenti à la personne. Il insiste, comme le fait Calvin, sur le véritable esprit de la loi divine, *quae est charitas* : « La seule usure prohibée et condamnée est celle qui blesse la charité et l'amour du prochain ». Comme Calvin encore, il déclare illicites les usures supérieures au taux légal, *quae excedant quotam ab aequabili lege vel consuetudine loci taxatam*. Il admet donc ces lois.

Enfin, il se rapproche de Calvin sur un autre point essentiel : à savoir que, pour établir les conditions d'un prêt, il importe de considérer les personnes à qui l'on prête. Dumoulin nous dit avoir entendu avec joie, à Paris, un théologien distinguer : le pauvre, auquel on doit donner sans espoir de retour ; le nécessiteux, *l'egenus*, auquel il faut prêter sans intérêt, en lui accordant des délais, s'il doit doter sa fille, etc. ; enfin les riches qui veulent mettre de l'argent dans les affaires ou arrondir leurs propriétés.

Quel est ce théologien qui prenait à son compte les distinctions déjà posées dans la réponse à de Sachins? Faut-il croire que sur ce point l'opinion de Calvin a pu être connue de Dumoulin et l'aider à formuler sa pensée ? Dans tous les cas il a eu, et à la dernière minute, une autre source. Au moment même, nous dit-il, où il préparait son volume pour l'impression, il lui est tombé sous la main un Commentaire sur les Psaumes d'un *eruditissimus vir*, Johannes Aepinus, où celui-ci distingue trois espèces de débiteurs : les pauvres ; les gens qui souffrent du besoin, *indigentes* ; enfin ceux qui ont des possessions, « et qui n'ont pas besoin des ressources d'autrui pour se procurer les nécessités de la vie ». A ceux-là il est permis de contracter entre eux pour un objet lucratif.

Nous avons eu la curiosité de lire ce commentaire (1). L'auteur Hoeck ou Hoch (en grec αἰπεινός), né en Brandebourg, maître d'école en Poméranie, appelé par son maître Bugenhagen à Hambourg, y devient pasteur et superintendant en 1532. Docteur à Wittenberg en 1533, en contact avec Mélanchthon, il est en Angleterre en 1534. Nous le retrouvons en 1544 à Hambourg, où on lui reprocha des interprétations hétérodoxes des psaumes XIV et LVIII (2). Quant à son commentaire sur le Psaume XV, il parut à Strasbourg en septembre 1543. Il reproduit, en somme, la doctrine traditionnelle sur l'usure ; il va même

(1) *In Psalmum XV. Davidis D. Joannis Æpini commentarius... de usuris, de contractibus, de redditibus... Recens nunc primum æditus. Argentorati excudebat M. Jacobus Cammerlander, Moguntinus, Kal. septembres.* Colophon : Anno M. D. XLIII. Kalen. Septembres ».
(2) J'extrais ces renseignements d'une note qu'a bien voulu me communiquer mon collègue L. Febvre.

jusqu'à réfuter le raisonnement des économistes qui la déclarent indispensable au fonctionnement de la vie sociale. Il n'admet pas que l'autorisation du magistrat suffise à libérer le chrétien des peines éternelles. Mais il pose bien (p. 27 ss.) la distinction tripartite rappelée par Dumoulin. Calvin, dont on connaît les relations avec Strasbourg (1), a pu lire Æpinus, soit avant, soit après 1545. Il a pu, après cette date, lire Dumoulin (2), et ainsi s'expliquerait la netteté particulière que sa théorie de la personnalité du débiteur revêtira dans son sermon sur le Deutéronome de 1556, puis surtout dans son Commentaire sur Ezéchiel de 1563-1565.

Sur tous ces points, il n'y a donc pas de différence fondamentale entre Calvin et Dumoulin, sinon la différence de forme : la sobriété de style, la splendeur logique, la beauté littéraire (en français ou en latin), l'éloquence pressante de l'un opposée aux interminables discussions scolastiques de l'autre. Disons aussi un sens plus net, plus direct des nécessités économiques chez le prédicateur que chez l'avocat. Mais où est, en tout cela, l'originalité de Calvin ?

Elle est en ceci, où l'a vue d'ailleurs M. Doumergue : dans la critique de l'idée aristotélicienne de l'improductivité de l'argent. Dumoulin n'y songe pas, bien au contraire. A l'expression hébraïque, il oppose la grecque et la latine (3). Les Grecs disent τόκος, enfantement ; les Latins, *fœnus*, que Dumoulin rapproche hardiment de *fœtus*, « parce que la monnaie enfanterait la monnaie, *eo quod nummus nummum pariat* ». Et il ajoute : « Ce qui est contre nature, ainsi que l'enseigne fort

(1) Voyez le travail cité plus haut de M. Pannier.
(2) Le très grand succès du *Tractatus* est prouvé par la publication du *Summaire*.
(3) « Et Latinis ab usu, Græcis a partu, Hebræis a morsu vocatur. »

bien Aristote, *quod contra naturam est, ut pulchre tradit Aristoteles.* » Dumoulin n'a pas dépassé saint Ambroise, cher à son inspirateur Æpinus. Mais où sont les cinglantes interrogations de Calvin : « L'Argent n'engendre point l'argent ? La mer, quoy ? la terre, quoy ?... L'argent n'est-il pas plus fructueux ès marchandises qu'aulcunes possessions qu'on pourroit dire ? » Où son ironie : « Certes, je confesse ce que les enfants voient, de sçavoir que si vous enfermez l'argent au coffre, il sera stérile... Telles subtilitez de prime face émeuvent... Elles esvanouissent d'ellesmesmes, car elles n'ont rien de solide au dedans... » ?

Le manuel de Dumoulin pouvait servir aux avocats chargés de plaider une affaire embrouillée. Seules les formules calviniennes pouvaient déterminer une révolution dans les esprits. En quoi l'opinion de Calvin se rattache-t-elle à l'ensemble de ses idées morales ; de quelles précautions, de quels tempéraments, de quelles timidités même essaiera-t-il d'en entourer l'expression ; en quelle mesure est-elle vraiment « un point tournant dans l'histoire de la pensée européenne » ; jusqu'à quel degré Calvin est-il responsable, et jusqu'à quel degré a-t-il pu avoir conscience de l'évolution économique des sociétés calvinistes ? Ce sont là des questions qu'il convient au moins d'effleurer après avoir essayé de mettre Calvin à sa vraie place dans la série des penseurs qui ont préparé l'émancipation du crédit.

IV

Charles de Villers, dans son célèbre essai paru il y a plus d'un siècle, opposait à la stagnation, à l'esprit de routine des nations restées ou redevenues catholiques l'activité, la hardiesse, l'esprit d'entreprise, la richesse enfin des sociétés protestantes. Il eût été plus exact de dire : réformées.

C'est une idée qui a fait son chemin. On a célébré l'essor de la banque genevoise, qui fournira son dernier financier à la monarchie française. Dans la France de l'Édit de Nantes, l'histoire du capitalisme se lie en très grande partie à celle des négociants protestants de la Rochelle, de Bordeaux, de Dieppe, de Paris ; ils tiennent les comptes de Richelieu, ils entrent dans les compagnies de Colbert. Amsterdam, la grande cité calviniste, devient aussi, au XVIIe siècle, le grand marché international des métaux précieux, le réservoir des capitaux, le régulateur universel du crédit. A la royauté du florin succédera ensuite la royauté de la livre sterling. Et lorsque la suprématie économique menacera de franchir les mers, ce sera pour passer à une autre société pétrie de calvinisme, dont on a pu dire que la caractéristique essentielle et comme la moelle était la pensée calvinienne, toujours présente et vivante sous les transformations sociales, morales, voire religieuses (1). Quand on nous rebattait les oreilles de la « supériorité des Anglo-Saxons », on commettait une grave confusion entre de très imaginaires entités ethniques, et de très solides réalités

(1) Rappelons seulement, outre les études déjà citées de W. Ashley celles de Max Weber, de Tröltsch et de Rachfall, critiquées de très près par M. Doumergue (t. V, p. 642 et suivante), celle de Lujo BRENTANO (*Puritanismus und Kapitalismus*, réimprimé dans *Der Wirtschaftende Mensch*), l'*Histoire de l'économie sociale jusqu'à la fin du XVI*[e] *siècle* d'E. DE GIRARD, *An Essay on the economic effects of the Reformation* de G. O'BRIEN, enfin la magistrale introduction mise par R. H. TAWNEY à son édition du *Discourse upon usury* de Thomas WILSON. — Voy. encore — réaction, comme l'étude de BRENTANO, contre SOMBART. — celle de VON BELOW, *Die Entstehung des modernen Kapitalismus*, dans les *Probleme der Wirtschaftsgeschichte*, 1920.

éthiques et religieuses. Car il se trouve que les deux plus grandes communautés anglo-saxonnes du monde sont en même temps les filles de Genève.

De là sont sorties les théories fameuses de Sombart, de Max Weber, de Tröltsch et de tant d'autres, qui ont fini par établir cette équation : puritanisme = capitalisme. Les uns admirent cette énergie dans l'action, cette « *efficiency* » des sociétés puritaines; ils célèbrent ces grands créateurs qui, tout en « louant le Seigneur », sèment autour d'eux les usines, font vivre des millions d'ouvriers, sacrifient leur vie à leurs colossales entreprises, ces forçats volontaires de la grande industrie qui tiennent d'une main également ferme la comptabilité de leurs milliards et celle de leur salut. Les autres dénoncent ce mélange impie, adultère, des œuvres de Christ et de celles de Mammon. Ils reprochent à l'économie calvinienne d'avoir détruit la paix sociale, fait disparaître les notions salutaires de juste prix et de juste rémunération du travail, remplacé la communauté tutélaire où le compagnon vivait auprès du maître par la lutte des classes, pour aboutir à cette hypocrisie suprême du capitaliste enrichi par l'exploitation des masses humaines et qui se donne le luxe d'être un bienfaiteur de l'humanité. Le milliardaire construit des hôpitaux, des écoles, des églises. *Religion and Business*, tel est le titre d'une étude d'un éminent historien anglais (1). Et un de ses émules (2) conclut : « La thèse que l'esprit capitaliste moderne a ses racines dans le calvinisme, et en partie dans le puritanisme, a rencontré l'adhésion unanime de tous ceux qui ont étudié le sujet. »

(1) R. H. TAWNEY, article paru dans le *Hibbert Journal* en octobre 1923. Depuis le même auteur a repris le sujet dans *Religion and the Rise of Capitalism*.
(2) George O'BRIEN, ouvr. cité.

On ne s'est peut-être pas assez demandé si d'autres causes, qui n'ont rien à voir avec la religion ni avec la filiation des idées, si des causes purement matérielles, géographiques, technologiques, etc., n'étaient pas plus directement responsables de la transformation de la vie et aussi de la pensée économiques que la doctrine même de Calvin et de ses sectateurs. Si Genève, les Provinces-Unies, l'Écosse et l'Angleterre, les colonies anglaises de l'Amérique du Nord sont devenues des nations progressives, ce phénomène s'explique par d'autres causes encore que leur couleur religieuse. Quand on aura établi que les sociétés puritaines sont en même temps capitalistes, on n'aura pas démontré la thèse de l'identité des deux termes.

Y a-t-il chez Calvin un esprit capitaliste ? Nous avons vu, sur cette question capitale de l'usure, quelles sont ses timidités, ses hésitations, ses retours en arrière. Lié à la lettre de l'Ecriture, persuadé qu'il faut distinguer, dans la législation hébraïque, ce qui est d'une valeur divine, universelle, absolue, de ce qui est humain, relatif, contingent, propre à un état de société déterminé, il ne se croit pas le droit d'imposer au chrétien du XVI⁰ siècle des règles faites pour d'autres époques et pour d'autres cieux : « Notre conjonction n'a point de similitude. » Mais comme il a peur qu'on abuse des libertés que sa dogmatique même le contraint à concéder ! Il souhaiterait que l'usure fût bannie de la terre. Il croit difficile qu'on puisse être à la fois honnête homme, « homme de bien », et usurier, car il est écrit qu'il est plus facile de faire passer un câble par le trou d'une aiguille que de faire entrer un riche dans le royaume du Père.

Nous savons que Calvin hésite à répondre, car il sait qu'en matière aussi délicate, aussi « chatouilleuse », toute réponse est dangereuse, et que l'on abusera de la sienne : « Si totalement nous défendons les usures nous estraignons les consciences d'un lien plus estroict que Dieu mesme. Si nous permettons le moins du monde, plusieurs incontinent sous cette couverture prennent une licence effrénée dont ils ne peuvent porter que par aucune exception on leur limite quelque mesure. » Il sait que de Sachins aura soin de distinguer l'usage et l'abus, de considérer « ce qui est expédient et combien » — la traduction latine dit : *quid expediat et quatenus*. Mais la masse des prêteurs ? Calvin est rempli d'angoisse en pensant au parti qu'ils vont tirer d'une autorisation qu'il ne se sent pas le droit de refuser en termes absolus.

Il admet qu'on prête de l'argent, mais à quelles conditions ? Moins aux riches qu'aux pauvres, « à ceux desquels il n'y a point d'espoir de recouvrer ». En fait, dit-il, « nous avons de coutume (1) » — nous ce sont les capitalistes de son temps qui n'avaient pas attendu la permission de Calvin pour faire la théorie du bénéfice — « de regarder premièrement là où l'argent se peut mettre sûrement. Mais plus tost il falloit ayder les pauvres vers lesquels l'argent est en dangier. » Singulier esprit capitaliste, qui recherche de préférence les mauvais placements !

Il admet qu'il est impossible de bannir l'usure, parce qu' « il faut céder à l'utilité commun », En cela il ne dépasse pas le point de vue de Mélanchthon. « Quand je permets quelques usures, je ne les fay pourtant pas toutes licites. » Et s'il trouve tout naturel qu'on tire profit de l'argent prêté à un riche acquéreur de domaines ou à un gros marchand, il n'admet point qu'on fasse de cette pratique une profession : « Je n'appreuve pas si quelqu'un propose faire mestier

(1) Lettre à Cl. de Sachins.

de faire gain d'usure (1) » ; singulière préface à l'histoire de la haute banque genevoise ! Calvin, comme les autres prédicateurs, n'oppose-t-il pas le laboureur, l'artisan, le marchand qui peinent et s'exposent, au « seul banquier qui, tout assis, lève tribut sur le travail de tous (2) » ?

Parmi les conditions nécessaires pour qu'un prêt à intérêt soit licite, il en est une qui est d'ordre social : il faut « que nous ne regardions point seulement la commodité privée de celuy avec qui nous avons affaire, mais aussi que nous considérions ce qui est expédient pour le public ». Si nous comprenons bien ce passage, cela veut dire que le contrat doit avoir une fin avantageuse à la société, par exemple l'importation de marchandises nécessaires : il faut « bien adviser que la pache soit aussi utile en (3) commun plustost que nuysible ». En somme Calvin n'est-il pas là très près de cette justification du commerce par saint Thomas (4) : « Le commerce est légitime quand le marchand recherche un gain modéré pour faire vivre sa maisonnée et pour secourir les pauvres ; et aussi quand le commerce est exercé en vue du bien public, de façon que le pays soit pourvu des choses nécessaires à la vie, et que le gain soit considéré non comme l'objet mais comme le salaire de son travail » ?

Calvin et saint Thomas ! Cela revient à dire que le réformateur, lui aussi, tient par bien des côtés au Moyen âge (5). S'il déclare que Dieu n'a pas défendu tout gain : « Car que seroit-ce ? Il nous faudroit quitter

---

(1) De même, *Commentaire sur le Psaume XV* (t. XXXI, p. 147) : « quisquis ex professo fœneratur ».

(2) *Commentaire sur le Psaume XV* : « Solos trapezitas sedendo vectigal ex omnium labore colligere. »

(3) Lisez *au*.

(4) Citée par ASHLEY, *Ec. hist.*, t. II, p. 390.

(5) T. XXVIII, p. 117 (sermon sur le Deutéronome, XXIII).

toute marchandise ; il ne serait point licite de traffiquer en façon que ce fust les uns avec les autres », il
se reprend tout de suite : « Mais il a défendu le profit
ou l'accroist qu'on rend à celuy qui baille le sien sans
son dommage, et cependant veut succer la substance
d'autruy, et ne regarde point s'il grève son prochain
ou non : mais il se veut enrichir. » C'est la théorie même
du *damnum emergens* : pas de gain légitime si le capitaliste ne court aucun risque. Nous sommes en plein
ici dans la tradition canonique, et rien de plus loin
de l'esprit capitaliste que cette comdamnation, prise
au prophète Ezéchiel : « *Mais il se veut enrichir* ».

Lujo Brentano a raison d'écrire (1) : « Cela n'est
point une pensée capitaliste... Cela ressemble presque
à une rechute dans la doctrine de l'Église médiévale. »

Alors que reste-t-il des soi-disant rapports entre
le calvinisme et l'évolution capitaliste ?

Malgré des nuances, Weber, Trölstch et M. Doumergue s'accordent en un point : Calvin, comme Luther
avant lui, mais avec plus de rigueur logique que
Luther, déplace la notion du salut ; il la fait sortir
des cloîtres pour la mettre dans la vie de tous les jours,
il l'enlève à l'existence contemplative pour la donner
à l'existence active. Ses exégètes allemands expriment
cette idée en disant qu'à l'ascétisme médiéval il
substitue un ascétisme nouveau (2), l'ascétisme de
chacun dans sa profession, *die Berufsaskese.*

« Vocation, en l'Ecriture, signifie un état et façon
de vivre légitime », dit le Commentaire sur l'Epître
aux Corinthiens. Et le devoir, dans chaque vocation,
est « qu'un chacun s'applique à faire valoir ce à quoy
il est appelé ». Le devoir d'un marchand est donc

---

(1) *Der wirtschaftende Mensch*, p. 402. De même von Below, *Probleme der Wirtschaftsgeschichte.*
(2) C'est un ascétisme dans le siècle, *innerweltlich*, dit Tröltsch.

d'être un bon marchand. M. Doumergue (1) a fort ingénieusement groupé les textes calviniens d'où l'on peut tirer l'éloge de la richesse, pourvu qu'elle soit bien gagnée et bien employée. Non seulement Calvin se pose, contre les « libertins qui se disent spirituels », en défenseur de la propriété et condamne l'exégèse communiste des Évangiles, non seulement il proclame la loi du travail et déclare que « la paresse et l'oisiveté sont maudites de Dieu », mais encore — et c'est en cela qu'il dépasse Luther et même Zwingli — il fait l'apologie du commerce : « La marchandise » ne doit pas « de soi... estre condamnée, veu qu'elle est profitable et nécessaire à la république. »

Pourquoi, si les autres œuvres de Dieu sont bonnes, mépriserait-on l'argent, qu'il a créé « afin que les hommes pussent communiquer les uns avec les autres » ? Et ceux qui président à la circulation de cet instrument d'échange ne se voient pas nécessairement fermer le royaume du Père. Car les riches, en un certain sens, sont « officiers de Dieu, recepveurs de Dieu », pourvu qu'ils prennent le profit de leur labeur comme « un juste salaire ».

Il est possible que, littéralement, ces formules n'ajoutent rien à la théorie médiévale des richesses licites. Mais l'accent est autre. Il est saint, selon la doctrine que Calvin oppose aux « libertins », de travailler « honnêtement pour gagner notre vie ». Cette sanctification du travail et du gain est tout de même une réaction contre l'ascétisme monacal, je dirai même contre la conception médiévale de la vie économique. Il ne s'agit plus d'enfermer chacun dans la situation sociale où le sort l'a mis. L'homme sert les plans de Dieu en essayant d'améliorer sa position.

(1) *Calvin*. t. V, p. 647-649, 677.

On voit combien la pente est glissante, qui mène de la « liberté chrétienne » entendue au sens calvinien, et de l'ascétisme professionnel au capitalisme. Après avoir considéré l'acquisition des richesses comme une œuvre agréable à Dieu, le puritain s'enorgueillira de succès, où il verra la preuve de sa prédestination au salut. Après avoir traité la fortune comme un moyen de faire le bien, il la saluera comme une fin en soi. Le dédain du pauvre qui est, en définitive, un pécheur à qui la grâce a manqué, la satisfaction intime du gros capitaliste qui se croit un « receveur de Dieu », bref le pharisaïsme souvent répugnant des sociétés puritaines a pu sortir de cette discipline calvinienne, si éloignée en son essence de tout laxisme (1), si peu encline à mettre des coussins sous les coudes des pécheurs.

Nous avons vu que la doctrine de Calvin sur l'usure, cette approbation mitigée et craintive, ne dépasse pas de beaucoup, dans ses applications pratiques et pour la solution de cas d'espèce, le niveau des autres théologiens. Mais ce qui est nouveau chez Calvin et que l'on ne trouve pas chez Mélanchthon, c'est l'analyse du concept même d'usure, analyse non plus seulement éthique mais sociologique. Le juriste, après le philologue, a ici aidé le théologien. Et malgré toutes les précautions, toutes les réserves dont il entoure ses tolérances, Calvin pose bien un principe nouveau, la licéité du prêt à intérêt, non pas de telle ou telle forme de prêt, mais la licéité de l'intérêt en soi. On peut presque dire que, jusqu'à cette date, l'intérêt est interdit en principe, quitte a être permis dans une multitude de cas particuliers. Avec Calvin, il devient

(1) TAWNEY, *Wilson*, p. 118-119 : « The picture of Calvin, the organiser and disciplinarian, as the parent of laxity in social ethics is a legend. »

licite en principe, tout en restant interdit chaque fois qu'il paraît contraire à la règle d'équité et à la règle de charité. Ce sont ces règles qui sont obligatoires, ce n'est pas l'interdiction de l'usure.

Par là, quoi qu'on en ait, la position dogmatique est renversée. L'usure devient le droit commun des sociétés calviniennes, quitte à établir une distinction — simple différence quantitative — entre l'usure permise et l'usure défendue. Déjà, nous le rappelons, en 1538, Genève avait prescrit que les « renevos » seraient réduits « à raison de cinq florins du cent » et cette décision est renouvelée en 1543 et 1544, puis dans l'ordonnance de 1547. Faut-il voir dans ce renouvellement des ordonnances une preuve de l'influence personnelle de Calvin, qui en fait est intervenu (1), à la suite des troubles de 1544, pour organiser la lutte contre le chômage ? Nous pouvons être plus affirmatif au sujet de la *Discipline des Églises réformées* de France (2), qui s'exprime ainsi : « Toutes usures seront étroitement prohibées et réprimées, et on se réglera, en matière de prêt, selon l'ordonnance du roi et selon la règle de charité. » Ce sont les formules mêmes du réformateur.

C'est à elles que se réfèrent, en 1572, les interlocuteurs du *Discourse upon usury*. Tous les interlocuteurs ont lu Calvin (3), le *lawyer*, qui reprend tous ses arguments, le *civilian*, mais aussi le *preacher* qui, tout en proclamant son respect pour Calvin et Bucer, « ces vaisseaux élus de Dieu », déclare qu' « il n'est obligé par aucune de leurs opinions, autrement que l'Écriture ne le déclare ». Il estime qu'ils n'ont jamais directement autorisé l'usure, mais « qu'ils ont été

(1) DOUMERGUE, t. V, p. 679.
(2) DOUMERGUE, p. 686 (art. 22 du ch. XIV).
3) Ed. TAWNEY, p. 351, 360.

forcés par les circonstances d'exprimer leurs pensées comme ils ont fait pour obéir à la nécessité ». Cette nécessité, d'après lui, c'était « d'aider les pauvres bannis qui habitaient alors autour d'eux ». Si Genève, à l'en croire, n'avait été une ville de réfugiés nécessiteux, Calvin se fût montré moins tolérant.

On voit combien les idées de Calvin avaient, en Angleterre, de peine à faire leur chemin. Il y avait eu, dès la mort de Henry VIII, une réaction à la fois populaire et cléricale (1) contre l'acte de 1545. Celui-ci, dont la validité était d'ailleurs limitée à sept ans, fut rappelé en 1552, sous prétexte « qu'une assemblée chrétienne ne pouvait être vide du saint esprit de Dieu au point de permettre comme licite une chose que défendait la parole de Dieu ». Même lorsqu'Elizabeth, en 1571, revient à la législation de son père, c'est avec mille précautions et en entourant de réserves une permission concédée crainte du pire. On sent, dans tous les textes, que l'Église établie résiste.

C'est surtout sous l'influence des Provinces-Unies que se produira l'évolution décisive du puritanisme anglais vers la liberté capitaliste. Le pas décisif y fut fait par Saumaise lorsqu'il publia, à Leyde, d'abord, en 1638, son *De usuris*, puis, en 1639, son *De modo usurarum liber*, énormes compilations qui épuisent vraiment la matière (2), à grand renfort d'exemples pris au droit grec et romain. Il établit que les usures sont permises de droit divin et humain — *jure naturali et divino* (3) — et qu'on ne peut discuter que le taux de l'intérêt, *de modo earum*. C'est au Magistrat ou

(1) Voy. dans ASHLEY, *Ec. hist.*, t. II, p. 464, le texte des pétitions.
(2) Il s'explique lui-même dans sa préface du *De modo* sur l'ampleur de ses digressions.
(3) Il reprend, p. 318-325 du *De Modo*, la discussion fameuse sur le sens du mot *neseck*. Il amène les rabbins à la rescousse.

au Prince à le fixer, en s'inspirant des circonstances de temps et de lieu, et de la nature des choses prêtées : *ex locorum ac temporum circumstantiis ipsarumque rerum quae fenore dantur qualitate.* Sans entrer ici dans l'examen de cette œuvre, disons qu'il y insiste surtout sur l'usure maritime, parce que celle-là intéressait surtout les marchands d'Amsterdam. Approuvé par les intéressés, il eut contre lui des pasteurs. Est-ce vraiment, comme il l'a dit, parce que, plus sévère encore que Calvin dans sa lettre à Morel, il prétend établir que toute usure est interdite aux ministres de la parole de Dieu (1) ?

Cette opposition n'empêche pas la doctrine de triompher. Mais ce triomphe, ne l'oublions pas, est postérieur de près d'un siècle à la lettre de Calvin à de Sachins. Il est, dans ces conditions, peut-être exagéré de considérer cette lettre comme un « point tournant ». Ce qui est vrai, c'est que la doctrine calvinienne, la démarcation que le réformateur traçait entre le domaine de la loi religieuse et celui de la loi civile, le relativisme sociologique qu'il introduisait dans l'interprétation de l'histoire, le sens profond qu'il avait des réalités et des besoins économiques, tout cela devait, en dépit de ses timidités de moraliste, mener à l'émancipation du crédit. On ne peut dire qu'il ait rompu avec la doctrine médiévale, il s'est contenté d'en écarter les contradictions et de l'assouplir aux nécessités du temps. Mais par le seul fait qu'il rangeait l'argent parmi les choses fongibles, il renversait la doctrine qu'il croyait conserver.

Il rendait un autre service encore. En faisant descendre la législation économique du ciel sur la terre —

(1) Voy. G. COHEN, *Ecrivains français en Hollande.* Il y revient dans la *Praefatio* du *De modo,* p. 317 et 323 et ss.

en faisant passer cette législation de la sphère du droit canon dans celle du droit civil — Calvin encourageait le magistrat à faire ce qu'avaient tenté Henry VIII et la république de Genève, ce qu'avait préconisé la *Discipline* : à savoir établir un taux maximum de l'intérêt, taux au-dessus duquel le prêteur devenait un usurier. La licéité de l'intérêt avait ainsi pour effet de limiter en pratique le taux de l'intérêt, de marquer une distinction entre l'intérêt raisonnable et ce que notre langue moderne appelle l'usure. En fait les sociétés calvinistes, où l'usure est permise, furent de bonne heure des sociétés où l'argent coûtait moins cher que dans celles où l'usure était interdite. La loi, y sanctionnant les besoins économiques au lieu de les contrarier, y était moins sujette à violation. C'est ce qui explique le développement du crédit dans des pays comme la Hollande (1) ou Genève. Cet essor, c'est Calvin, sans le savoir, qui l'a rendu possible.

En matière politique, la théocratie genevoise, ce type d'un gouvernement fort, devait, par la vertu de sa logique interne, aboutir bon gré mal gré à la démocratie républicaine, aux *gueux* et aux *insurgents*. De même, sur le terrain économique, Jean Calvin a déchaîné une révolution qu'il n'a ni voulue ni prévue, mais qui sort de sa dialectique.

---

(1) VAN DILLEN, *Amsterdam marché mondial des métaux précieux*, p. 196 : Josuah Child, en 1650, constatant la supériorité des Hollandais dans le commerce de Cadix, « l'attribue principalement au faible taux de l'intérêt en Hollande ». P. 200 : « La Banque faisait des avances au taux très modique d'un quart pour cent pour l'argent et d'un demi pour cent pour l'or, tous les six mois ».

CHAPITRE III

Les divers modes d'organisation du travail
dans l'ancienne France

L'une des idées auxquelles nous pouvons le plus difficilement nous accoutumer lorsque nous étudions une institution quelconque de l'ancien régime, c'est l'idée de la diversité. Un siècle et plus d'unité nationale et de centralisation administrative nous empêche de concevoir la loi et les règlements autrement que comme des prescriptions valables pour l'ensemble du pays. Des exceptions, par exemple hier la franchise douanière des pays de Gex, du Chablais et du Faucigny, la création de ports francs, ou même certaines particularités de notre législation coloniale, aujourd'hui le régime de l'Alsace et de la Lorraine, nous apparaissent comme des dérogations tout à fait anormales, tolérables seulement en vue d'un intérêt supérieur.

Sous l'ancien régime, au contraire, c'était l'anormal qui était le normal. De la fameuse devise : « Une foy, ung roy, une loy », la troisième partie au moins ne fut jamais une vérité. Il y avait, peut-on dire sans trop d'exagération, autant de lois que de lieux, de classes, de groupes sociaux. Diversité, c'est la devise de la vieille France.

C'est à la lumière de cette idée qu'il convient d'étudier l'histoire de l'organisation du travail. Un trop grand nombre d'historiens se sont condamnés à ne rien comprendre à ces questions parce qu'ils ont prêté à la communauté en jurande des caractères d'uniformité et de généralité que cette institution n'a jamais possédés (1). Séduits par la richesse de la documentation spéciale aux communautés, par l'ordonnance régulière de ces organisations, ils ont vu la communauté partout, et toutes les communautés sur le modèle des maîtrises parisiennes, les plus célèbres, les mieux connues, celles qui ont eu, effectivement, le plus grand nombre de filiales dans le royaume.

A notre tour, prenons garde d'être dupes d'une illusion inverse. Nous sommes très frappés de voir la faible place tenue dans l'ancienne organisation du travail par l'institution corporative. Nous pouvons presque compter le nombre de fois où nous nous trouvons indubitablement en présence d'une jurande dûment constituée, pourvue de son état civil. Nous constatons souvent la date tardive à laquelle ce titre de jurande est conféré, avec les privilèges qu'il comporte, à un groupe d'industriels ou de commerçants. Cette institution, que l'on considérait autrefois comme générale, nous apparaît comme une exception. La règle, c'est la liberté du travail (2). Mais ce qu'il faut éviter, c'est d'entendre ces mots de liberté du travail dans la plénitude de leur sens actuel, c'est aussi de croire qu'ils avaient, à un même moment, la même signification et la même portée dans toute l'étendue du royaume. Encore plus que le régime des jurandes, celui des métiers libres est singulièrement divers : il comprend des nuances très nombreuses, depuis la liberté à peu près complète jusqu'à une organisation

(1) Je renvoie à mes *Etudes sur l'histoire économique de l'ancienne France* (dans *Travailleurs et marchands*).
(2) G. FAGNIEZ, *Corporations et syndicats*, p. 31 et 33 ; P. VIOLLET, *Histoire des institutions*, t. III, p. 152.

très voisine de la réglementation presque absolue.
Malheureusement, les documents, très nombreux,
très riches et très précis en ce qui concerne les jurandes, parce que le statut de la communauté créait
entre ses membres un état de droit strictement défini,
sont infiniment plus pauvres et plus vagues en ce qui
concerne les institutions purement coutumières que
nous confondons sous le nom de travail libre (1). Il
y a là une différence dans la documentation qui tient
à une différence dans les choses.

Essayons cependant, autant du moins que les documents le permettent, de nous donner le spectacle
de cette diversité.

I. — DU TRAVAIL EN JURANDE

§ 1. — Qu'est-ce, exactement, qu'une communauté
jurée ? — Dire avec Loyseau (*Offices*, p. 328) qu'un
métier juré est un métier « ayant droit de corps et
communauté, en laquelle on entre par serment »,
c'est donner une définition étymologiquement parfaite, mais qui n'ajoute pas grand'chose à notre connaissance du défini. Cependant, il n'est pas tout à fait
sans intérêt de savoir que, si ces communautés s'appe-
laient jurées, c'est qu' « on y entrait par serment ».
Elles formaient des corps plus ou moins fermés, dont
l'entrée n'était pas loisible à quiconque, mais devait
s'acquérir au prix de formalités particulières.

Pour savoir ce qu'était la jurande, il est assez commode de se demander ce qu'elle n'était pas. Cela,

(1) P. BOISSONNADE, *Essai sur l'histoire de l'organisation du travail
en Poitou*, t. II, p. 4 : « L'histoire des métiers libres est une page
blanche, si on la compare à l'histoire fertile en incidents des communautés jurées. »

nous le voyons dans les requêtes par lesquelles un métier libre demande à se transformer en jurande (1). Lorsque les faiseurs d'esteufs de Paris s'adressent à Louis XI en 1467, ils disent : « Par le temps passé, chacun qui s'en [du métier] est voulu mesler et entremectre l'a fait et peu faire parce que le métier n'est point juré, et n'y a eu par cy devant aucune visitacion, dont s'est ensuivy que chacun en a fait et ouvré à son temps et volunté sans y avoir garde, ordre ne police... » (2). Nous pouvons donc conclure que lorsqu'un métier est juré : 1º il n'est point permis à chacun de s'y entremettre ; 2º le métier est sujet à visitation ; 3º les membres du métier ne peuvent travailler à leur guise, mais sont soumis à une « police » particulière (3). Voilà quelques caractères positifs, dont nous aurons à voir plus tard s'ils sont tous exclusivement propres à la jurande.

En 1608, les moutardiers-vinaigriers de Dijon demandent à la ville, pour la seconde fois au moins, leur érection en jurande (4) ; ils font valoir qu'après cette érection : 1º « il ne sera loisible à aucungs de tenir boutique ouverte dudit art... qu'il n'ayt fait chef d'œuvre et estre passé maistre » ; 2º « ny à qui que ce soit vendre et distribuer vinaigre et moutarde qu'il ne soit tasté et gousté par eulx ou ceux qui seront commis jurés pour iceluy mestier. » Nous voyons ici que la condition mise à l'obtention de la maîtrise, c'est-à-dire à l'entrée dans le corps, c'est l'exécution

(1) C'est presque toujours à la requête des maîtres en exercice que se fait cette transformation. Cela seul suffirait à révéler le caractère privilégié du travail en jurande. La création d'une jurande est un octroi, concédé aux maîtres par le pouvoir compétent.

(2) Archives nationales, Y 7, fos 44-45.

(3) Inutile ici de citer des textes : ils seraient innombrables, car ces trois caractères se retrouvent dans tous les statuts.

(4) Archives communales, Dijon, B. 246, fo 141 vo.

d'un chef-d'œuvre. De même les apothicaires de Narbonne, en 1594 (1), avaient présenté requête « à l'effet d'être reçus à passer maistres jurés », c'est-à-dire, expliquaient-ils, à « examiner et faire jurer les candidats ». Ce n'est pas que l'obligation du chef-d'œuvre ou de l'examen ait été, au même degré que celle du serment, partout et dès le début exigée (2). Mais elle devient de plus en plus générale et, à partir du XVI⁰ siècle, elle peut passer pour l'un des traits distinctifs du métier juré. Un autre trait qui nous est révélé par la requête des moutardiers, c'est que, dans un métier juré, la visitation s'exerce, au nom du métier lui-même, par des jurés du métier, c'est-à-dire par des délégués élus par les maîtres.

Il serait fastidieux de multiplier les exemples. Partout, lorsqu'il sera question de jurande, nous trouverons ces mêmes caractères essentiels : un corps qui se recrute par serment et, accessoirement, par chef-d'œuvre ; un corps qui exerce sur ses propres membres, et par des moyens qui lui sont propres, un droit de contrôle et de « police ». A ces caractères généraux la comparaison de nombreux statuts permet d'ajouter des caractères secondaires. Pour se présenter au serment et, le cas échéant, au chef-d'œuvre, il faut avoir satisfait préalablement à certaines conditions : avoir fait tant d'années d'apprentissage, parfois même tant d'années de compagnonnage. D'autre part, et cette condition devient universelle, les candidats doivent payer un droit d'entrée ; ils achètent le métier. Ces conditions sont supprimées ou atténuées en faveur de certaines catégories de candidats, fils ou gendres de maîtres, maris des veuves de maîtres ; aggravées

(1) Archives communales, Narbonne, BB. 649.
(2) *Ouvriers du temps passé*, p. 121.

au contraire au préjudice des « forains », de ceux qui n'ont pas fait leur apprentissage (parfois même leur compagnonnage) dans la ville.

Le droit de « police » exercé par le métier sur ses propres membres a pour organes une assemblée, qui comprend tous les membres ou une partie d'entre eux, et un conseil élu par cette assemblée. L'exercice de ce droit est réglé par un texte auquel on donne uniformément le nom de statuts. Les statuts paraissent inséparables de la communauté jurée, du moins en ce sens que, s'il existe des statuts de communautés non jurées, on ne voit point de communauté jurée qui n'ait ses statuts. Ces statuts contiennent des règlements de fabrication et, le plus souvent, des prescriptions relatives au nombre d'apprentis ou même d'ouvriers que chaque maître peut employer, plus les conditions d'accès à la maîtrise. Ces diverses obligations sont sanctionnées par des amendes, dont une partie au moins est versée à la caisse de la communauté. Comme tous les textes de législation coutumière, les statuts ont dû, à l'origine, se transmettre par la tradition orale. Les conditions mêmes dans lesquelles fut rédigé, à la fin du XIIIe siècle, le *Livre des Métiers* d'Estienne Boileau indiquent bien qu'avant cette date la majorité des statuts des métiers parisiens étaient non écrits. Mais, à l'époque moderne, nous ne connaissons que des statuts écrits. Ils sont enregistrés dans des registres publics, dont la nature varie comme varient, suivant les lieux, les autorités compétentes pour ériger un corps de métier : registres des Parlements, des présidiaux, des bailliages et sénéchaussées, du Châtelet de Paris, des prévôtés et châtellenies, des chambres de ville. Copie authentique de ces statuts est déposée dans les archives de la communauté, et de plus en plus fréquemment ils sont reproduits par l'impression.

Lorsque le temps semble en avoir affaibli la valeur, lorsque des changements paraissent désirables, la confirmation ou la modification des statuts est demandée à l'autorité même d'où ils émanent ; particulièrement, lorsque cette autorité est le roi, à l'avènement de chaque souverain.

Quand on la regarde du dehors, la communauté jurée nous apparaît comme un monopole. Elle demande qu'il ne soit « loisible à aucun de tenir boutique ouverte dudit art », s'il n'est passé maître. Pour être passé maître, l'une des conditions requises. nous l'avons vu, est l'achat du métier. La jurande vend, pour ce qui concerne un métier donné, le droit au travail. C'est donc qu'elle le possède collectivement. Elle en a, ses membres en ont la jouissance exclusive.

Il ne faut pas s'exagérer l'autonomie de ces petites républiques industrielles. Elles sont, dans une mesure très variable, soumises à l'autorité qui leur a conféré leur privilège exclusif. Si les apothicaires de Narbonne sont autorisés à recevoir des maîtres jurés, c'est à charge, cependant, « qu'ils ne pourront examiner n'y faire jurer personne que ne soit agréable aux sieurs consuls » de la ville. Le droit d'entrée, les droits d'apprentissage, etc., le produit des amendes ne vont pas intégralement dans le coffre de la communauté ; une part en est réservée à la ville ou (surtout depuis Louis XI) au roi. De même le droit de visite n'est pas toujours et exclusivement exercé par les jurés du métier ; des officiers municipaux ou royaux peuvent, en certains cas, intervenir également. Ils interviennent aussi, quelquefois, dans la désignation des gardes-jurés (1).

---

(1) Je n'ai fait qu'effleurer dans ce chapitre une question sur laquelle je suis revenu ailleurs : à savoir le rôle des divers pouvoirs publics en matière d'organisation du travail. Voir à ce sujet Dupont-Ferrier, *Les officiers royaux*, p. 280 et sqq.

Car cette institution même de la jurande n'est pas partout identique à elle-même. Cependant nous pouvons admettre que les caractères généraux d'une communauté en jurande sont les suivants : 1° elle possède le monopole du métier ; 2° elle exige de ses futurs membres des conditions multiples, apprentissage (parfois compagnonnage), chef-d'œuvre ou examen, serment et droit d'entrée ; 3° elle impose à ses membres des règlements de fabrication et des visites, elle limite le nombre de leurs apprentis et, éventuellement, de leurs ouvriers ; 4° elle s'administre par des assemblées et par un conseil élu. Ajoutons qu'elle est souvent doublée d'une confrérie, ou du moins liée à une confrérie ; en ce cas, tout membre de la communauté est obligatoirement membre de la confrérie(1).

§ 2. — De quand date cette institution ? Et quelle en est l'origine ? — Il est proprement impossible de répondre à ces questions, car c'est ici surtout que les réponses devraient varier, non seulement avec les lieux, mais avec les métiers.

Sur la question de date, nous serions tentés de croire, *a priori*, à l'ancienneté de l'institution corporative, Par ses caractères d'autonomie privilégiée, d'organisation hiérarchique et quasi patriarcale, elle correspond à l'idée que nous nous faisons du Moyen âge. Nous possédons, pour la plus grande ville de France, une série de statuts qui remontent au moins au XIIIe siècle. En rédigeant pour la première fois ces statuts, certaines communautés prétendent dater d'une époque bien plus reculée encore. Aussi, lorsque nous rencontrons, au XVIe ou au XVIIe siècle, ces formes concurrentes d'organisation du travail,

_____

(1) **CAUVIN**, *Corporations du Mans*, p. 389, cordonniers : « ..... et qu'il soit confrère de la confrérie de Saint-Crespin et Crespinien ». Je cite ce texte, entre mille autres, *exempli gratia*.

jurande et travail libre, notre première pensée est-elle de regarder la première comme la plus ancienne.

Cette vue de l'esprit est-elle confirmée par les documents ? Ce n'est pas avant 1491 que les cordonniers du Mans sont érigés en communauté (1). A Rouen, les pannetiers-vanniers ne reçoivent pas de statuts avant 1492, les bordeurs-chasubliers avant 1447 (2). A Paris même, où l'institution corporative est spécialement florissante, les paveurs, avant 1501, « n'avaient besoin d'autres titres pour travailler aux ouvrages publics ou particuliers que d'être connus et approuvés par les commissaires du Châtelet (3) ». Nous savons que les faiseurs d'esteufs n'obtinrent qu'en 1467 le droit de « vivre en police comme ès autres mestiers de nostre dite ville (4) ».

A Toulouse, les travaux de Du Bourg établissent que, jusque vers la fin du XVIe siècle, les hommes et femmes qui voulaient exercer le métier de chandelier n'avaient qu'à se présenter, chaque année, devant la cour des capitouls (5). Et c'est seulement depuis le début du siècle qu'il était question de préserver le métier contre les maîtres indignes ou incapables. A Narbonne, nous avons vu les apothicaires n'obtenir leur maîtrise jurée qu'en 1595 ; et pourtant le métier d'apothicaire était l'un de ceux qu'on mettait le plus

---

(1) CAUVIN, *loc. cit.*
(2) OUIN-LACROIX, *Corporations de Rouen, passim*
(3) DELAMARRE, *Tr. de la police*, t. IV, p. 187. Même Paul Viollet estime que les communautés dont les statuts sont au Livre des métiers n'étaient point toutes jurées.
(4) Les doreurs sur cuir ne seront pas en jurande avant 1559, de même que les passementiers, les pâtissiers de pain d'épices en 1596, les cuisiniers en 1599, etc. Il importerait, il est vrai, dans ces créations tardives, de distinguer les jurandes qui naissent par segmentation, qui se détachent d'un métier antérieurement juré et les métiers libres qui sont directement érigés en jurande.
(5) *Org. du travail à Toulouse*, p. 56.

communément en jurande, même dans les villes non jurées.

A Dijon, les selliers et les revenderesses demandent en 1530 le droit d'exiger un chef-d'œuvre (1). En 1584, les moutardiers-vinaigriers expriment le désir d'être « policés et réglés » (2) ; déboutés de leur demande, ils la représentent, sans plus de succès, en 1608. A Reims, c'est seulement en 1576 qu'un bonnetier vient remontrer au bailli la nécessité d'un règlement, et que le corps est juré. Les buffetiers-vinaigriers et moutardiers n'acquièrent ce privilège qu'en 1582, les tonneliers en 1586, les tapissiers qu'en 1616.

A Rennes, s'il existait avant 1491 un certain nombre de communautés que Charles VIII confirma en bloc, les tailleurs et les serruriers ne reçurent leurs premiers statuts qu'en 1561, les fourbisseurs en 1570, les éperonniers en 1574, les arquebusiers en 1576, les couteliers en 1578, les tanneurs en 1579, les maréchaux en 1588 (3).

M. Boissonnade a tiré la question au clair en ce qui regarde le Poitou (4). L'évolution des métiers libres vers le type corporatif y a été particulièrement lente et la maîtrise ne commence à y devenir une institution vraiment répandue que vers le XVe siècle. A Poitiers même, comme à Dijon, beaucoup de métiers doivent faire encore, au XVIe, au XVIIe, même au XVIIIe siècle, des efforts réitérés, et souvent infructueux, pour se faire ériger en jurandes.

A Troyes, les imprimeurs ne sont organisés en communauté que vers 1644 (5). Encore leur situation

(1) Arch. communales ; B. 173, f. 135, 143, 149.
(2) *Ibid.*, B. 222.
(3) A. RÉBILLON, *Anciennes corporations de Rennes*, p. 46.
(4) *Ouvr. cité*, t. II, p. 10. et *passim*.
(5) L. MORIN, *Histoire des artisans du livre à Troyes*, p. 38-48.

légale est-elle si peu définie, et les résistances de certains maîtres si vives, qu'en 1686 la majorité pouvait prétendre « qu'il n'y a aucune communauté entre eux ». Et, bien qu'ils eussent des syndics depuis 1691, nous les voyons encore affirmer, en 1730, qu' « ils n'ont point de communauté ». On voit clairement, par cet exemple, combien ces expressions de communautés ou de syndics, auxquelles nous prêtons une signification précise et définie, sont en réalité vagues et variables. Le « syndicat » n'est pas un trait distinctif de la « communauté », puisqu'un corps de métier qui a des syndics et qui, avec les communautés jurées, « porte voix à l'Hôtel de ville », n'est cependant point une communauté.

La communauté jurée apparaît donc comme un produit, produit souvent tardif, de l'évolution industrielle (1). Cette évolution ne s'est pas faite, comme on pourrait le croire tout d'abord, de la communauté en jurande au métier libre. A l'origine, elle s'est peut-être faite quelquefois des formes primitives, féodales ou abbatiales, d'organisation du travail vers la jurande. A la fin du Moyen âge et dans l'époque moderne, elle se fait toujours du métier libre vers la jurande.

Il ne faut point, cependant, pour dater cette institution, se laisser duper par le silence des textes. De

_____

(1) A Blois, la jurande des corroyeurs ne date que de 1527 (A. Bourgeois, *Métiers de Blois*, t. II, p. 100) ; celle des pâtisssiers de 1557 (t. I, p. 341), des apothicaires de 1571 (t. I, p. 3) ; des orfèvres de la même année (t. I, p. 125), des selliers de 1593 (t. II, p. 243). Les poêliers d'Angers demandent seulement en 1570 au roi de « créer et ériger maistres et maistresses en la ville et fauxbourgs » (Arch. de Maine-et-Loire E. 4421) et les pâtissiers-rôtisseurs de Saumur datent de 1593 (*ibid.*, E. 4418). Chagny, *Les syndics de la ville de Bourg et la corporation des bouchers*, p. 1. n. 1 : « L'organisation du travail par communautés jurées..... paraît n'avoir prévalu en Bresse qu'après l'annexion définitive à la France en 1601. »

ce que le moyen le plus ordinaire qui s'offre à nous de constater la naissance d'une jurande, c'est la rédaction de statuts, il ne s'ensuit pas nécessairement que la jurande ne soit née qu'avec les statuts. Lorsque M. Rébillon écrit : « Aucun métier ne fut, à Rennes, organisé en jurande *et* ne reçut de statuts avant la fin du XIVᵉ siècle (1) », il unit ensemble deux choses différentes, et qui sont même rarement contemporaines. En général, les institutions médiévales ne sont pas des créations *ex nihilo* de l'autorité publique. Le texte qui semble les établir ne fait en réalité que les reconnaître, que légaliser un état de fait préexistant. Lorsque le roi, une municipalité, un seigneur érigent un métier en jurande, le plus souvent ce métier est déjà organisé en association plus ou moins fermée, puisque ce sont les représentants de cette communauté embryonnaire qui sollicitent l'homologation de ses statuts ; elle jouit déjà, grâce à la tolérance tacite de l'administration intéressée, de certains privilèges. C'est pour garantir ces privilèges contre des attaques possibles qu'elle désire les voir énoncés dans un titre en règle.

Il ne semble pas y avoir de cas bien nets où les industriels aient passé « sans transition de l'état de métiers libres... à l'état de corporations fermées, sévèrement réglementées et monopolisatrices (2) ». On ne saurait nier la préparation inaperçue qui mène de la liberté absolue (si tant est que celle-ci ait préexisté) à la réglementation absolue. Nous avons essayé tout à l'heure de déterminer les caractères distinctifs d'une jurande, tels qu'ils existent et tels qu'ils se trouvent réunis dans une jurande classique du XVIIᵉ ou du

(1) *Ouvr. cité*, p. 29. C'est nous qui soulignons.
(2) Expressions de M. Rébillon, *ouvr. cité*, p. 53.

xviiie siècle. Mais ces caractères n'ont pas toujours coexisté. Il y a eu des jurandes sans chef-d'œuvre, ou sans règles d'apprentissage. Il ne faut pas projeter dans le passé les formes rigides de la corporation du xviiie siècle.

Le fait générateur de la jurande, ce n'est pas l'homologation des statuts, c'est le serment. Avant d'être une institution de droit public, la jurande est un contrat collectif par lequel certaines personnes s'engagent à ne travailler que dans certaines conditions. L'homologation ne change rien au caractère interne de ce contrat ; elle se borne à conférer aux membres de l'association un monopole exclusif. Mais s'il y a dans les monopoles des jurandes tels privilèges dont l'exercice nécessite la mise en branle des pouvoirs publics, il en est d'autres qui résultent du simple serment des associés (1).

Ces quelques observations introduiront peut-être un peu de clarté dans l'obscure question des origines. M. Rébillon lui-même a si bien senti la nécessité d'admettre l'existence plus ou moins définie de la communauté antérieurement à la collation des statuts, qu'il a cherché à faire sortir la communauté jurée de la confrérie (2). Il a certainement raison pour un certain nombre de cas. La langue assez lâche du Moyen âge et même de l'époque postérieure n'établit pas une ligne de démarcation bien précise entre la confrérie pieuse et charitable d'une part, la communauté de métier de l'autre. La fréquence du mot « confrérie », la rareté du mot « communauté » avant le xve siècle

---

(1) Du moins en tant que la communauté, embrassant à peu près tous les maîtres du métier dans la ville, exerce un monopole de fait. Voy. en particulier les règles relatives à l'achat des matières premières, à la répartition de la main-d'œuvre.

(2) *Ouvr. cité*, p. 34, 35, 38.

semblent indiquer que l'une des institutions a très souvent recouvert l'autre ou lui a servi de cadre, du moins lorsque la confrérie ne comprenait que des gens d'un seul métier. Dans ce cas, il n'y a pas toujours de différence entre la bourse de la confrérie et la bourse de la communauté, entre le personnel directeur de l'une et de l'autre.

A Rennes, M. Rébillon voit beaucoup de communautés en jurande se superposant à des confréries. A Troyes, les imprimeurs prétendent, en 1685, que leur association est une confrérie et non une communauté. Comme les communautés elles-mêmes, les confréries existent avant d'avoir des statuts. Lorsqu'à Villefranche-sur-Saône, la confrérie Saint-Eloi des maréchaux et serruriers reçoit, en 1612, ses premiers statuts (1), elle existe « depuis quarante ou cinquante ans en ça ». Ses archives avaient-elles été détruites ? Son existence reposait-elle sur de simples accords verbaux ? Toujours est-il qu'elle agit valablement avant cette date de 1612.

Mais de ce que très souvent la jurande sort de la confrérie, s'ensuit-il que toute jurande ait passé par cette étape intermédiaire, soit sortie d'une confrérie comprenant les membres du même métier, ou se soit détachée d'une confrérie plus vaste, ouverte aux métiers similaires ? La preuve n'en est pas faite. Que si elle l'était, la difficulté se trouverait simplement reportée à l'origine des confréries elles-mêmes, en tant qu'elles réunissaient les hommes du même métier. La théorie de MM. Levasseur et Fagniez : « C'est dans le microcosme économique représenté par chaque domaine de grand propriétaire germain ou gallo-romain qu'il

---

(1) Ph. POUZET, *Anciennes confréries de Villefranche-sur-Saône*, p. 25.

faut aller chercher l'embryon de la corporation (1) »,
cette théorie a pour elle plus que des vraisemblances.
Certains métiers parisiens, même après leur constitution en jurandes, restent longtemps sous la dépendance
des grands officiers de la couronne, comme si leurs
membres étaient d'anciens serfs du domaine, seulement à demi émancipés. Et si le travail servile a
subsisté moins longtemps dans l'industrie que dans
l'agriculture, nous voyons cependant, en 1667 ou
1668, un seigneur bourguignon, le sieur de Viserey,
affranchir Jean Gabillot, cordonnier dudit lieu (2).

La confrérie jurée, archétype de la communauté
en jurande, a dû être, dans bien des cas, la forme spon-
tanée d'organisation des anciens serfs-ouvriers d'un
même atelier seigneurial. Ces associations ont d'abord
vécu grâce au bon vouloir tacite des autorités locales ;
elles n'ont éprouvé que plus tard le besoin de se faire
octroyer une charte constitutive. Leur histoire n'est
pas sans quelque analogie avec celle des communautés
urbaines dont elles font partie. A une époque postérieure, le type de la jurande étant créé, des corps de
métiers sont organisés sur ce modèle, sans passer
nécessairement par le type intermédiaire de la confrérie.

§ 3. — Quelle est l'extension de cette institution ?
Sous le bénéfice des réserves qui précèdent, nous
pouvons dire que la sphère où se meut la communauté
jurée est une sphère de rayon variable, et qui va en
s'accroissant du xve au xviiie siècle. Il ne nous est
pas possible d'examiner ici, et d'une façon incidente,

---

(1) G. FAGNIEZ, *Revue historique*, t. LXXX, p. 390-391. Au reste,
M. Rébillon lui-même dit que « si certaines corporations ont pu passer
par l'étape de la confrérie avant de se constituer en communautés,
il en est certainement beaucoup parmi celles surtout qui n'eurent de
statuts qu'au xvie et au xviie siècle, qui s'organisèrent dès l'abord en
communautés ».

(2) Archives de la Côte-d'Or, B. 182.

dans quelle mesure les édits royaux sur la matière
ont coopéré à cette extension. Mais le fait même de
l'élargissement est indéniable. A Poitiers, on ne connaît que 18 communautés jurées au XIVe siècle,
25 à 27 vers le milieu du XVIe, 42 au XVIIIe (1). A
Rennes, il n'y en avait peut-être que 5 ou 6 avant la
réunion de la Bretagne ; il y en eut une trentaine au
XVIIIe siècle (2).

Dans quelles localités se développait surtout la
jurande ? Si nous en croyons à la lettre un texte de
Loyseau, nous dirons qu'il n'y avait, antérieurement
à l'édit de 1581, « que certaines bonnes villes, où il
y eust certains mestiers jurez, lesquelles villes à cette
occasion étaient appelées villes jurées ». Loyseau dit
même « qu'on a estimé autrefois » que les métiers jurés
ne pouvaient « estre establis es villes des seigneurs
sans permission du Roy ». Nous ignorons sur quoi
pouvait reposer cette doctrine. En fait nous voyons
des seigneurs laïques ou ecclésiastiques homologuer
des statuts corporatifs, comme nous les voyons concéder des chartes communales. Et surtout, dans ces
seigneuries collectives que sont les villes de commune,
nous voyons l'échevinage ou le consulat exercer une
souveraineté absolue sur la vie corporative, et défendre
cette souveraineté contre les officiers royaux et les
parlements (3). Jusqu'en 1581 tout au moins, la
jurande ne semble pas être de droit royal, mais de
droit seigneurial ; si, dans les « bonnes villes », elle
dépend du roi, c'est à titre de seigneur du lieu que le
roi exerce cette prérogative.

(1) Boissonnade, *ouvr. cité, passim*.
(2) Rébillon, *ouvr. cité*, p. 34-37.
(3) C'est le cas non seulement dans des villes de travail libre comme
Lyon, mais dans des villes de jurande comme Dijon. Voy. en particulier le chapitre suivant.

En réalité, l'extension géographique de la jurande
est très restreinte. Si l'état actuel de nos connais-
sances ne permet pas d'établir un coefficient de fréquence pour chaque province, du moins pouvons-nous
affirmer que les campagnes, avant et même après
1581, échappent presque complètement aux prises
de cette institution. Les raisons de ce fait sont faciles
à découvrir : il n'existe souvent au village qu'un seul
artisan d'un métier donné, deux ou trois au plus,
entre lesquels une association serait impossible ;
chacun de ces artisans pratique (comme cela se passe
encore aujourd'hui) plusieurs métiers connexes, maréchaux, serruriers, charrons par exemple. Enfin, sans
être réduits, comme le cordonnier de Viserey, à l'état
de servage, ces artisans ruraux sont nécessairement
dans la dépendance du seigneur du lieu, leur principal
client.

Pour des raisons analogues, il y a peu de jurandes
dans les bourgs et dans ces petites villes qui sont moins
de véritables centres urbains que des marchés ruraux.
Il n'y a qu'un seul métier juré à Vivonne ; et si, après
Colbert, on rencontre des jurandes dans 157 bourgs
ou villages du Poitou, il s'agit exclusivement de jurandes de tisserands et de drapiers, c'est-à-dire d'industries encouragées et surveillées par l'État (1).

D'ordinaire la jurande fleurit seulement dans les
villes de quelque importance. Au XVIIIe siècle, Paris
en compte 124, Amiens 64, Troyes et Châlons 50,
Tours 41. Encore faut-il noter que certaines grandes
villes, Lyon en particulier, restent au moins jusque
vers la fin du XVIIe siècle obstinément hostiles au
travail juré ; que d'autres, par exemple les villes bour-

(1) BOISSONNADE, *ouvr. cité*, t. II, p. 4. A Doué (archives de Maine-
et-Loire, E. 4371), c'est seulement en 1694 que l'on donne des règlements aux maîtres chirurgiens, cordonniers (ils sont cinq), maréchaux.

guignonnes, ont essayé à diverses reprises de s'en
débarrasser (1). D'ailleurs dans les villes à métiers
jurés, c'est à peine si ceux-ci forment la majorité.
Même en 1708, Poitiers a encore 30 métiers libres
contre 35 métiers jurés. A Châtellerault, c'est 35 contre
14 ; les maîtres libres sont environ 700, tandis que
les maîtres jurés ne sont que 324. Rennes, vers 1755,
compte 24 jurandes contre 64 métiers libres ; et ici,
plusieurs jurandes sont redevenues, depuis le début
du XVIIe siècle, des métiers libres. Quant aux petites
villes, Thouars n'a au début du XVIIIe siècle que 4 métiers jurés, Amboise 17, Loches 6.

Mais il ne faut pas oublier, en déterminant l'aire
d'extension de la jurande, que l'indépendance des
campagnes est parfois toute relative. De bonne heure,
les métiers jurés cherchent à étendre leur juridiction
hors des murs de la ville. Dans les lettres patentes
qui leur concédaient des statuts, les métiers des villes
royales avaient soin de faire insérer cette formule
équivoque : « nostre dite ville, faubourgs et banlieue. »
En 1556, les potiers d'étain de Blois vont plus loin
encore : ils se font concéder le droit de visite sur les
gens du métier, « soient qu'ils soyent demourans
tant en nostredite ville, fauxbourgs et banlieue de
Blois que ès foires et marchés des villes, bourgs,
bourgades et villages estant soubs le ressort dudit
bailliage de Blois (2) ». Voilà donc la juridiction des
jurés blésois reportée, du moins en ce qui concerne
l'inspection des marchés, jusqu'aux limites même du
bailliage.

Ils devaient entrer ainsi en conflit et avec les
jurandes déjà organisées dans d'autres villes du même

(1) Voy. le chapitre suivant.
(2) A. Bourgeois, *ouvr. cité*, t. II, p. 174, 179, 181, 190, 195.

ressort, et avec les artisans non organisés. A peine en possession de ces lettres, les jurés blésois les font publier à Châteaudun. Le prévôt de Dunois est obligé de faire un appointement entre les jurés potiers de Châteaudun et ceux qui s'intitulent maintenant, non plus potiers d'étain « en la ville, banlieue et fauxbourgs de Blois », mais bien « au comté et bailliage de Blois et ressort d'iceluy ». En 1571, Charles IX, averti « que ceux dudit mestier qui sont demourants aud. ressort et bailliage hors lad. ville, fauxbourgs et banlieue, ne tiennent compte » des statuts concédés aux potiers blésois, ordonne de les contraindre à les respecter. La même année, ceux de Tours, prétendant faire renouveler d'anciens statuts confirmés en février 1550, obtiennent le même droit sur leurs confrères « soit en la ville de Tours et aultres villes, bourgs et bourgades du païs, duché et banlieue » (1).

Les potiers de Blois firent confirmer en 1575 leurs statuts de 1556, en spécifiant bien cette fois qu'ils s'appliquaient à tous « soit en lad. ville de Blois, fauxbourgs ou aultres villes, bourgs et bourgades du comté et bailliage dud. Blois et ressort d'iceluy, estants sous la coustume d'iceluy bailliage ».

Ici toutes précautions étaient prises. Par « bailliage de Blois », il fallait entendre non pas seulement la juridiction locale dont Blois était le centre, mais le « comté et bailliage », la circonscription supérieure dont dépendaient des « petits » bailliages secondaires. C'est ainsi que, le 13 décembre 1577, les potiers de

(1) A. Bourgeois, *ouvr. cité*, t. II, p. 186. Sur cette extension à tout le bailliage, et même aux « petits bailliages », voy. Dupont-Ferrier, *ouvr. cité*. Sur l'extension à toute une province, *ibid.*, p. 287, n° 8 ; en 1487, surveillance indirecte des maîtres de Bordeaux, sur les pintiers de « toutes les sénéchaussées de Guyenne ».

Blois firent publier leurs lettres de 1575 au bailliage de Selles-sur-Cher. Il y avait à Selles deux potiers d'étain seulement. Ils déclarèrent devant le représentant du bailli et le procureur de la seigneurie, « n'avoir que dire pour empescher la publication desdites lettres », pourvu que les contraventions relevées contre eux par les visiteurs de Blois fussent jugées devant le juge du lieu. Parfois même la surveillance de la ville capitale s'étend sur toute une province.

De cette extension de la juridiction corporative, un exemple nous est donné, pour la seconde moitié du XVIIe siècle, dans l'espèce de tutelle exercée par les communautés lyonnaises, ou plus exactement par le consulat lyonnais, sur les artisans des petites villes beaujolaises ou foréziennes qui désirent s'ériger en communauté (1). Cette tutelle des grandes villes industrielles sur les bourgs et les campagnes devient même une sorte d'institution d'État au XVIIIe siècle. Un arrêt de 1700 ayant réduit à 18 le nombre des villes où pouvaient subsister des manufactures de bas, on n'osa pas supprimer les métiers disséminés dans tout le Languedoc et les Cévennes ; mais on obligea les maîtres à se soumettre aux statuts de Nîmes ou de Montpellier, à se faire enregistrer à l'hôtel de la communauté dans une de ces villes, à se laisser visiter par les jurés. Il y eut même des conflits de frontière entre les deux villes, car certains lieux étaient revendiqués par les deux juri-

(1) L. J. Gras, *Essai sur l'histoire de la quincaillerie à Saint-Etienne*, p. 163 : statuts des couteliers de Saint-Etienne, homologués en 1658 par le prévôt des marchands de Lyon ; la confirmation royale reconnaît cette situation. Le consulat lyonnais a droit de visitation sur les maîtres serruriers, limeurs et arquebusiers de Saint-Etienne (1710, *ibid.*, p. 175). Du même, *L'armurerie stéphanoise*, p. 264 : statuts des fourbisseurs, de 1659.

dictions (1). Sans que des jurandes fussent créées dans les campagnes, les campagnes en venaient ainsi à être soumises au travail juré.

Tous les métiers ne sont pas également propices à la floraison de la jurande. Tout d'abord il est quatre métiers qu'on trouve presque toujours à l'état de jurande, même dans les villes ou, à part ces quatre exceptions, le travail est libre (2). Lorsqu'une ville décide de passer du régime corporatif au travail libre, elle réserve généralement l'organisation de ces quatre métiers (3). On les appelle souvent « métiers de danger » et on croit nécessaire d'exiger de leurs titulaires des garanties spéciales, parce que, disent les textes, ils intéressent la vie, la santé et la bourse des habitants : apothicaires, chirurgiens, orfèvres, serruriers. En dehors de ces quatre métiers, la jurande domine les professions relatives à l'alimentation, spécialement la boulangerie et la boucherie (4). Etant donné les difficultés qui entravent alors une distribution harmonique des subsistances, l'autorité ne croit pas pouvoir abandonner le soin d'y pourvoir à la libre concurrence des particuliers. Lors même que, dans ces métiers, on supprime la jurande, ce n'est pas pour

(1) Dutil, *La fabrique de bas à Nîmes au XVIII* siècle.*

(2) A Lyon, deux de ces métiers sont jurés dès le début ; les orfèvres ne sont mis en jurande qu'après 1476, les apothicaires qu'en 1588.

(3) Dijon en 1529 (Arch. comm. G. 3). A Bordeaux, en 1601 : «... en réservant quatre métiers seuls, savoir : les serruriers, pour l'importance des falsifications des clés et serrures ; l'orfèvre, pour la falsification de l'argenterie et pierreries ; le chirurgien, pour l'importance des cures et saignées du corps humain ; l'apothicaire, pour répondre des drogues et poisons » (plaidoyer de Mosnier pour un brodeur, Archives de la Jurade, t. II, p. 393). C'est par une extension de ce principe qu'en 1615 Montchrestien demande que la meunerie et d'autres professions soient mises en jurande (*Economie politique*, p. 264).

(4) Résultats obtenus par M. Boissonnade pour le Poitou.

y substituer la liberté sans limites (1). Viennent ensuite les professions du bâtiment, celle du vêtement, une partie de celle des métaux. Dans chaque catégorie, ce sont les métiers les plus importants, les plus indispensables à la société, qui obtiennent le plus souvent et le plus tôt des privilèges corporatifs.

II. — Du travail libre

Au premier abord, la notion de liberté du travail nous apparaît comme une notion simple. Le travail libre, serions-nous disposés à dire, c'est le travail qui échappe à toute réglementation légale. Le métier libre, écrit M. Boissonnade, peut avoir « des traditions ou des usages souvent religieusement observés », mais qui n'ont rien de légal ni de strictement obligatoire (2). Nous allons voir si les documents permettent d'user de formules aussi nettes.

§ 1. — Constatons d'abord que, tout ce que nous avons enlevé précédemment au travail en jurande, nous l'avons en réalité donné à la liberté du travail. Exception faite pour le travail privilégié dont il sera question plus loin, il n'était pas pour un métier quelconque plus de deux manières d'être légales : métier juré ou métier libre. A mesure que nous voyions se rétrécir la sphère d'application de la jurande, à mesure s'élargissait le domaine de la liberté du travail.

L'étendue de ce domaine a d'ailleurs varié avec les

(1) CHAGNY, *Les syndics de Bourg et les bouchers*. A Dijon, en 1529, en pleine floraison de la liberté du travail, l'échevinage, par crainte de la disette, réglemente très étroitement le commerce des grains et la boulangerie. Notons cependant que ni dans l'un ni dans l'autre de ces cas l'autorité locale ne crée de jurandes.

(2) T. II, p. 35.

époques, soit que la politique industrielle des pouvoirs publics ait changé, soit que la situation respective des diverses classes productrices ait favorisé, à tel moment le groupement corporatif, à tel autre la liberté. Sous Louis XI, nous assistons à une véritable multiplication des jurandes, à Paris et dans un grand nombre de villes royales : c'est la rançon que le roi paye à sa plus fidèle alliée, la bonne bourgeoisie, composée surtout alors de maîtres de métiers. La dernière partie du règne de Louis XII semble au contraire marquer à cet égard un mouvement de recul.

C'est en 1511 que le consulat lyonnais fait prononcer « l'abolition des jurandes que, contrairement au privilège de la commune les cordonniers, tailleurs d'habits, tisserands, épingliers, selliers et autres corporations avaient commencé d'introduire à Lyon (1) ». Le 22 novembre 1512, Louis XII accorde la liberté du travail aux métiers de Blois, réserve faite des « quatre métiers de danger (2) ». Le 19 mars 1514, il décidait « que tout artisan, de quelque métier qu'il fût, pût exercer librement sa profession à Rennes, sans faire partie d'aucun confrérie ou communauté (3) ». Un dépouillement minutieux des actes de Louis XII révélerait sans doute d'autres mesures analogues.

Il est vrai qu'il fallait toujours compter avec les retours offensifs des maîtres jaloux de s'organiser en jurandes, et avec les oscillations de la volonté royale. Cinq mois seulement après l'ordonnance qui supprimait les jurandes de Blois, dès les 27-31 mars 1513, les tailleurs de cette ville obtenaient

---

(1) Arch. comm., AA. 151.
(2) A. BOURGEOIS, *ouvr. cité*, t. II, p. 323. Il faut noter que, même sous Louis XI, une mesure analogue avait été prise, en 1469, pour Orléans (Dupont-Ferrier, ouvr. cité, p. 283, n. 1).
(3) A. RÉBILLON, *ouvr cité*, p. 46.

confirmation de leurs statuts (1). Cette confirmation est formellement donnée comme une dérogation à l'ordonnance de 1512. Le roi y rappelle « que, soubz umbre de quelque donné à entendre..., nous aurions revocqué toutes ordonnances anciennes en proceddant sur le faict des mestiers de nostred. ville de Blois ; » mais il maintient le privilège des tailleurs, « nonobstant noz lectres de adnullation et ordonnances dernièrement faictes, que nous ne voullons ausd. supplians nuyre ne prejudicier. » M. Rébillon nous dit d'autre part que l'ordonnance qui abolissait les jurandes rennaises ne fut pas observée. De même si, le 14 avril 1529, le vicomte-mayeur Pierre Sayve supprime toutes les jurandes dijonnaises sauf quatre, nous ne tardons pas à voir un grand nombre d'entre elles se reformer plus ou moins clandestinement (2).

Toujours est-il que, jusqu'aux édits de 1581 et de 1597, le travail libre est encore maître de toutes les campagnes, de presque toutes les petites villes, d'un très grand nombre de métiers dans les grandes. Il est probablement la loi industrielle de la majorité des travailleurs français. Il est le droit commun, et la jurande est une dérogation à ce droit, un privilège. C'est même pour renverser cette situation juridique que sont promulgués, coup sur coup, les édits célèbres de Henri III et de Henri IV.

Sans vouloir esquisser l'histoire de ces deux mesures législatives, nous pouvons bien dire que l'effet n'en fut pas très considérable (3). Pour le premier édit,

---

(1) A Bourgeois, *ouv. cité*, t. II, p. 52.
(2) Voy. le chapitre suivant.
(3) Voy. Eberstadt, *Das franzosische Gewerberecht*, p. 349 et suiv. ; H. Hauser, *L'Edit de 1581* (Revue des cours et conférences, t. X, 2ᵉ partie, p. 59). M. Rébillon constate le peu d'efficacité des édits à Rennes, *ouv. cité*, p. 43-49. Ceci est d'ailleurs une question à reprendre.

la preuve de cette assertion est superflue : elle se trouve inscrite au préambule du second. Mais celui-là même se heurte aux résistances lyonnaises, devant lesquelles cède la volonté royale. Il n'empêche pas le Parlement de Bordeaux de casser, le 2 avril 1601, une maîtrise de brodeurs érigée par la Jurade le 28 octobre 1598, et de permettre « d'exercer librement led. état en boutique ouverte et autrement (1) ». L'édit n'empêche pas davantage l'échevinage dijonnais de refuser aux moutardiers-vinaigriers leur érection en jurande et même de recommencer avec vigueur, de 1616 à 1648, la campagne entreprise au XVIe siècle contre l'institution même de la maîtrise. Cette fois le mouvement s'étend à plusieurs villes de la Bourgogne, Autun, Beaune, Chalon, Semur. Et ne voyons-nous pas, aux États de 1614, Paris même, la ville « jurée » par excellence, réclamer l'abolition des « corps et maîtrises de mestiers créez et érigez depuis les estats de Bloys », c'est à-dire considérer comme inexistant l'édit de 1597 (2) ?

C'est seulement avec les édits de Colbert que nous assistons au recul définitif de la liberté du travail. Encore ne faut-il pas oublier qu'un grand nombre de métiers libres nous sont apparus comme subsistant en plein XVIIIe siècle. A Rennes nous constatons, à côté des marchands-jurés, l'existence, tolérée et quasi légale, de « marchands sans jurande », qui plaident contre les premiers de 1674 à 1715, et finissent par demander à être réunis à eux en 1715. Les nouveaux statuts ne sont achevés qu'en 1735 ; les échevins protestent en 1736 contre cette atteinte à la liberté,

---

(1) *Archives de la Jurade*, t. II, p. 392 et 661.
(2) Voy. mon article sur *Les questions industrielles... aux États de 1614* dans *Vierteljahrschrift für Wirtschaft und Socialgeschichte*, t. I, p. 372.

et encore en 1739, le Parlement donne gain de cause
à un marchand de bas sans jurande (1). On peut se
demander si l'édit de Turgot fut aussi révolutionnaire
qu'il paraît, ou si le contrôleur général ne se contenta
point de donner le dernier coup à une institution
décrépite.

§ 2. — Donc, le domaine de la liberté légale du
travail est fort étendu. Mais qu'est-ce que la liberté
du travail ?

Sur ce qu'elle était dans les villages, les documents
sont muets. Nous pouvons seulement conjecturer
que la division professionnelle du travail y était,
par la force des choses, peu avancée, et que la réglementation y était pratiquement inexistante quand
les artisans n'avaient pas été soumis à la visitation
des jurés de la ville chef-lieu. Mais pour les villes, les
textes qui établissent, maintiennent ou rétablissent
la liberté du travail vont nous permettre de saisir
le contenu de cette formule.

Les textes lyonnais, si nombreux de 1511 à 1602,
sont sur ce point très explicites. Quiconque veut
exercer à Lyon un métier quelconque, tenir boutique,
lever ouvroir, engager compagnons ou apprentis,
le peut faire s'il le veut et s'il en a les moyens, sans
justifier d'aucun apprentissage, sans présenter aucun
chef-d'œuvre, même si c'est un « forain » attiré à
Lyon, précisément, par cette renommée de liberté

(1) A. Rébillon, *ouvr. cité*, p. 80. Sur cette persistance du travail
libre il suffit de consulter les *Procès-verbaux du Conseil de commerce*,
p. 11 à 15, déc. 1703 : Placet des officiers du bailliage et présidial
d'Orléans contre les tonneliers de ladite ville qui prétendent s'ériger
en maîtrise et communauté ; 120 b, 17 sept. 1752 : défense à tous
maîtres passementiers rubaniers de se retirer hors de la vicomté de
Saint-Lô, dans des villes n'ayant pas de maîtrises. — L'arrêt du
Conseil du 7 sept. 1762 permet de fabriquer des étoffes, dans les
villes, bourgs et villages où il n'y a point de jurandes ; Lille se fait
excepter des dipositions de cet arrêt (9, 23 mai, 20 juin 1765, p. 415 b).

dont jouit la ville, même si c'est un étranger au royaume (1). Au début tout au moins, il n'a (exception faite des quatre métiers réservés) aucun serment à prêter à aucune organisation corporative existante, aucun droit d'entrée à lui verser. La liberté du travail, c'est essentiellement pour lui le droit à la libre concurrence. Il n'y a pas trace, à Lyon, d'une propriété collective du métier constituée au profit des maîtres.

Mais il ne suit pas de là que chaque maître soit libre de travailler absolument à sa guise. S'il échappe à la surveillance des jurandes, il n'échappe ni à toute surveillance ni à toute réglementation. Cette réglementation, au lieu d'être inscrite dans des statuts corporatifs, figure dans les délibérations du consulat. La visitation s'exerce, en droit, par les consuls ou échevins préposés à cette fonction, en fait par des industriels, élus dans une assemblée générale des maîtres, et acceptés par la ville. Ces visiteurs reçoivent, à la faveur d'une de ces confusions si fréquentes dans notre ancienne langue juridique, le nom de jurés ou de gardes ; mais ils ne ressemblent en rien aux gardes ou jurés proprement dits. Ils n'agissent pas en vertu d'une délégation du métier, mais bien d'une délégation du consulat, au nom des consuls préposés au métier, et sous la responsabilité de ceux-ci. Le travail est sorti du domaine du droit corporatif : c'est pour entrer dans celui du droit municipal.

Si cette notion de la liberté nous apparaît plus nette à Lyon qu'ailleurs parce qu'elle y fut plus durablement et plus consciemment appliquée, elle n'est pas spéciale

(1) Voy. quelques-uns de ces textes dans le chapitre v de ce volume. En dépit de la netteté de ces textes, Montchrétien affirme (p. 114) qu'au début du xviie siècle la coutume lyonnaise avait multiplié les obstacles au travail des forains. Mais ici intervient un élément tout particulier, le compagnonnage.

à Lyon. Le texte blésois de 1512 porte « que doresnavant toutes personnes, de quelques ars et mestiers qu'ils soient, puissent et leur loise demourer, résider et lever bouticques et ouvrouers... sans qu'ilz soient pour ce tenuz payer aucuns deniers, eulx faire passer maistres ne faire chef-d'œuvre... » On ne saurait souhaiter une définition plus précise et plus complète de la liberté du travail ; mais l'ordonnance ajoute : « pourveu.... que les ouvrages et besognes qui seront faites en cestedicte ville seront veues et visitées par deux maistres de chacun mestier qui seront chacun an esleuz par lesd. eschevins de cested. ville..... » Ces deux maîtres prêteront serment non à leurs collègues, ni (la situation municipale de Blois n'est pas celle de Lyon) à la ville, mais au bailli.

A Dijon, en 1529, comme à Lyon, comme à Blois, comme à Rennes, l'un des arguments invoqués contre les jurandes, c'est que, sous ce régime, les artisans « n'osent et ne peuvent résider ny demourer en cested. ville (1) ». Et « sy telles maistrises estoient tollues et abolies plusieurs gens de mestier se arresteroient en lad. ville, qui seroit pour la peupler et fortiffier. » D'autre part, cette liberté illimitée de la concurrence amènerait la baisse des prix, tandis que les maîtres usent de leur monopole pour maintenir une hausse factice. Pour toutes ces raisons, les métiers seront, comme à Lyon et à Blois, ouverts à tous, « item que toutes gens de mestier estrangers pourront venir besogner en lad. ville ». Plus de maîtrises jurées, plus de chefs-d'œuvre, plus de banquets ni de droit d'entrée, plus d'assemblées corporatives dans lesquelles les maîtres taxaient le prix des marchandises.

____

(1) Nous développons, dans le chapitre suivant, l'histoire des communautés dijonnaises. Mais il fallait en joindre l'esquisse à ce tableau d'ensemble.

Mais le nouveau maître ne sera reçu à ce « libre exercice » du métier que « sous permission de la ville », laquelle, après enquête, l'admettra au serment. Nous possédons effectivement le texte de quelques-uns de ces serments, où nous voyons l'autorité de la chambre de ville se substituer complètement à celle du corps de métier (1). Mais ici non plus, l'établissement de la liberté du travail n'entraîne nullement l'abolition d'une réglementation que l'on considère comme protectrice des intérêts publics. L'ordonnance même qui abolit les maîtrises déclare maintenir, pour tout le reste, les ordonnances sur les métiers. Les statuts corporatifs (qui d'ailleurs, à Dijon, avaient toujours été soumis à l'homologation municipale) sont purement et simplement incorporés au droit municipal, en tout ce qu'ils n'ont point de contraire à l'ordonnance d'abolition des maîtrises. Pour assurer l'exécution de ces statuts, la visitation subsiste, et les artisans étrangers « seront subiectz à visitacion comme les autres ». Seulement le procès-verbal de visite sera dressé par les maïeur et échevins, et c'est la ville qui percevra les amendes sur les contrevenants.

Ce régime sera rétabli au début du XVIIe siècle. En 1647, c'est de nouveau la ville qui reçoit les maîtres et qui leur fait prêter serment, « à la charge de s'en acquiter bien et dehument, leur ouvrage subiect à visite.... »

L'ordonnance municipale du 3 janvier 1587 qui dit qu'à Poitiers « ung chacun qui veut exercer un métier libre peut le faire et y estre receu » sans chef d'œuvre ni frais, la délibération qui permet d'user d'un métier libre à « quiconque en sera jugé capable

____

(1) Voy. plus loin.

par ceux qui voudront l'employer (1) », semblent
établir une liberté illimitée. Mais il est dit que le maître
devra présenter requête à la ville, laquelle informera
sur le requérant. Lorsque la ville autorise l'établissement d'une épreuve à l'entrée du métier, c'est elle
qui désigne le jury. Et si les maîtres et compagnons de
métiers libres sont soumis non à des statuts, mais à des
règlements ou à des coutumes, il semble bien que ces
règlements, lorsqu'ils ont été « revêtus de la sanction
de l'autorité publique » ne diffèrent que très peu des
statuts proprement dits. « D'un côté le compagnon
jouit d'une liberté assez étendue », puisqu'il peut
aspirer à la maîtrise ; « de l'autre, il est soumis à une
discipline très stricte ». La visite se fait, encore plus
exclusivement qu'ailleurs, au nom de la municipalité,
par de simples bourgeois, visiteurs ou intendants
dont l'autorité, conjointement avec celle du maire,
s'étend à la fois sur les métiers libres et sur les jurandes.

A Paris, en 1614, lorsque la ville demande la réduction du nombre des maîtrises, elle fait ainsi la part
du travail libre : « Et pour les aultres (mestiers) qui
ne méritent corps ny maistrise, l'exercice en sera
laissé à la liberté des pauvres... à la charge que leurs
ouvrages et marchandises seront subjectes d'estre
visitées par les experts et prudhommes qui seront à
ce commis par les juges ordinaires de la police (2). »
Nous retrouverons là, indissolublement accouplés,
les deux termes dont la réunion nous a paru caracté-
riser le régime de la liberté légale du travail.

Dans les villes industrielles, au XVIe et au début du
XVIIe siècle, il n'y avait donc pas, entre travail juré
et travail libre, cette opposition tranchée que notre

_____

(1) BOISSONNADE, *ouvr. cité*, t. II, p. 76.
(2) Cité dans mes *Questions industrielles..... aux États de* 1614.

logique moderne aimerait à y mettre. En un cas tout comme en l'autre, le travail est réglementé ; seulement cette réglementation, corporative ici, est là municipale. La grosse différence, c'est que l'accès de la maîtrise est ouvert à tous, sous des conditions assez simples. Les règles relatives à la durée de l'apprentissage et au nombre des apprentis sont inexistantes ou peu sévères. La hiérarchie industrielle y subsiste, mais elle est moins étroite et, sans doute, moins oppressive.

§ 3. — Ces différences elles-mêmes vont aller en s'atténuant. En principe, le métier libre ne connaît ni le chef-d'œuvre, ni l'exclusif, ni la fixation du nombre des apprentis et de la durée de l'apprentissage, ni l'obligation de l'apprentissage et du compagnonnage, ni le droit d'entrée, ni l'administration autonome du corps de métier. En fait, certaines municipalités veillent avec un soin jaloux à ce que les maîtres en exercice ne portent atteinte à aucune de ces libertés. A Poitiers, lorsque les tissutiers, en 1660, veulent limiter le nombre des apprentis à un par ouvroir, fixer l'apprentissage à quatre ans, exclure les filles, les échevins refusent d'approuver ces mesures, « attendu que le métier n'est pas juré ». De 1572 à 1637, ils refusent de même aux teinturiers, aux couvreurs, aux sergetiers, aux cardeurs, tous métiers libres, le droit d'élire des gardes, de visiter, de saisir. Les chandeliers, en 1587, cessent-ils d'être en jurande ? Tout aussitôt, *ipso facto*, ils sont dépouillés de ces droits (1).

Mais en bien d'autres cas les pouvoirs locaux ou le pouvoir central ferment les yeux sur les empiétements des maîtres libres. Les métiers libres ne pou-

---

(1) BOISSONNADE, *ouvr. cité*, t. II, p. 36, 76, 171, etc.

vaient échapper à l'évolution générale qui entraînait les jurandes vers des formes de plus en plus exclusives et oligarchiques ; cette évolution ne faisait que traduire, dans le style juridique du temps, un phénomène général, la concentration croissante du capital (1).

Pour opérer cette concentration, les maîtres libres eux-mêmes disposaient de moyens analogues à ceux que constituent aujourd'hui les ententes et les cartels. C'est en 1556 seulement que les potiers d'étain de Blois seront érigés en métier juré. Mais, dès 1536, sans trace d'intervention royale ou municipale, par un simple accord entre les soussignés, quatorze maîtres s'e gagent à ne pas acheter le métal forain sans le montrer aux jurés (*sic*), à inscrire leurs marques sur un lingot, fixent le taux des amendes et la bienvenue des apprentis. Cet accord nous apparaît encore en vigueur en 1549. En 1644, par acte notarié, douze imprimeurs troyens s'engagent à ne plus imprimer au-dessous d'un tarif conventionnel ; chacun d'eux déclarera à la communauté les « labeurs » qu'il doit faire ; s'il a trois compagnons, il pourra être tenu d'en céder un à tel de ses confrères qui n'en a point ou n'en a qu'un seul. Et cependant la communauté troyenne des imprimeurs est alors un métier libre.

La limitation du nombre des apprentis, qui nous apparaît comme une caractéristique de la jurande, nous voyons les ouvriers d'un métier libre, l'imprimerie lyonnaise, essayer de l'imposer aux maîtres dès 1532 ; ils arrachent cette concession au roi en 1572 (2). Mais c'est plus souvent dans l'intérêt des maîtres que nous voyons restreindre les libertés industrielles. Dans

(1) Voy. ch. 1er. A. Bourgeois, *ouvr. cité*, t. II, p. 160 ; L. Morin, *ouvr. cité*, p. 283. On lira avec profit le bel ouvrage de G. Strieder, *Studien zur Geschichte kapitalistischer Organisationsformen*, 1914.

(2) *Ouvriers du temps passé*, p. 228.

certaines grandes industries textiles, particulièrement dans les industries de la soie, très favorables à la concentration capitaliste, ils se groupent en une association puissante, la fabrique, moins strictement fermée que la jurande, mais dont l'action est sensiblement équivalente à celle d'une jurande (1). Cela, comme bien on pense, ne se fait pas tout d'un coup. En 1554, lorsqu'à la demande des maîtres le consulat lyonnais convoque les plus expérimentés d'entre eux, le règlement qu'il homologue est un document très simple, sans précision excessive, qui ne parle ni d'exclusif, ni d'épreuve initiale, ni de stage d'apprentissage ou de compagnonnage, ni de restriction dans le nombre des métiers ou des apprentis. Mais c'est le premier pas : il y a une « communauté » ; elle nomme des délégués qui s'appellent « gardes-jurés » ; ses statuts sont obligatoires. En 1596, sans que le métier cesse officiellement d'être libre, apparaissent le stage de l'apprenti et du compagnon, la restriction du nombre des apprentis, la défense de faire travailler les femmes sur le métier, l'obligation pour le « forain » de prouver qu'il a fait apprentissage. En 1619, on y ajoute des droits variés, la fixation du nombre des métiers, enfin — chose étrange dans un métier qui se dit toujours non juré — le chef-d'œuvre ! Avec Colbert, le règlement de 1667 constitue définitivement la « fabrique ». Et cependant les lettres-patentes de 1717, confirmant les « franchises et exemptions de chef-d'œuvre accordées à la ville de Lyon en faveur des artisans qui viendront s'y établir », déclarent que les artisans continueront à y jouir de la liberté du travail ; mais elles ajoutent : « Pourvu toutefois que

(1) Voy. J. GODART, *L'ouvrier en soie*, et E. PARISET, *Histoire de la fabrique lyonnaise.*

es privilèges n'ayent point été révoqués par aucuns édits, déclarations ou arrêts. » M. Godart a raison de dire que la liberté du travail n'est plus, à cette date, qu'un « vieux titre honorifique », qu'elle est « tout en façade, comme un décor ». Elle ne représente plus que la subordination des maîtres à la ville et une certaine indépendance de la ville vis-à-vis du roi. Elle est une franchise municipale, et rien de plus.

Si elle n'est pas compatible avec le développement de l'ancienne hiérarchie corporative — maîtres, compagnons, apprentis — elle donne naissance à une hiérarchie nouvelle fondée essentiellement sur la puissance du capital (1) : maîtres-marchands-fabricants et maîtres-ouvriers, ces derniers pouvant avoir à leur tour, comme chefs d'un petit atelier quasi familial, des compagnons et des apprentis. Si la ligne de démarcation est faiblement tracée entre les maîtres-ouvriers et leur personnel, par contre elle est presque infranchissable entre cet entrepreneur capitaliste qu'est le marchand-fabricant et les sous-entrepreneurs, maîtres-ouvriers, qu'il tient dans sa dépendance. Sous le nom fallacieux de liberté du travail, la « fabrique » n'a rien de plus libre, tant s'en faut, que la jurande.

L'exemple de la fabrique de bas de Nîmes est particulièrement instructif. Une jurande y avait été établie. En 1712, un arrêt du conseil la supprime et déclare qu'il y aura seulement « un corps et communauté des fabriquants ». Mais quelle différence entre cette communauté et une maîtrise, puisque le corps est administré par un conseil élu, qu'il a ses règles d'apprentissage, que pour y entrer il faut faire une paire de bas et payer un droit assez élevé ? On prétend que ce

(1) Et plus ou moins calquée sur celle qui avait apparu très antérieurement dans la plus ancienne des industries capitalistes, la draperie.

règlement ne doit « ni intéresser la liberté du commerce, ni ouvrir l'entrée à l'établissement d'aucune maîtrise », mais vraiment la nuance nous échappe (1).

Parmi les causes qui facilitèrent l'évolution des métiers libres vers des formes de plus en plus voisines de la jurande, il faut placer au premier rang l'existence des confréries. Lorsque la confrérie comprend à peu près exclusivement des professionnels d'un même métier, elle est un cadre tout trouvé pour l'action corporative ; elle permet de réaliser, sous le couvert de la liberté légale du travail, presque tout le contenu de la jurande. C'est ce qu'a très nettement démontré M. Ph. Pouzet pour les confréries de Villefranche-sur-Saône au XVIIe siècle ; la cotisation confraternelle d'entrée s'y transforme en un droit de « levée de boutique », complété par un droit sur les nouveaux apprentis. Les confréries font sanctionner leur organisation par le bailli, poursuivent les contrevenants, édictent des règlements, créent une marque... Bien qu'on dise en 1730 : « Villefranche n'est pas une ville de jurande », et en 1789 : « Les professions y sont libres », le régime du travail s'y rapproche de plus en plus de celui des villes jurées ; il y est seulement plus doux, et l'entrée du métier d'un accès plus facile.

C'est ainsi qu'à Rennes les confréries avaient le plus souvent précédé les jurandes. A Troyes, en 1686, nous avons vu les syndics de l'imprimerie affirmer « qu'il n'y a aucune communauté, mais seulement une confrairie qui s'observe entre eux en conformité des ordonnances royaux... confrairie de dévotion (2) ». Ils l'affirment encore en 1730, et pourtant cette confrérie exerce à peu de choses près les droits d'une communauté.

(1) DUTIL, *article cité*.
(2) MORIN, *ouvr. cité*, p. 38.

De la pure liberté du travail à la jurande complètement organisée, ce n'est pas une distinction tranchée, c'est une série d'états intermédiaires que nous révèle l'analyse des documents. Du XVIe au XVIIIe siècle, un mouvement à peu près continu semble entraîner la plupart des métiers libres vers des formes d'organisation de plus en plus restrictives ; tandis que, par un phénomène de régression (1), certaines jurandes redeviennent des métiers libres.

§ 4. — A côté des formes légales de la liberté du travail, il importe de faire une place au travail libre illégal, toléré ou clandestin, dont le rôle fut, dans les villes jurées, plus considérable qu'on ne croit.

Dès le XVe siècle, la littérature qui émane des communautés jurées est un cri contre les « faux ouvriers », contre ceux qui, sans avoir été reçus et passés maîtres, « se sont enhardis et ingérés et ingèrent chacun jour de tenir ouvroir public », contre les varlets qui « besognent en chambre secrètement pour autrui et ne paient aucuns devoirs au roi ni à la ville », *chambrelans* (2) ou *crochechats* (3). Dans les grandes villes, ils ne craignent pas de vendre leurs ouvrages « en détail, dans leurs maisons, boutiques, magasins et cabanes », et de les porter par les rues (4). Et si les jurés essaient de les saisir, le public prend parti pour les contrevenants.

Car le public est intéressé à restreindre le monopole des communautés. C'est sans doute sous la pression de l'opinion que les jurandes sont parfois obligées de

----

(1) Phénomènes assez fréquents à Rennes, d'après M. Rébillon.
(2) *Ouvriers du temps passé*, p. 117. — Arch. de Maine-et-Loire, E. 4406 : amende infligée à un cordonnier pour avoir fait une paire de souliers sans être passé maître.
(3) EBERSTADT, *ouvr. cité*, p. 271, n. 2, relève cette expression à Saintes.
(4) *Les questions industrielles..... aux États de* 1614.

tolérer, dans une certaine mesure, la concurrence du travail libre. En 1607, un potier d'étain de Blois est poursuivi par les jurés pour exercice illégal du métier ; mais on ne va pas jusqu'à exiger, conformément à la rigueur des statuts, qu'il fasse apprentissage ou chef-d'œuvre : une amende pour ses fautes passées, l'obligation de déposer sa marque et de se soumettre à visite, c'est tout ce qu'on lui impose. A Rennes, nous avons vu les marchands jurés contraints à tolérer les marchands sans jurande, à leur reconnaître une existence quasi légale ; impuissants à les détruire, ils se résignent à les absorber.

Nous connaissons naturellement très mal, je ne dis pas l'organisation, mais le régime du travail dans des ateliers libres qui vivaient en marge de la réglementation officielle. C'est là surtout, beaucoup plus que dans les métiers légalement libres, que devait se réfugier la vraie, la complète liberté du travail. Mais ces ateliers étaient, par la force des choses, de très petits ateliers, ateliers familiaux où le maître employait un très petit nombre de compagnons, qu'il avait « débauchés » — sans doute en leur offrant un salaire supérieur — aux maîtres en titre d'office.

III. — Du travail privilégié

Travail libre et travail en jurande n'épuisent pas la totalité des anciens types d'organisation. Si le travail libre est de droit commun, si la jurande est un privilège, il existe des privilèges particuliers en dehors et quelquefois à l'encontre de ce privilège général.

§ 1. — Tout d'abord viennent les privilèges de création royale. Non seulement le roi peut, de sa propre autorité, créer individuellement des maîtres en dehors des règles corporatives, non seulement il peut, pour ses besoins et ceux de sa suite, dispenser des maîtres jurés de l'observation stricte des règlements d'atelier, mais il a aussi le pouvoir d'ériger, en dehors des jurandes et des formes ordinaires du travail libre, un corps spécial d'ouvriers attachés à son service. Il reconstitue ainsi, par un singulier retour des choses, l'ancien atelier domanial.

Les « ouvriers suivant la cour » ne nous apparaissent avec évidence que dans une ordonnance de 1502 ; mais un texte en fait remonter la création à 1485, et dans tous les cas les artisans ramenés d'Italie par Charles VIII sont bien des « ouvriers suivant la cour (1) ». Ils sont donc à peu près contemporains de la création d'une « cour », d'un organe régulier qui se déplace et qui ne saurait être astreint, dans ses déplacements, au respect des règles édictées par les corporations locales. En 1502, cent maîtres ou maîtresses, appartenant à une vingtaine de métiers différents, sont chargés de « pourvoir aux vivres, marchandises et denrées nécessaires à la suite de la cour ». Ce nombre est accru à deux reprises, sous François Ier et Henri IV. C'est alors, en y comprenant les compagnons et sans doute des apprentis, toute une armée industrielle (2) volante qui manœuvre hors des cadres ordinaires, qui échappe notamment aux règles sur le travail forain, et qui peut, dans la ville où la cour séjourne, faire concurrence aux communautés.

Par analogie avec ce privilège de création royale, certaines juridictions laïques ou ecclésiastiques, qui

(1) Fagniez, *Corporations et syndicats*, p. 40 et suiv. ; De Lespinasse, t. Ier, p. 102.

(2) Quatre cent quatre-vingts maîtres sous Henri IV. Encore en 1717 (*procès-verbaux du Conseil de commerce*, p. 89a) nous relevons un différend entre... le sieur Jean Leloup, amidonnier privilégié suivant la Cour d'une part, et les amidonniers de Rouen d'autre part.

ont conservé des bribes de l'ancienne organisation domaniale du travail, concèdent des privilèges aux artisans domiciliés dans leur ressort. Dans les villes de Parlement, les marchands qui étaient dans la « galerie du Palais » ne sont pas astreints à respecter les statuts de leur métier. A Paris, en 1614, les tourneurs se plaignent de la concurrence qui leur est faite par des compagnons du métier qui « se sont retirés et habitués en aucuns collèges de lad. ville, et y tiennent chambres par la licence des principaulx, maistres et régents », et ces lieux privilégiés sont soustraits à l'inspection des gardes-jurés. Contrairement aux règles qui soumettent aux jurés-tapissiers les ouvriers des faubourgs, « cependant aucuns juges subalternes des seigneurs et autres gens d'église y tolèrent des ouvriers façonniers, sans vouloir endurer que visitation soit faite sur eux », et ces maîtres vont jusqu'à former des apprentis.

§ 2. — En dehors de ces privilèges qui s'appliquent à des catégories d'artisans placés dans des conditions déterminées, le roi ou les villes peuvent conférer à des individus des privilèges personnels. Je ne parle pas ici de la lettre de maîtrise, privilège personnel assurément, mais qui a pour effet de faire entrer le bénéficiaire dans les cadres corporatifs. Je parle de privilèges qui placent celui qui en est l'objet hors des cadres. Ils lui confèrent le droit de travailler suivant des méthodes qui lui sont propres ; ils lui assurent même, pour un temps limité, l'usage exclusif de ces méthodes. C'est là une nouveauté qui n'apparaît pas avant le XVIe siècle ; c'est une suite naturelle des découvertes scientifiques et des progrès de l'industrie (1).

---

(1) EBERSTADT, *ouvr. cité*, p. 326, met bien en lumière le caractère nouveau de ce privilège personnel hors communauté. Il cite l'exemple (de 1536) des privilèges conférés à Lyon à Turquet, Nariz et consorts,

En 1551, c'est Abel Foulon qui obtient le privilège exclusif pour dix ans de faire des caractères en métal au moyen de l'holomètre, ou d'en faire faire par « tels artizans, ouvriers ou imprimeurs que bon lui semblera ». L'année suivante, Theseo Mutio de Bologne, « ayant apporté en nostre royaume l'art et industrie de la verrerie à la façon de Venize », reçoit du roi le droit de travailler dans la maison royale de Saint-Germain-en-Laye. En 1568, trois chaudronniers de Paris résistent, en s'appuyant sur leur brevet, aux prétentions des jurés armuriers.

Ces privilèges personnels prennent un grand développement avec Henri IV (1). Lorsqu'il installe dans ses galeries du Louvre des ouvriers spéciaux, il ne leur permet pas seulement de travailler pour le public et de prendre apprentis, il les soustrait complètement aux règles professionnelles. Ils ne seront pas soumis à visite ; de cinq en cinq ans leurs fils et apprentis sont reçus maîtres sans chef-d'œuvre, et même sans lettres. On ne saurait imaginer fissure plus ruineuse dans l'édifice corporatif.

Aussi les communautés, jurées ou non, essayent-elles de protester contre ces privilèges. En 1610, la communauté des ouvriers en soie de Lyon dénonce celui de Dangon comme « contraire à la liberté dud. art ; ceste ville de commerce libre ne doit estre restraincte par aucung privilege ni deffence particulière ». Mais cette opposition est sans effet et, en 1710, au lieu de s'escrimer vainement contre le privilège de Roch Quinson, la communauté se contente de le racheter.

§ 3. — Une autre série de privilèges naissent de l'inviolabilité du domicile, du droit reconnu au chef

(1) Voy. FAGNIEZ, *Economie sociale de la France sous Henri IV*.

de famille, noble ou bourgeois, sur sa maisonnée. Dans un très grand nombre de statuts, on trouve un article analogue à celui-ci, des pourpointiers de Paris 1467 : « Toutesvoies il est réservé que... les bourgeois de Paris pourront faire besogner lesd. varletz en leurs maisons pour eulx si bon leur semble. » Encore en 1599, il est dit que les garçons cuisiniers pourront aller travailler chez les bourgeois à la journée, sauf quand il s'agira de noces et festins.

Si les valets de métier qui travaillent en ville échappent par là même au contrôle de la communauté, à plus forte raison en est-il ainsi du personnel domestique qui, sur les terres nobles, se livre aux diverses formes de l'industrie ménagère. Quoique le « déracinement » de la noblesse, commencé au XVIᵉ siècle, s'aggrave pendant les deux suivants, le type du hobereau « ménager » persiste jusqu'à la Révolution (1). Les traités d'économie rurale nobiliaire nous le montrent, comme le père de famille protraituré par le vieux Caton, *non emacem, sed vendacem.* Autant que possible, les objets nécessaires aux habitants du domaine doivent être faits sur le domaine. « Tout son plaisir, nous dit de sa femme Charles Gouyon de la Moussaye, estoit en son mesnage ; elle y avoit des brodeurs, des tissiers pour faire linges ouvrés... (2). »

Mais les produits de l'industrie seigneuriale ne sont pas tous consommés sur place. Les Perrotte de Cairon, dès le XVIᵉ siècle, ne se contentent pas de vendre aux marchands le pastel, « la voyde », récoltée sur leurs terres, et pressée à leurs moulins ; ils achètent celle

(1) P. DE VAISSIÈRE, *Gentilshommes campagnards de l'ancienne France, passim.*

(2) *Mémoires* de LA MOUSSAYE, p. 148. Encore au XVIIIᵉ siècle, en Picardie (Germain MARTIN, *Grande industrie sous Louis XV,* p. 232), l'industrie domestique des toiles est universellement répandue, etc...

de leurs voisins, la pressent et la revendent. C'est
là un type parfait d'usine rurale, absolument indé-
pendante de la communauté de « voydiers » qui pouvait exister dans la ville voisine.

De ce type de « gentilhomme-voydier » se rapproche le type plus connu et plus répandu de gentil-
homme-verrier. Celui-là aussi se livre à l'industrie
sans déroger, parce que les matières premières de son
industrie, bois de chauffage et sable, proviennent de
son crû. Il est certain que le fait d'ajouter à cette
opération industrielle une opération commerciale,
d'acheter du bois ou du sable pour les transformer
en verre, n'altérait pas le caractère privilégié de cette
industrie et ne la faisait pas rentrer dans le droit
corporatif (1).

Deux autres industries importantes échappaient
également à ce droit, l'industrie minière et la métallurgie. Le célèbre document de 1455, publié par Siméon
Luce sur les mines royales du Beaujolais, ne montre
jamais les mineurs constitués en communauté. Sur
eux s'étend la juridiction du gouverneur des mines,
délégué du roi. Sous ses ordres, les « maîtres de montagne » inspectent le travail, embauchent les ouvriers
et apprentis, ceux du jour comme ceux du fond. C'est
également le gouverneur qui traite avec les soumis-
sionnaires pour l'enlèvement des déblais. C'est lui
qui fixe les salaires, les conditions du travail, la hiérarchie des employés. Cette industrie n'a rien à voir
ni avec le travail en jurande ni avec le travail libre.
L'ordonnance de 1521 lui conserve ce caractère,
nonosbtant tous privilèges concédés à des particuliers.

(1) Voy. dans *Procès-verbaux du Conseil de commerce*, de nombreuses
autorisations d'établir des verreries concédées à des nobles.

Le régime des forges paraît avoir été analogue à celui des verreries. Elles sont situées hors des villes, à proximité du combustible, du minerai, des eaux courantes, en plein milieu rural. Beaucoup d'entre elles ont appartenu et appartiennent à des abbayes : elles rentrent donc dans le domaine du droit seigneurial. Au XVIIe siècle, nous en voyons un certain nombre entre les mains des seigneurs laïques, surtout des parlementaires. Ceux-ci, qui sont parfois plusieurs à se partager le gisement, ne font exploiter directement ni la mine ni la forge. Ils en afferment l'exploitation à un « maître de forges » ou à des associés. Ils achètent aux seigneurs voisins non seulement du bois, mais, le cas échéant, du fer déjà transformé en fonte dans le fourneau seigneurial. Ils vendent aux marchands des villes le fer ouvré. Forges et fonderies nouvelles ne peuvent, d'ailleurs, être établies qu'en vertu d'une autorisation du Parlement (1).

§ 4. — La grande industrie privilégiée du XVIIe et du XVIIIe siècle participe à la fois du privilège personnel de travail et des caractères que nous avons relevés dans les industries extractives et dans les « fabriques » textiles.

Le directeur de manufacture du temps de Henri IV (2) de Richelieu et de Colbert (3) est détenteur d'un

____

(1) Sur ce point aussi, je renverrai aux *Procès-verbaux du Conseil de Commerce.* Voy. *Arch. de la Côte-d'Or* (région minière très importante alors), B. 12248, f° 369 ; 12249, f° 86; 12258, f° 329 v.; 12260, f° 51; 12101, f° 215 v., etc. C'est le Parlement qui réglemente cette industrie. Sur les mines, voy. DUPONT-FERRIER, *ouvr. cité,* p. 283, et postérieurement Marcel ROUFF, *Les Mines de charbon en France au XVIIIe siècle,* 1922.

(2) G. FAGNIEZ, *Economie sociale sous Henri IV,* p. 118 : privilège conféré en 1603 à Sainctot et consorts, monopole pour 12 ans.

(3) P. BOISSONNADE, *Colbert, son système et les entreprises industrielles d'Etat en Languedoc,* dans les *Annales du Midi,* t. XIV; G. MARTIN, *La grande industrie sous Louis XIV* ; DU MÊME, *La grande industrie sous Louis XV.*

brevet d'invention, du privilège exclusif (1) d'appliquer un nouveau procédé industriel. D'autre part, il embauche, comme le « maître de montagne », des ouvriers qui ne sont pas groupés en communauté, ni organisés en une hiérarchie corporative ; en face de ce chef d'entreprise, la main-d'œuvre est une masse amorphe, flottante, qui doit trouver en elle-même, et le plus souvent d'une façon clandestine ou révolutionnaire, des formes propres d'organisation, associations et compagnonnages (2). Si les édits royaux semblent établir alors plus strictement que jamais l'universelle obligation de la maîtrise jurée, les arrêts du Conseil de Commerce, en autorisant la création de manufactures, multiplient à jet continu les exceptions à cette règle. Aux formes médiévales d'organisation du travail, ils substituent une forme toute moderne. Dans la papeterie, la tapisserie, dans la soierie, la draperie, la cristallerie, la métallurgie, etc., en un mot dans les industries qui deviennent au XVIIIe siècle les plus importantes, le « maître », celui des communautés libres comme celui des communautés jurées, cède peu à peu la place à « l'entrepreneur ».

Il est formellement exempté, par lettres-patentes, de l'obéissance aux règles corporatives et de la juridiction des jurés (3). Il emploie (surtout quand cet entrepreneur est une collectivité, une société par actions) des centaines d'ouvriers, répartis en plusieurs ateliers, complètement affranchis de la hiérarchie corporative, mais soumis à une hiérarchie et à une disci-

(1) Rarement concédé après 1760.
(2) G. MARTIN, *Associations ouvrières au XVIIIe siècle*; MARTIN-SAINT-LÉON, *Le compagnonnage*.
(3) En 1663, un arrêt crée au Puy une manufacture privilégiée de dentelles « exempte, dit M. Boissonnade (art. cité), de la juridiction des corporations locales ». L'entreprise échoue, mais elle était symptomatique.

pline nouvelles, sous leurs directeurs généraux et particuliers, inspecteurs, commis, contremaîtres. Un certain nombre d'années de présence dans une manufacture royale ou privilégiée leur confère le droit « de s'établir sans faire de chef-d'œuvre ni prendre de lettres de maîtrise, sur la simple production d'un certificat » délivré par l'entreprise elle-même (1).

Malgré les résistances des communautés (2), cette nouvelle forme d'organisation du travail se généralise. Au lieu d'être déterminée par des statuts, elle est gouvernée par des règlements d'administration publique, délibérés en Conseil de commerce (3). Dans les manufactures municipales qui se créent à l'instar des manufactures royales, c'est la ville qui fait le règlement et en surveille l'application. Ce mode d'organisation ne ressemble plus à aucun de ceux que nous avons rencontrés à la fin du xvᵉ siècle : il est caractéristique de l'économie nationale moderne (4).

*
* *

Nous croyons avoir épuisé toutes les formes d'organisation du travail qui ont dominé en France pendant trois siècles. Nous ne nous dissimulons pas tout ce que

(1) Ceci dès 1603. De même, Germain MARTIN, *Grande industrie sous Louis XV*, p. 220 et 224, n. 5.

(2) *Procès-verbaux du Conseil de commerce*, p. 89, 18 fév. 1717 : différend entre les associés en la manufacture royale des glaces et les corps et communauté de miroitiers de Paris.

(3) *Procès-verbaux du Conseil de Commerce*, p. 89 b : règlement pour les manufactures d'Amiens dont les fabricants n'ont point de statuts particuliers. — Arch. de Maine-et-Loire, C. 28, 1740-1775 : règlement sur la propriété, ouverture et exploitation des ardoisières d'Anjou ; arrêt du Conseil d'Etat concernant la police des ouvriers, entrepreneurs et sociétés d'entrepreneurs. — Certaines industries sont même organisées en régie d'Etat, et parfois sur un type tout militaire, comme la manufacture d'armes de Saint-Etienne. (Voy. GRAS, *Hist. de l'armurerie stéphanoise.*)

(4) Voy. K. BÜCHER, *Die Entstehung der Volkswirtschaft.*

cet essai de synthèse a de factice et d'incomplet ; nous avons été obligés de mettre sur le même plan des phénomènes sociaux qui ne sont pas contemporains les uns des autres ; nous avons dû négliger la question si importante de savoir quels avantages et quels inconvénients ces divers régimes présentaient pour les diverses classes industrielles. Patrons, ouvriers, et, à côté d'eux, consommateurs, se trouvaient-ils mieux de la jurande, du travail libre, du travail privilégié ? quelle était, dans chacune de ces formes, l'action des pouvoirs publics sur la vie économique ? Il faudrait, pour répondre à ces questions, se livrer à une étude analytique non seulement de chaque type en général, mais des variations de chacun. Il nous suffira d'avoir montré que ni la jurande ne représente une forme rigide et partout semblable à elle-même, ni le « métier-libre », toujours et partout, une absolue liberté du travail. A côté de la liberté du travail, qui est d'abord de droit commun et dont le domaine va se restreignant, à côté même des progrès du privilège corporatif, nous avons noté la multiplication constante des privilèges particuliers. Dans l'ordre industriel comme ailleurs, l'institution la plus générale de l'ancien régime, c'est le privilège.

CHAPITRE IV

L'organisation du travail à Dijon et en Bourgogne au XVIᵉ et dans la première moitié du XVIIᵉ siècle

Nous avons essayé, dans le chapitre précédent, de donner une esquisse d'ensemble, mais en prenant soin d'indiquer que le régime industriel variait avec les villes et les régions. Nous nous en persuaderons davantage en étudiant ce régime dans une ville et une région particulières.

Nous avons dit, entre autres choses, que la « liberté du travail » est parfaitement compatible avec une surveillance très sévère de la fabrication, avec des « visites » d'ateliers, même avec des règlements assez stricts sur l'apprentissage. Seulement l'autorité qui surveille, qui visite, qui réglemente (et qui frappe les contrevenants), ce n'est plus la jurande, c'est la municipalité. Et surtout, l'entrée de la maîtrise n'est plus fermée par la triple barrière du chef-d'œuvre, des cadeaux à faire aux jurés, du banquet à leur offrir.

La ville où cette organisation du travail s'affirme de la façon la plus nette, c'est Lyon (1). De même que les villes qui veulent établir chez elles des communautés jurées (et Lyon lui-même faillit, un jour, succomber à cette tentation) les créent « à l'instar

---

(1) Voy. plus loin, ch. VI.

de Paris », de même les villes anciennement ou nouvellement jurées, qui désirent revenir au travail libre, semblent vouloir modeler leur organisation sur le type lyonnais.

C'est plus ou moins le régime lyonnais que nous allons voir s'établir, au début du XVIIe siècle, dans un certain nombre de villes bourguignonnes. Placée sur la grande route de Paris à Lyon, il semble que la Bourgogne ait subi alternativement l'influence de l'un ou l'autre centre.

I

XVIe SIÈCLE

A Dijon (1) la municipalité, sans aller jusqu'à adopter le régime lyonnais, avait toujours conservé une certaine autorité sur les communautés de métiers. Dès la période ducale, elle intervenait pour confirmer les statuts corporatifs. En août 1477, Louis XI l'avait maintenue dans ce droit qui ailleurs, à Paris par exemple, ressortait exclusivement au pouvoir royal. Les taxes d'admission à la maîtrise étaient partagées entre les jurés du métier et la mairie.

Celle-ci n'était pas d'humeur à tolérer que les communautés jurées missent trop d'entraves à l'exercice de la profession. Lorsqu'elles essayaient de constituer, entre les mains des titulaires des

(1) Parmi les documents dijonnais utilisés dans cette étude, ceux qui sont relatifs au XVIe siècle avaient été déjà copiés par l'archiviste de la Côte-d'Or, feu Garnier, et employés par lui dans un travail qui est resté jusqu'à ce jour inédit (et, autant que je sache, inachevé). C'est pour ce motif que j'ai cru devoir m'interdire la reproduction in-extenso de cette première série de textes. Tous les érudits se joindront à moi pour souhaiter la publication du travail et des notes laissées par le regretté Garnier.

maîtrises, une sorte de monopole qui se serait forcément rendu maître des prix, la ville savait briser leurs résistances. Par exemple, les bouchers de la rue du Bourg ayant élevé indûment les droits de réception, la ville, en 1501, fit approuver par le roi la création d'une seconde boucherie, dont l'entrée serait loisible à tout candidat jugé « suffisant » par les échevins et les jurés. Mais les bouchers du Bourg surent gagner à leurs vues leurs concurrents. Aussi, en 1527, la ville supprima les statuts et rendit le métier libre.

Cet incident particulier attira sans doute l'attention de la ville sur les inconvénients que présentait en général l'institution des jurandes. Toujours est-il que deux ans plus tard, le 14 avril 1529, le maire Pierre Sayve rendit une ordonnance qui aurait eu pour effet, si elle avait été appliquée, d'établir à Dijon, dans sa plénitude, le régime lyonnais de la liberté réglementée par le pouvoir municipal.

Dans le préambule de cette ordonnance, le vicomte-maïeur se plaignait que les maîtres eussent organisé le travail en monopole, de sorte « que autre qu'eux ne seraient reçus à besogner de leurs métiers en ladite ville ». Le résultat avait été d'élever démesurément le prix « des denrées, marchandises et ouvrages », lequel avait doublé.

L'excellent Pierre Sayve, en rendant l'organisation des jurandes seule responsable de l'élévation des prix, commettait certainement une erreur et une involontaire injustice. Ce phénomène du relèvement nominal des prix, qui se produit dès les premières années du XVIᵉ siècle (1), et qui n'acquerra

(1) Il était d'ailleurs, à cette date, encore peu accentué en France. Mais le voisinage de la Comté espagnole a pu, dès lors, relever le niveau des prix dans le duché voisin.

que plus tard toute son intensité, n'était que le signe d'une révolution économique générale et profonde, s'étendant à toute l'Europe, amenée par des causes multiples et lointaines. Pierre Sayve n'en savait pas tant. Ce qu'il voyait — et ici il voyait clair — c'est que l'organisation des jurandes avait pour effet d'annihiler, au détriment du consommateur, les avantages de la concurrence : « Et ne pouvoit on en aucun desdits métiers avoir meilleur marché que en un autre, pour ce que tous étoient monopolés, ayant intelligence entre eux... En sorte que si aucuns d'eux faisoient meilleur marché que les autres, ils étaient déchassés et déboutés par les autres du métier. »

Mais ce n'est pas seulement dans l'intérêt du consommateur que Sayve condamne les communautés. Elles sont un instrument d'oppression dirigé contre l'ouvrier. L'ordonnance est rendue « à la plaincte, clameur et doléance de plusieurs pouvres gens de mestiers et aultres gens d'estat de ladite ville ». Car les communautés veulent confiner l'ouvrier dans le salariat à perpétuité, afin de réserver à un nombre limité de patrons la pleine possession du marché. « Et, afin que les gens de métier jurés ne fussent en trop grand nombre et qu'ils fissent mieux leur profit », ils ont imaginé des banquets, des droits d'entrée, de « gros chefs-d'œuvre », qui ruinent les impétrants.

Le résultat de ces pratiques est très dommageable à la ville elle-même : elles tendent à réduire sa population. En effet les ouvriers ne veulent plus, dans leur tour de France (1), s'arrêter à Dijon ; ils ne

(1) Le « tour de France » proprement dit ne s'organisera qu'à la fin du siècle, mais l'ouvrier était déjà un être essentiellement migrateur.

pourraient y ouvrir boutique et, s'ils se hasardaient à y travailler pour leur compte, ils seraient immédiatement mis à l'amende et condamnés à mourir de faim. Aussi « plusieurs bons ouvriers, ingénieux, agus, inventifs et d'esprit, par faute d'avoir puissance d'eux passer maîtres, s'absentent journellement de la ville ». Au contraire « si telles maîtrises étaient tollues et abolies, plusieurs gens de métier se arrêteraient en lad. ville, qui seraient pour la peupler et fortifier, et causerait le bon marché en chacun desd. métiers pour ce que chacun désirerait faire le bon marché pour y gagner sa vie, soi contentant de léger gain, et seraient tollues et ôtées toutes intelligences et chertés mises sus par lesd. gens des métiers jurés ».

Voilà la vraie raison des mesures prises par Pierre Sayve. Dijon se trouvait trop près de Lyon pour pouvoir maintenir impunément chez lui le travail juré : l'attraction exercée par le voisinage du grand foyer de travail libre était trop forte. Le compagnon qui, par les plateaux rocailleux de la montagne de Langres ou par les fraîches vallées de l'Auxois, était venu des Flandres, de Paris, de Lorraine ou des Allemagnes, chercher fortune dans les plaines bourguignonnes, ce compagnon saluait d'un moulinet de son bâton les murs inhospitaliers de Dijon, et il poussait plus loin, jusqu'à la ville où tout ouvrier avait l'espoir, rarement réalisé, mais toujours vivant, de devenir patron à son tour. On a souvent discuté sur la question de savoir lequel des deux était le plus favorable à l'ouvrier, du régime des villes jurées ou de celui des villes libres. Il me semble que la désertion des premières au profit des secondes tranche, pour le XVIe siècle, la question. Entre les deux régimes, les intéressés avaient fait leur choix.

Donc Pierre Sayve abolit maîtrises, chefs-d'œuvre et banquets, établit le libre exercice de tous les métiers, sous la permission de la ville. C'est celle-ci qui délivre les lettres de maîtrise et qui, après enquête sur la moralité et la capacité du candidat, l'admet à prêter serment.

D'ailleurs tous les règlements sur les métiers sont intégralement maintenus, en tout ce qui ne touche pas à l'organisation des jurandes. Par ses visitations, la ville s'assurera de l'exécution de ces règlements Seuls les quatre métiers « de danger » restent excepté de la réforme et conservent leur ancienne organisation. Enfin « toutes gens de métier étrangers pourront venir besogner en ladite ville pour y faire leurs ouvrages, lesquels ils vendront aux habitants le bon et compétent prix, qui seront sujets à visitation comme les autres ».

Inutile de dire que l'ordonnance de Sayve eut peu d'effet (1). Les jurandes avaient la vie trop dure pour mourir sur un signe de l'autorité urbaine, et ce serait un piquant sujet d'étude que de rechercher comment elles ont su continuer à vivre. Pour l'objet que nous nous sommes proposé aujourd'hui, il suffisait de rappeler que l'hostilité entre la ville et les jurandes était à Dijon une chose ancienne. Sous la date du 25 juin 1543, nous rencontrons un procès-

---

(1) Si je pouvais affirmer que le règlement des graveurs (G 3, f° 230 v°), inscrit au Cartulaire immédiatement après l'ordonnance de Sayve, lui est postérieur, j'y verrais une première application de la réforme : le chef-d'œuvre sera baillé au candidat « par les eschevins sur led. mestier [c'est-à-dire délégués à la surveillance de ce métier], par l'advis des jurez ou en deffault par aultres expers aud. art ». Il sera présenté au maïeur et jugé par les échevins unis aux jurés. La taxe sera de 40 sols soit : au maïeur, 10 sols ; au receveur municipal, pour la ville, 20 ; aux échevins et jurés, 10. Mais la date de ce règlement est incertaine, et il est suivi d'un règlement de 1525 sur les charpentiers.

verbal de visite des maïeur et échevins sur tous les métiers de la ville, nouvelle affirmation du droit éminent de la municipalité (1).

Mais au-dessus de la ville, il y avait le roi. Et si la ville pouvait avoir intérêt à supprimer les maîtrises existantes, le roi, lui, avait intérêt à en créer de nouvelles, parce que ces nouvelles maîtrises étaient productrices pour le domaine de droits utiles. Aussi, à toute occasion, avènement, mariage de prince ou de princesse, etc., le roi crée des lettres de maîtrise qu'il met en vente au plus offrant et qui, une fois créées, circulent sur le marché comme de véritables valeurs mobilières (2). Il est vrai que ces « maîtres de lettres » sont dispensés de tout chef-d'œuvre et que par là, sans le vouloir, la royauté sert la cause du travail libre. Mais, une fois nommé — et quelquefois après avoir essuyé certaines difficultés d'établissement — le « maître de lettres » prenait rang au milieu de ses confrères de chef-d'œuvre, il en adoptait l'esprit, il participait à l'élection des jurés, il pouvait être juré lui-même, et j'imagine qu'il ne devait être ni plus tendre que les autres pour les candidats, ni moins rapace.

Dans les registres du Parlement de Bourgogne, nous avons relevé les mentions suivantes, évidemment incomplètes (3), de créations de maîtrises par lettres entre 1546 et 1610 : en 1546, création d'un maître dans chaque métier (4) ; en 1547, création d'un maître de métier juré dans chaque ville du royaume (5) ; en 1548, création de maîtrises de métiers

(1) Arch. C^{les}, G 4, c. 87.
(2) Voy. *Ouvriers du temps passé*, p. 135.
(3) Nous connaissons au moins les créations suivantes pour les premières années de François Ier : 1522, 1524, 1528.
(4) A. C.-d'Or, B. 12077, f° 36 v°.
(5) *Ibid*,. f° 69 v°.

à Dijon (1) ; en 1580, deux maîtres jurés en chaque métier (2) ; en 1596, de même, en faveur du prince de Condé (3) ; en 1610, de même encore, en l'honneur de l'avènement du nouveau roi (4).

J'ajouterai que ces deux dernières créations étaient quasiment inutiles, puisque les édits royaux de 1581 et 1597 prétendaient établir par toute la France le régime uniforme du travail juré. Nous dirons ailleurs comment ces édits se heurtèrent aux résistances lyonnaises. Nous allons voir qu'ils n'eurent pas davantage la vertu d'étouffer, en Bourgogne, les réclamations des travailleurs et des municipalités.

II

La suppression des maîtrises en Bourgogne en 1615-1618

Ce n'est pas à Dijon, c'est à Autun, que paraît avoir repris, sous le règne de Louis XIII, le mouvement de révolte contre les maîtrises. Les « vierg et habitants » d'Autun adressèrent une pétition au roi : ils lui exposèrent que leur ville était insuffisamment peuplée et, comme les Dijonnais en 1529, ils ajoutèrent que les artisans en étaient chassés par le régime des jurandes. Ils en obtinrent la suppression par un arrêt du Conseil en date du 31 mars 1615 (5).

(1) *Ibid.*, f° 161.
(2) B. 12083, f° 189 v°.
(3) B. 12085, f° 141.
(4) B. 12090, f° 308.
(5) Arch. Côte-d'Or, B 12.092, f° 55. Les archives de Saône-et-Loire ne contiennent rien sur cette affaire, et je n'ai pu faire de recherches dans les archives communales d'Autun.

Malgré l'opposition formée par les maîtres cordonniers d'Autun, l'arrêt fut enregistré au Parlement de Dijon le 14 août de la même année, et dès lors, il fut permis à « tous et chacun les artisans qui se voudront habituer en la ville ville d'Autun d'y » « travailler en toute liberté en leur boutique ou autrement, sans faire aucun chef d'œuvre ni expérience », sous la seule condition « de prêter serment par devant les vierg ou échevins dudit Autun de bien et fidèlement travailler de leurs arts et métiers ».

Voici la transcription littérale des pièces du procès :

SUPPRESSION DES MAISTRISES D'OSTUN

Extraict des registres du Conseil d'Estat.

« Sur ce qui a esté représenté au Roy en son conseil par les virg (*sic*), eschevins et habitants de la ville d'Ostun, que lad. ville estant des plus anciennes de ce Royaulme, de grande enceincte et circuit, neangmoings fort mal peuplee et fournie de toutes sortes d'habitans, mesmement d'artisans, la pluspart desquelz ne s'y veullent habituer, à cause que plusieurs maistres desdits mestiers les ont bien empeschés (?), estans lesd. artisans contrainctz pour se faire passer maistres en lad. ville de faire de sy grandz frais et despence qu'ils y consomment la pluspart de leurs biens, ou quicter et abandonner lad. ville ; ce qui se praticque avec tant d'artifices et monopolles qu'il a esté impossible ausd. supplians y remedyer. Supplians à ceste occasion sa Majesté voulloir abolir lad. jurande et ordonner que tous artisans qui se voudront retirer et habituer en lad. ville y pourront travailler à bouticque ouverte ou autrement sans paier chef d'œuvre ny experience, en prestant seulement le serment requis par devant les suplians qui ont la justice et police de lad. ville.

Veu lad. reqte, le Roy en son conseil... ordonne que tous et chacun les ouvriers et artisans qui se voudront doresnavant habituer en lad. ville, y pourront travailler en toute liberté et tenir bouticque ouverte, ou autrement, sans faire aucun chef d'œuvre ny experience, a la charge

toutesfoys de prester le serment par devant lesd. virg,
ou eschevins, de bien et fidellement travailler en leursd.
artz et mestiers, et ce nonobstant toutes jurandes de
mestiers et declarations à ce contraires. Faict au Conseil
d'Estat du Roy, tenu à Paris le dernier jour de mars mil
six cent quinze.

Arrêt d'enregistrement

(Sur intervention des vierg et échevins, demandeurs
en fait d'enregistrement, et des maîtres cordonniers de
la ville, défendeurs et opposans) :

Veu led. arrest... (1) requeste desd. virg... autre requeste
desd. M^{es} cordonniers du quatrieme de may dernier...,
arrest du huictieme dud. mois par lequel auroit esté
ordonné que les parties seroyent ouyes sur lad. opposition par devant le commissaire à ce député, Apointement
du vingtieme dud. moys de may, contenant la contes-
tation desd. parties, escriptures et productions d'icelles,
Autre arrest du quinziesme de juin suivant par lequel
avant que procéder au registrement dud. arrest du
Conseil, assemblée generalle seroit faicte des habitans
de lad. ville, par devant le lieutenant generalle (*sic*) au
Balliage dud. Ostun et apres que lecture leur auroit
esté faicte dud. Arrest bailleroyent leur advis sur l'uti-
llité ou incomodité que la ville pourroit recepvoir sur
la suppression de lad. jurande... proces verbal de lad.
assemblée, du 29 et trentieme dud. moys de juin, arrest
donné sur la requeste desd. virg, eschevins et sindic le
douzieme du present mois d'aoust par lequel auroit
este ordonne ausd. cordonniers, de dire ce que bon leur
sembleroit contre led. proces verbal et production desd.
virg, eschevins et sindic, a faulte de quoy et led. temps
passé seroit le tout communiqué au procureur general du
Roy, signiffication dud. arrest faicte ausd. cordonniers ;
responce de Me Philippe Deschampt leur procureur...
Conclusions du procureur general :

« La Cour sans s'arrester a l'opposition formée par
lesd. cordonniers, A ordonné et ordonne que led. arrest
du Conseil sera registré pour estre le contenu en iceluy
gardé et observé à l'advenir excepté pour les mestiers

(1) Répète les termes de l'arrêt ci-dessus.

d'apoticquaires, orphevres, chirugiens et serruriers. Despens compensés. Faict à Dijon, en parlement, le quatorzieme jour du mois d'aoust mil six cent et quinze.

Ces très importants arrêts, qui donnaient pleine satisfaction aux vœux d'Autun, vont servir de modèles à une série d'autres arrêts. Car ce fut, par toute la Bourgogne, comme une traînée de poudre. A l'exemple des Autunois, les gens de Chalon-sur-Saône s'assemblèrent le 4 février 1616 pour délibérer sur cette question. Ils constatèrent, eux aussi, que leur ville se dépeuplait constamment par l'exode des ouvriers qui ne pouvaient être reçus à la maîtrise ; et ils demandèrent au Parlement de leur conférer la même faveur qu'aux Autunois : tout ouvrier serait autorisé à ouvrir boutique en leur ville, sous condition de se faire recevoir habitant de Chalon et de payer les taxes municipales. A part cette clause nouvelle, qui va désormais s'incorporer à tous les arrêts de ce genre, ils demandent qu'on leur applique le régime imaginé pour Autun. Le Parlement rendit un arrêt favorable le 26 février, et enfin le roi en son Conseil, en juin 1616, donna des lettres-patentes qui supprimaient les jurandes chalonnaises, toujours exception faite des quatre métiers d'orfèvres, apothicaires, chirurgiens et serruriers, le tout aux conditions exigées par la ville. Voici le texte de cet édit, tel qu'il fut enregistré au Parlement de Dijon, le 22 novembre 1616 (1) :

Edit de suppression des maistrises de Chalon

« Louis (2)... Nos chers et bien aymés eschevins et sindicques de la ville de Chaalons nous ont fait dire et

(1) Arch. Côte-d'Or, B. 12. 094, f° v°. A tort l'inventaire des Archives laisse croire qu'il s'agit de Dijon.
(2) Je supprime partout les formules de style.

remonstrer que leur ville estant d'ancienneté grande
et néantmoings mal peuplée, ils ont esté forcés racheter (1)
la cause dont pouvoit venir le dépeuplement d'icelle, et
ayant trouvé que l'establissement des maistrises et
jurandes des mestiers en icelle en estoit le principal subject, parce que les artisans, après avoir longuement travaillé, voyans qu'ils ne peuvent estre receus à ceste
maistrise en lad. ville sinon en paiant grandes sommes de
deniers inutillement, estoient contrainctz se retirer
ailleurs et abandonner lad. ville, tellement qu'elle en
demeure dépeuplée ; dequoy s'estans advisés les vierg
et habitans de la ville d'Ostun, ils nous demanderent
la supression desd. maistrises et l'obtinrent par arrest
de notre Conseil du dernier mars an six cent quinze,
lequel a depuis esté registré en notre Cour de parlement
de Dijon par arrest du quatorzième aoust ensuivant ;
sur le subject duquel lesdits exposans ont faict assembler
lad. ville de Challon, par résolution de laquelle du quatrieme febvrier dernier a esté treuvé bon de demander
à nostred. parlement de Dijon la suppression desd. maistrises de Chaalon, à la charge que les artisans seront
tenus suporter les charges publiques de la ville, et ne
pourront travailler aux maisons particulières qu'ils
n'ayent esté receus habitans en lad. ville et faict ouverture de leurs boutiques :

« Surquoy nostred. Parlement ayant ordonné que leur
requeste seroit communiquée au parquet par leur arrest
du vingt sixiesme febvrier dernier et nostre procureur
général déclaré qu'il n'empeschoit les fins de lad. requeste,
lesd. exposans, qui scavent que lesd. permissions dépen-
dent de nous, ont heu recours à nous pour avoir sur ce
nos lettres de suppression desd. maistrises nécessaires,
humblement requerans icelles : A ces causes, désirans leur
survenir en cest endroit, après avoir faict veoir en nostre
conseil la coppie de l'arrest diceluy du dernier mars mil
six cens quinse, les arrest dud. Parlement de Dijon du
quatorzieme aoust ensuivant et vingt sixième février
dernier, ensemble la résolution de lad. ville du quatriesme
dud. mois cy attachés soubs le contrescel de nostre
chancellerye ; De l'advis d'iceluy et de nos certaines

(1) Le copiste du Parlement a sans doute mal lu l'original, qui
devait porter « rechercher ».

science et authorité royale, avons dit... que à l'advenir
il soit permis à tous artisans de travailler de leur mestier
et ouvrir bouticques en notred. ville de Chaalon sans
faire aucun chef d'œuvre, fors et excepté les mestiers
d'orfaivres, apoticquaires, chirurgiens et serruriers, qui
seront tenus faire chef d'œuvre comme auparavant ;
à la charge toutefois que lesd. artisans qui sont deschar-
gés de lad. maistrise et chef d'œuvre seront tenus de
se faire recevoir bourgeois de nostred. ville de Chalon,
contribuer aux charges etc..- et ouvrir leurs bouticques,
conformément a la résolution de notred. ville d'Ostun (1)
dud. quatrieme febvrier dernier.. Cy donnons en mandement... Donné à Paris, au mois de juin l'an de grâce
mil six cens seze et de notre règne le septième...

Arrêt d'enregistrement

Veu les lettres en forme de édit données à Paris au mois
de juing dernier par lesquelles S. M. auroit dict, déclaré
et statué qu'à l'advenir il seroit permis à tous artisans
de travailler de leur mestier et ouvrir bouticques en la
ville de Chalon sans faire aucun chef d'œuvre fors et
excepté (2)... ; lad. délibération, requeste des Maire,
eschevins et procureur sindicq de Chalon, à ce qu'il fust
proceddé à la vérification desd. lettres ; autres requestes
des Maistres des Mestiers dud. Challon subjectz à chef
d'œuvre à ce qu'ils fussent receux oposans à lad. vérification et ordonné qu'ils auront copie desd. lettres
pour donner leurs moiens d'opposition ; copie de l'arrest
donné au privé conseil de sad. Majesté le dernier de
mars six cens quinze par lequel auroit esté ordonné que
tous et chacungs les artisans qui se voudront habituer
en la ville d'Ostun y pourroient travailler en toute liberté
en leur boucticque ou aultrement sans faire aucun chef
d'œuvre ny expériance, à la charge toutefois de prêter
le serment par devant les vierg ou échevins dudit Ostun
de bien et fidellement travailler de leurs artz et mestiers ;
arrest donné en ce parlement le quatorzieme aoust suivant par lequel sans s'arrester à l'opposition des maistres

(1) Lisez : Chalon.
(2) Je supprime les répétitions.

cordonniers de lad. ville d'Ostun auroit esté ordonné que
led. arrest du Conseil seroit registré pour estre le contenu
en iceluy gardé et observé à l'advenir, fors et excepté
pour les mestiers d'apoticquaires... Conclusions du procureur général du Roy. La Cour, sans avoir esgard à
l'opposition des maistres des mestiers de Challon a
entériné et entérine led. édit..., et sans que les particuliers habitans de lad. ville de Challon puissent estre empeschés de faire travailler en leur maison tels artizans que
bon leur semblera, encore que lesd. artisans ne soient
receuz bourgeois et habitans de lad. ville. Faict à Dijon
en parlement le vingt deuxième de novembre mil six
cens et seize.

A Chalon comme à Autun, des maîtres en possession d'état avaient essayé de s'opposer à l'entéri-
nement des lettres-patentes qui mettaient à néant
leur monopole. Mais le Parlement refusa de s'arrêter
à cette opposition. Il alla même, dans son arrêt
d'enregistrement, plus loin que ne l'exigeait Sa
Majesté. Le roi avait décidé que, pour être autorisé
à travailler « en ville », chez les bourgeois de Chalon,
il fallait posséder boutique ouverte et avoir été
soi-même reçu bourgeois de la ville. La cour, nous
ne savons pour quelle cause, supprime même cette
restriction.

Autun, Chalon : ces deux précédents excitèrent
l'émulation de la ville de Beaune. Elle aussi se
déclarait menacée de « dépeuplement » pour cause
de jurandes, et plus menacée encore que les autres,
puisque sa population se composait en bonne partie
« d'artisans et vignerons ». Elle fit valoir ces raisons
dans son assemblée du 5 mai 1617, et le roi lui accorda,
aux mêmes conditions et presque dans les mêmes
termes, la même faveur qu'aux habitants d'Autun
et de Chalon. Mais, dans l'édit qui concerne les
Beaunois, nous voyons mentionner pour la première

fois un autre motif de la décision royale, et ce motif va nous expliquer l'extrême facilité avec laquelle la royauté, déchirant de ses propres mains les édits « perpétuels » de 1581 et de 1597, se prêtait aux désirs des bonnes villes bourguignonnes.

On était en pleins troubles. La tenue des États généraux de 1614 n'avait pas rétabli la paix. Mai 1617, c'était au lendemain de la mort de Concini (24 avril) et la reine Marie allait ouvrir la « guerre de la Mère et du Fils ». Il y avait donc, pour le roi et pour de Luynes, un intérêt de premier ordre à s'assurer que les villes ne suivraient pas le mouvement de révolte. Aussi ne leur ménageait-on ni les compliments ni les caresses, et l'on vantait la « fidélité » des habitants de Beaune.

L'édit relatif à Beaune se heurta, comme les précédents, à la résistance des maîtres. Un tailleur, un tonnelier, un tisserand furent chargés, au nom de tous leurs collègues, de s'opposer à l'enregistrement. Mais le Parlement n'était pas d'humeur à écouter leur requête et il décida, le 9 juin, d'entériner purement et simplement les lettres-patentes du mois de mai.

Lettres de suppression des jurandes et maistrizes de la ville de Beaulne (1)

Louis.... Les habitants de nos villes d'Ostun et de Chalon ayans recongneu que ce qui causoit principallement le despeuplement desd. villes estoit l'establissement des maistrises et jurandes des mestiers en icelles, à raison que les artisans après avoir longuement travaillé pour apprendre mestiers ne pouvoient parvenir à estre maistres en leurs boutiques qu'en faisant des frais extraordinaires en banquetz aux maistres et autres despences

(1) B. 12094, f° 71.

inutiles soubz ombre de chef d'œuvre, ils auroient obtenu de nous la suppression et révocation desd. maistrises... Pareillement nos chers et bien amés les Maire, eschevins et habitans de notre ville de Beaune, s'estans apperceu. que ceste mesme cause produisoit de semblables effectz en lad.. ville, laquelle rend (1) plus d'incommodité que nulle autre desd. maistrises, estant en partye composée d'artisans et vignerons : auroient, en leur assemblée du cinquième du présent mois, délibéré de nous supplier et requérir, comme ils ont faict par leur député, de leur accorder sur lesd. considérations mesme suppression desd. maistrises et sur ce nos lettres nécessaires : A ces causes, sçavoir faisons que, voullans traicter aussy favorablement lesd. supplians qu'aucuns autres de nos subjectz, pour avoir tousiours esté tres affectionnèz et fidelz à notre service ; après avoir faict veoir en notre Conseil les copies ; Nous avons, en supprimant et révocquant lesd. Maistrises et jurandes, dict, déclaré... qu'à l'advenir il soit permis à tous artisans de travailler de leurs mestiers et ouvrir bouticques en notre ville de Beaune, sans estre subject à faire aucun chef d'œuvre, fors et excepté les mestiers (2)... à la charge toutefois que lesd. artisans, que nous deschargeons desd. maistrises et chef d'œuvre, seront obligez de se faire recepvoir bourgeois de lad. ville de Beaune, de contribuer aux charges d'icelle et de prester serment pardevant lesd. maire et eschevins de bien et deuement travailler en leursd. arts et mestiers, ainsi qu'il est contenu aud. arrest et lettres obtenues par lesd. habitans d'Ostun et de Chaîon. Sy donnons en mandement... Donné à Paris au mois de may l'an de grace mil six cens dix sept et de notre regne le huitième.

Arrêt d'enregistrement

Veues les lettres patentes en forme de chartres données à Paris au mois de may dernier, par lesquelles le Roy avoit supprimé et révocqué les maistrises et jurandes de la ville de Beaune... ; Actes du quatrième du present mois de juin par lequel les habitans dud. Beaune assem-

(1) Il faut sans doute lire « reçoit » ou « prend ».
(2) Ici l'énumération des quatre métiers.

blés en l'hostel de ville dud. lieu auroient unanimement accordé lad. suppression et remis l'exécution auxd. maire et eschevins et procureur sindic de lad. ville : Requeste desd. maire, eschevins et procureur sindic, à ce qu'il fust procédé à la vérification desd. lettres ; autre requeste d'Humbert Berengier, tailleur d'habits, Jean Podechart, thonnelier, et Pieret (?) Marote, tissier aud. Beaune maistres jurés desd. mestiers, tant pour eulx que pour les aultres maistres jurés de lad. ville, à ce qu'ils fussent receus opposans à lad. vérification, et ordonné que lesd. maire et eschevins seroient assignés pardevant commissaire de la Cour pour veoir déclarer lesd. lettres subreptices et obreptices et cependant qu'il leur fust faict deffenses de s'ayder desdites jusques à ce que autrement fust pourveu ; Conclusions du procureur general du Roy ; la Cour sans s'arrester à la requeste desd. Maistres jurés, a ordonné et ordonne que lesd. lettres seront registrées... Faict à Dijon en parlement le neufvieme juing mis six cens dix sept.

La ville capitale de la province ne pouvait rester indifférente à ce mouvement. Elle le pouvait d'autant moins que, la liberté du travail ayant été établie dans diverses villes de la province de Bourgogne, il n'était plus maintenant nécessaire pour les ouvriers dijonnais d'aller jusqu'à Lyon quand ils avaient envie d'être reçus maîtres : il leur suffisait de se rendre à Autun, à Chalon, à Beaune. La ville de Dijon était donc menacée de se voir dépeuplée au profit de ses voisines.

Aussi, lors de la réunion de la chambre du Conseil de ville qui eut lieu le 22 août 1617, le procureur syndic présenta un rapport sur la question (1) :

Sur les remonstrances faictes par le procureur sindicq que, pour esviter la continuation des monopolles et abuz qui se font, pratiquent et commettent aulz mestiers

(1) Arch. C^{les} de Dijon, B. 255 (Reg. Ch. du Conseil de Ville), f° 70 : *Délibération pour abolir les chefz d'œuvres et maistrises.*

des artisans pour empescher la reception de ceuls qui désirent faire chefs d'œuvre pour estre passez maistres et avoir la permission d'en travailler et faire l'exercice, les fraitz et grandes despences que l'on leurs fait faire, et dont ils sont contrainctz passer par le mot des maistres desd. mestiers, par leurs monopolles et mauvais deportemens, qui est cause que de bons ouvriers qui désireroient s'habituer et réduire en ceste ville sont rebutez, et s'en retirent, et les autres villes de la province où ceste forme et façon de chefz d'œuvre n'est pratiquée en sont fourniz et garnyz, qui est ung intérest public à lad. ville. C'est pourquoy il croyoit estre à propos... (1) que l'on recourut au roy pour abolir lesd. maistrises fors au regard des quatre mestiers importans ; Et à la charge que tous ceulz qui s'établiront à lad. ville feront le serment entre les mains du s^r viconte maïeur, et qu'il n'y aura point de confusion des mestiers, que chacung se contiendra au mestier dont il fera chois, et que la visitation sera faite par les jurez qui seront commis chacun an par lad. ville et par ce moyen fera admettre toutes personnes et bons artisans en lad. ville au solagement d'ung chacun. Inclinant ausd. réquisitions et remonstrances, la chambre du conseil de lad. ville a conclu et délibéré que lettres seront obtenues soubz le nom de lad. ville de sa majesté pour abolir lesd. chefz-d'œuvre, maitrises et soufisances, et toutes personnes artisantes estre receues et admises a lad. ville pour y résider, demourer et faire exercices de leurs artz et mestiers sans confusion et seront exceptez les mestiers d'apoticaires, chirurgiens, orfebvres et serruriers, pour le regard desquelz sera la forme ancienne continuée et pratiquée et sans y aporter aucune altération ; et à la condition de l'arrest de police donné par la cour de parlement le dix huitiesme de may mil cinq cens soixante dix huit en ung article dix, qui est que nul ne sera receu et admis a lad. ville qui ne soit receu habitant et faire informer de ses vie et qualité, presté le serment de fidelité au roy, et à lad. vill, à lad. chambre es mains dud. s^r maïeur, comme aussy à la charge de la visitation des ouvrages par les jurez qui sont commis chacun an par lad. ville.

(1) Le texte porte « à propos la compagnie et que l'on ». Evidemment il y a une lacune.

Donc la Chambre de ville adopta l'avis de son procureur-syndic. Notez que le régime qu'elle rêvait d'établir à Dijon, c'était exactement le régime lyonnais : visitation des ateliers par deux jurés, mais par deux jurés agissant au nom de la ville et désignés par elle. Comme Lyon, elle exceptait de ce nouveau régime les quatre « métiers importants », qui restent des métiers assermentés. Comme ses voisines de Bourgogne, elle exige que les candidats-maîtres se fassent recevoir bourgeois de la ville et prêtent serment entre les mains du vicomte-maïeur. Elle tient absolument à faire triompher ses vues, aussi charge-t-elle son protecteur ordinaire à la cour de suivre de près cette affaire :

> Pour obtenir lesd. lettres le secrétaire escrira au Sr Petit, secrétaire du Roy, qui fait les affaires de lad. ville à Paris et luy enverra lad. délibération pour se conformer à icelle.

Au moment même où la ville cherchait à établir la liberté du travail, les communautés donnaient de nouvelles preuves de leur intolérance. La réunion dont nous venons de citer le procès-verbal est du 22 août. Le 25, une plainte était déposée par les jurés serruriers contre un « forestier » qui avait, à leur dire, fait de la serrurerie (1) ; c'était paraît-il un récidiviste : « Il est coutumier d'entreprendre sur led. art. » Il a été travailler chez un bourgeois, « plantant des gonds et bandes de fer en des vantaux de fenêtres ». A quoi le foretier « répondait qu'il avait simplement « raccommodé de vieilles bandes de fer et gonds, estans en des vantaux de la maison ».

(1) Arch. Cles, B. 255, fo 71. Il s'agit d'un faiseur de forets, profession importante dans ce pays de vins. Voy. ce mot dans CHAPUIS, *Corporations dijonnaises*.

Il semble que la ville, étant donné ses dispositions, eût dû renvoyer le foretier des fins de la plainte. Mais si ardemment qu'elle désirât abolir les jurandes, leur existence avait encore force de loi. D'autre part il s'agissait là, précisément, de l'un des quatre métiers réservés. Aussi le syndic conclut-il à ce que le coupable fût condamné à 3 livres d'amende et aux dépens. La Chambre fut plus indulgente : elle baissa l'amende à 20 sols.

Cependant, l'affaire des maîtrises dijonnaises faisait du chemin à Paris. Le roi ne pouvait, au reste, refuser à Dijon ce qu'il avait accordé à d'autres. Dijon était une grosse ville, située à la croisée des routes, à la porte de la Comté encore espagnole. Les souvenirs des guerres de religion n'y étaient pas absolument effacés. Ne l'oublions pas, Dijon avait longtemps refusé de reconnaître le Béarnais, et vingt ans s'étaient à peine écoulés depuis qu'une victoire remportée près de ses murs avait enfin rendu à Henri son royaume. Aussi, le second roi Bourbon tenait-il essentiellement à conserver la bonne grâce des Dijonnais et, passant volontairement l'éponge sur le passé, il les louait d'avoir « toujours témoigné à nous *et à nos prédécesseurs rois une grande fidélité* et affection à notre service ». Vraiment Louis XIII n'était pas difficile.

Toujours est-il qu'en septembre 1617, considérant que les maîtrises dijonnaises se fermaient aux ouvriers capables et pauvres et s'ouvraient aux incapables assez riches pour acheter un jury vénal, il les supprima (1), comme il avait fait des autres maîtrises des villes bourguignonnes.

(1) A. Côte-d'Or, B. 12094, f° 118 v° (au greffe).

Révoquation des maistrizes et Juraàdes de la ville de Dijon (1)

Louis... Nos chers et bien amés les vicomte maïeur, eschevins et habitans de notre ville de Dijon, ayans recongneu les grandz abuz et monopolles qui se commettent par le moien des maistrizes des arts et mestiers soubs pretexte de chefz d'œuvre, qui sont rendus sy chers par les maistres jurez à cause des despenses superflues et inutiles qu'ilz contraignent de faire à ceulx qui se veullent faire passer maistres, ce qui a rebuté une quantité de bons ouvriers qui se voulloient habituer en lad. ville, en laquelle les plus mauvais sont receuz pour de l'argent et par corruptelles ; auroient délibéré de nous supplier et requerir d'avoir agréable la suppression et abolition desd. maistrises, sauf des quatre mestiers importans, comme est porté en l'acte de leur délibération du vingt deuxiesme aoust dernier, laquelle a esté faicte sur l'espérance qu'ilz ont heue que nous les traicterions aussy favorablement que nos villes d'Ostun, Chalon et Beaulne qui ont obtenu de nous ceste grace : A ces causes, sçavoir faisons qu'aians plus d'occasion de gratifier nostred. ville de Dijon qu'aucune autre de notre province de Bourgogne, pour estre la plus capable d'icelle et la plus recommandable, les supplians nous ayans toujours tesmoigné et à noz prédecesseurs Roy une grande fidélité et affection à notre service ; de l'advis de notre conseil, qui a veu les extraictz de noz arrest et lettres patentes des mois de mars mil six cens quinze, juing mil six cens seize, et may dernier, octroyées aux habitans de nosd. villes d'Ostun, Chalon et Beaulne, deuement veriffiées, avec lad. deliberation desd. supplians... Nous avons, en revoquant et supprimant lesd. maistrises et jurandes, dict et déclaré... par ces présentes qu'à l'advenir il soit permis à tous artisans de travailler de leurs mestiers sans confusion et ouvrir boutique en notred. ville de Dijon, sans estre subjectz à faire aucun chef d'œuvre, fors et excepté des mestiers de... à la charge toutesfois... Sy donnons en mandement... Donné à Paris au mois de septembre de l'an de grace mil six cens dix sept et notre règne le huictieme.

(1) Je supprime les passages qui ne font que reproduire les édits antérieurs.

Arrêt d'enregistrement

Veu les lettres patentes en forme d'édict... selon qu'il estoit contenu en l'arrest de police donné aud. parlement le dix huictieme may mil six cens soixante et dix huict et delibération de la chambre de ville dud. Dijon du vingt deuxieme aoust dernier. Conclusions du procureur general du Roy. La Cour a entériné et entérine lesd. lettres... à la charge que lesd. serruriers ne pourront empescher aucungs ouvriers de travailler dud. mestier fors en serrures et clefz, que les boulangiers qui voudront travailler de leur mestier aud. Dijon en feront declaration en lad. chambre de ville et que les ouvrages de tous lesd. artisans seront subjectz à la visite par les jurés. Faict à Dijon en parlement le dix septieme novembre mil six cens dix sept.

Cet arrêt d'enregistrement appelle quelques observations. Le Parlement était sans doute au courant de l'histoire du pauvre « forestier » condamné à vingt sols d'amende et aux dépens pour avoir remis quelques clous aux vantaux d'une vieille fenêtre et raccommodé quelques gonds, empiétant ainsi sur la sacrosainte corporation des serruriers. La cour décide, en effet, que les serruriers pourront bien empêcher les travailleurs libres de faire des serrures et des clefs, mais non pas de faire les autres parties de l'art de serrurier : car si l'on a maintenu en leur faveur l'obligation du serment de maîtrise, c'est parce que leur métier est un métier de « danger », que serrures et clefs veillent sur la sécurité des foyers et des coffres-forts, ce qui exige l'intervention d'ouvriers assermentés ; mais pour poser des gonds de porte ou des barres de fer aux vantaux d'une boutique, il n'y faut point tant de mystère. Les boulangers, de leur côté, sont soumis au régime de la déclaration.

D'autre part, lorsque le Parlement édicte que « tous les artisans seront sujets à visite par les jurés », il ne peut s'agir dans cette phrase de jurés élus par les maîtres. Le Parlement, qui vient de supprimer les jurandes, ne peut se mettre ainsi en contradiction avec lui-même. Les jurés dont il parle, ce sont les jurés qui seront nommés, à la façon de Lyon, par la municipalité.

Dijon délivré des maîtrises, rien ne s'opposait à ce que les villes de moindre importance, même celles qui n'avaient pas su prendre les devants, fussent associées à ce triomphe. La ville de Semur avait à faire valoir plusieurs sortes d'arguments. D'abord elle avait eu, paraît-il, à souffrir de nombreux incendies et de non moins terribles inondations (1). L'eau et le feu s'étaient conjurés pour la « dépeupler ». Comment la repeupler si l'on y maintient les maîtrises jurées ? En second lieu, s'il y a plus de place dans le ciel pour les pécheurs repentants que pour le juste qui n'a jamais péché, le juste a bien droit aussi à son petit coin. Or Semur, à la différence de Dijon, n'avait point péché : à telles enseignes que Henri IV avait pu transporter sur ce roc de granit la fraction royaliste du Parlement de Bourgogne (2). Les Semurois, dit Louis XIII, ne se sont « jamais départis de leur devoir, ce qui mérite bien que nous les traitions favorablement ». Il leur accorda donc des lettres copiées sur celles de Dijon, auxquelles le Parlement ajouta les prescriptions relatives aux serruriers, aux boulangers et à la visite par jurés.

(1) A Côte-d'Or, B. 12093, f° 14 v° (année 1611 ?) : Arrêt du Conseil qui, en considération d'une inondation qui a emporté toute la partie basse de la ville de Semur, décharge les habitants de toute taille pendant six ans.

(2) D'abord réfugiée à Flavigny. Voy. L. GROS, *Le Parlement et la Ligue en Bourgogne*.

Revoquation des maistrizes et jurandes de la ville de Semur en Auxois (1)

Louis... Ayans tant par arrest de notre conseil que par nos lettres patentes en forme de chartres des mois de juin mil six cens seize et dernier... révoqué et supprimé les maistrises et jurandes establiz en nos villes de Dijon, Ostun et Beaune (2) a cause des habuz qui se commettoient soubz prétexte d'icelles, qui causoient le depeuplement desd. villes, les meilleurs artisans ne s'y pouvans habituer ny travailler sans faire des despences extraordinaires pour se faire passer maistres ; Nous aurions esté suplyé pour les mesmes considérations par nos chers et bien amez les maire et eschevins de notre ville de Semur en Auxois de leur accorder les mesmes grâces ; attendu aussy que lad. ville a esté affligée de sy grandz accidentz de feu et inondations des eaulx qu'ilz perdoient l'espérance de la veoir repeuplée sy lesd. maistrizes y avoient lieu plus longuement : A ces causes, sçavoir faisons qu'estans bien informez des bons services qui ont esté renduz au feu Roy notre très-honoré seigneur et père que Dieu absolve par lesd. suplians, à nous continuez avec une grande fidélité et affection sans s'estre jamais départis de leur debvoir, ce qui mérite bien que nous les traictions favorablement... Nous avons, en revoquant et supprimé (*sic*) lesd. maistrises et jurandes des mestiers, dict... Donné à Paris au mois de janvier, l'an de grâce mil six cens dix huict et de notre regne le huictieme...

Arrêt d'enregistrement

Veu les lettres parentes en forme de chartres... La Cour a entériné et entérine... à la charge que les maistres serruriers dud. Semur ne pourront empescher ceulx faisans profession dudit mestier de travailler d'iceluy fors es serrures et clefz ; que les boulangiers qui voudront travailler de leur mestier aud. Semur en feront declara-

---

(1) B. 12094, fº 147. Je supprime tout ce qui répète les textes précédents.

(2) Chalon est omis.

tion en la chambre de ville dud. lieu, et que les ouvrages de tous les artizans seront subjectz a visite par les jurés.

Faict à Dijon en parlement le vingt unième febvrier mil six cens dix huict.

III

SUITES DE LA SUPPRESSION DES MAITRISES (1618-1648)

Donc, en février 1618, à l'exception des quatre métiers réservés, toute trace de l'ancien régime corporatif semblait avoir disparu des cinq villes principales de la Bourgogne, des seules qui eussent alors une certaine importance industrielle. La liberté du travail y était triplement garantie par des délibérations municipales, des édits royaux, des arrêts du Parlement. Ce serait mal connaître la vieille France que d'en conclure à la mort réelle et durable des commuautés d'arts et métiers. Du moins en ce qui concerne Dijon, nous allons les voir revivre, et manifester leur survivance d'une façon particulièrement offensive.

La royauté semble d'abord être restée fidèle à la politique libérale inaugurée par les édits de 1615-1618. Les lettres de 1620 qui autorisent les savetiers d'Avallon à exercer le métier de cordonnier en sont une preuve (1). Quant au Parlement, il entendait lutter avec vigueur contre toute tentative de coalition patronale. Le 5 février 1624, le conseiller Bretagne exposa « que, soit par la connivence ou la négligence des magistrats ou le monopole des bouchers (2) »,

(1) A. Côte-d'Or, B. 12096.
(2) B. 12068 ter (délibérations). Je cite ici d'après le résumé de feu Garnier.

la délivrance au profit des pauvres de la boucherie de carême (1) avait été appréciée à un taux ridicule, si bien que Bretagne avait dû arrêter l'adjudication. La cour, très irritée, mande le vicomte-maïeur à sa barre et lui enjoint d'empêcher tous monopoles et de faire en sorte que les appréciations soient libres. On peut croire qu'il s'acquitta consciencieusement de cette mission. Cependant une nouvelle adjudication n'eut pas plus de succès, et il fallut recourir à une troisième.

La royauté ne devait d'ailleurs pas persister longtemps dans son libéralisme. Richelieu, alors ministre, avait un terrible besoin d'argent, et ses capacités financières n'étaient point — il s'en faut — à la hauteur de son génie politique. Comme il devait être tenté de battre monnaie, sans bourse délier, en fabriquant de nouveaux offices ! Un registre disparu du Parlement (2) contenait, sans doute sous la date de 1630, un édit qui créait « dans les villes, bourgs et bourgades de Bourgogne des offices de prudhommes des cuirs, de chargeurs et de rôtisseurs ». Nous ne pouvons évidemment raisonner sur un acte dont le texte nous manque, mais c'était bien là une brèche ouverte dans le système de 1615-1618, lequel réservait aux municipalités le droit exclusif de visite.

En 1631, c'est pis encore. Ce sont des lettres qui autorisent non des prudhommes en titre d'office, créés spécialement à cet effet, mais les maîtres potiers d'étain de Dijon à visiter les boutiques des mar-

(1) Le droit de vendre de la viande en temps de carême aux malades, aux personnes pourvues d'une dispense et aux prétendus réformés, était affermé à un seul boucher de la Ville et le prix du fermage versé à la caisse des pauvres.

(2) B. 12096 bis : l'inventaire en a été reconstitué au moyen d'anciennes tables manuscrites.

chands de poterie (1). Il y avait donc encore à Dijon, malgré tous les textes que nous avons cités plus haut, des jurés potiers d'étain. Et en leur faveur, cédant à d'habiles sollicitations, sans doute à des sollicitations dorées, la royauté dérogeait une fois de de plus à son édit de 1617.

En 1638, ce fut un édit général portant création de nouvelles maîtrises (2), puis en 1640 un nouvel édit créant quatre maîtrises (3) en chaque ville et bourg du royaume. En 1643 nous voyons qu'il y a conflit entre les visiteurs des cuirs (ces prudhommes créés en 1630) d'une part, les jurés cordonniers et la Chambre de ville de l'autre (4). Richelieu était mort : aussi les États de Bourgogne parvinrent-ils à obtenir un arrêt du Conseil qui supprimait, dans toute l'étendue de la généralité, les offices de vendeurs de cuir (5). Mince victoire, et qui laissait subsister l'opposition entre les jurés-visiteurs dûment autorisés par la ville et les jurés élus par les communautés.

Mais les derniers voiles vont être déchirés en 1636 (6).

Le 12 octobre, la Chambre de ville (7) fut appelée à délibérer :

Sur les diverses plaintes de plusieurs habitans de ceste ville de Dijon, des complotz, monopoles et exactions, qu'aucuns jurez et maistres des mestiers commettent journellement sur ceux qui se présentent pour estre receus maistres et à travailler dezdits mestiers, les contraignans à faire des chefz d'œuvre, suffisance, buvettes

---

(1) B. 12096 ter, enco 3 un registre disparu.
(2) B. 12099, f° 56 v°.
(3) *Ibid.*, f° 163.
(4) B. 12101, f° 63.
(5) *Ibid.*, f° 379.
(6) Les documents dont il va être question ont été signalés par Émile LEVASSEUR, *Histoire des classes ouvrières* (2° édit.), t. II, p. 158.
(7) A. Communales. B. 284, f° 113.

et festin, et payer des sommes immenses qu'ilz exigent d'eux indehument, pour atester et rendre temoignage de leurs capacitez ; ce qui est directement contraire aux lettres d'abolition et suppression des maistrises et jurandes, octroyées à lad. ville par Sa Majesté au mois de septembre mil six cens dix sept, arrest de vérification du dix septieme novembre aud. an, et délibération de la chambre... (1).

On a remarqué la frappante ressemblance qui existe entre ces plaintes de 1646 et celles de 1617. Le régime corporatif, avec son appareil de maîtrises jurées, de visitations, de chefs-d'œuvre et banquets, s'est complètement reconstitué. Les choses en sont exactement au point où elles en étaient trente ans auparavant, et les foudres législatives et judiciaires qu'on a dirigées contre les jurandes n'ont tué personne.

...En quoy l'auctorité des Magistratz est offensée, le public et les particuliers grandement intéressez, d'autant que lesd. jurez et maistres des metiers, ainsy corrompus par buvettes et à prix d'argent, ne craignent point de prester serment de la suffisance et capacité de ceulx qu'ilz engagent en telle despence ; par le moyen de quoy ils s'atribuent un pouvoir absolu de ne permettre la réception esdictz mestiers que de telles personnes que bon leur semble, au mespris et diminution de l'auctorité des magistractz...

Avec les maîtrises ont reparu tous leurs anciens inconvénients, et d'abord celui-ci : les ouvriers pauvres, ceux qui ne veulent ou ne peuvent graisser la patte aux jurés, exclus du patronat. Mais il y en a d'autres. Ceux qui ont réussi à se faire recevoir sont ruinés par les contributions qu'on leur a imposées, et ils se rattrapent sur le dos du bon public :

(1) « Abolition des maistrises et jurandes et la forme de recevoir les maistres aux mestiers. » Je reproduis ce texte in-extenso, mais en le coupant de commentaires.

...Daventaige lesd. fraiz et despens qui se font pour estre receu maistre ausd. mestiers sont si excessifz que ceux qui y aspirent sont contrains y employer la meilleure partie de leurs biens, et ce qu'ilz ont de plus contant (1), et après pour s'en rembourser, et retirer en détail ce qu'ilz ont despensé en gros, ilz survendent leurs ouvrages et besoignes, et les portent à un prix excessif et extraordinaire... »

A ces motifs d'ordre purement économique, on se souvient peut-être que Dijon (dès le XVIe siècle) et les autres villes en joignaient un autre, d'ordre plutôt politique et social. On accusait les jurandes d'amener le « dépeuplement » des cités. Ce grief paraît toujours sérieux aux Dijonnais de l'an 1646 :

Outre ce, comme l'abolition desd. maistrises et jurandes estoit un moyen pour remplir lad. ville de bons artisans capables et expérimentez, ilz en sont rebutez par la considération de la grande despense qu'ilz seroient contrains suporter pour se faire passer maistres ausd. mestiers, et s'en vont habituer aillieurs, au lieu que ceux qui y sont receus par la voye de telz monopolles sont la plupart incapables et peu expérimentez...

Ainsi Dijon voit partir les bons ouvriers, qui s'en vont chercher fortune ailleurs, et garde les mauvais, auxquels les jurés concèdent, moyennant finances, le droit d'exercer la maîtrise. Aussi la ville n'hésite-t-elle point à demander le retour pur et simple au régime de 1617 :

Pour retrancher lesquelz abus, qui se sont glissez insensiblement depuis quelques années en ça, la chambre du conseil de la ville de Dijon, le procureur syndic ouy, après que lecture a esté faicte desd. lettres d'abolition et suppression des maistrises, arrest de vérification, et délibérations faictes ensuite, a faict et faict tres expresses

____

(1) Nous dirions « comptant ».

inhibitions et défenses à tous les jurez et maistres des
mestiers qui s'exercent en lad. ville, fauxbourgs et banlieue,
autres toutefois que les apoticaires, chirurgiens, orphèvres
et serruriers, réservés par lesd. lettres, de contraindre
ceulx qui se présenteront pour travailler ausd. mestiers
de faire aucuns chefz d'œuvre, sufisances ou pièces d'ouvrages d'yceux métiers, à peine de cinq cens livres
d'amende, et (1) aux aspirans ausd. mestiers de se présenter devant lesd. maistres ou jurez pour faire lesd.
chefz d'œuvres ou sufisances, à mesme peine ; ains leur
enjoin⁺ seulement de se pourvoir à lad. chambre (2),
pour estre receus à travailler ausd. mestiers et en tenir
boutique ouverte, information préalablement faicte
de leurs vies, meurs, religion (3), sufisance et capacité.

Défend en outre lad. chambre ausd. jurez et maistres
des mestiers d'exiger desd. aspirans soubz quelque prétexte que ce soit aucune buvettes, festins ou sommes de
deniers, molester ou empescher en l'exercice de leurs
mestiers ceux qui seront ainsy receus par lad. Chambre,
à peine d'estre procédé contre eux extraordinairement,
et de punition exemplaire.

Ordonne que, par les eschevins, chacun en droit soy,
il sera informé des susdictz monopolles, exactions et
vexations ;

A cest effect permet aud. procureur sindic d'obtenir
et faire publier monitoires pour, les informations veues
et à luy communiquées, y estre pourveu ainsi qu'il
apartiendra.

Et afin que la présente délibération soit exécutée à
l'advenir comme importante au public, en sera faict
lecture par le secrétaire à chaque mutation et changement

(1) Sous-entendez encore : « fait défense ».
(2) Du Conseil de Ville.
(3) Il y avait en 1646 trois ans (R. ALLIER, *Cabale des Dévots*,
p. 233) que s'était organisée à Dijon une compagnie du Saint-Sacrement, sous l'inspiration de M. de Renty (*ibid.*, p. 241). Or il ne faut
pas oublier que, d'après d'Argenson, la compagnie de Paris avait
pris « grand soin de conserver les maîtresses lingères dans le droit
qu'elles prétendaient de n'en admettre aucune qui ne fût catholique »,
droit qui leur fut reconnu par lettres-patentes, enregistrées le
29 avril 1645 (*ibid.*, p. 276). La disposition, évidemment hostile aux
religionnaires, que nous relevons un an plus tard dans le règlement
dijonnais, peut donc y avoir été introduite sous l'influence de la
compagnie.

de magistrature, à la première tenue de la chambre après la feste Nativité saint Jean Baptiste de chacune année, ce qui sera publié à son de trompe et cry public par les carrefours, et afixé esd. carrefours, à ce qu'aucun n'en prétende cause d'ignorance (1).

Cette fois la ville croyait bien avoir pris toutes les précautions. Elle édictait des sanctions, et des sanctions sévères, à la fois contre les maîtres qui continueraient à exiger le chef-d'œuvre, et contre les aspirants qui auraient la faiblesse de se soumettre à ces exigences illégales. Elle fixait la procédure d'admission à maîtrise par-devant sa propre chambre du conseil. Enfin, éclairée par l'expérience, elle prenait des mesures pour éviter que sa délibération ne tombât, comme avaient fait les précédentes, en désuétude.

Les maîtres se sentirent sérieusement menacés et ils s'agitèrent. Une coalition se forma entre eux pour s'opposer à l'exécution des décisions municipales. Leur plan était de rendre impossible, par leur abstention, le fonctionnement de la nouvelle procédure d'admission. La ville craignait que leur résistance, en provoquant la hausse des prix, ne finît par déterminer une émeute. C'est du moins ce que laisse entendre le procès-verbal de la séance du 20 décembre (2) :

Sur les advis donnez à la Chambre que les maistres des mestiers de ceste ville de Dijon, indignez de la délibération du douzième octobre dernier, contenant l'abolition des maistrises et jurandes, suyvant les lettres-patentes du Roy du mois de septembre mil six cens dix sept, arrest de vérification du dix septième novembre aud.

____

(1) Cette longue délibération va jusqu'au f° 115.
(2) Arch. C^{les}, B. 284, f° 99 (cité par Levasseur) : *Sera informé des monopolles des maistres des mestiers.*

an, et délibération de la Chambre, faisoient des assemblées secrettes et monopolles, pour empescher l'effect desdictes lettres, arrest et délibérations, et auroient pris résolution de ne point déposer aux informations qui seroient ordonnées pour ceux qui voudroient se faire recevoir par lad. Chambre, afin d'avoir subject de continuer les exactions qu'ilz ont accoutumé de faire contre les aspirans, ce qui étoit de principale conséquance, et tandoit à exciter une sédition populaire dans la ville contre les magistratz qui n'avoient que de bonnes intentions pour le soulagement du public, grandement intéressé de ce que les ouvrages des artizans sont augmentez de prix de plus du tiers depuis quelques années.

Conclusions du procureur sindic, La Chambre du conseil de la ville de Dijon a ordonné et ordonne qu'il sera informé à la dilligence dud. procureur sindic desd. assemblées et monopolles par Me Bernard Deslandes, advocat en Parlement, eschevin, qu'elle commet à ce. A cet effet permet aud. procureur sindic d'obtenir et faire publier monitoires pour, l'information à luy communicquée et ses conclusions veues, estre ordonné ce qu'il appartiendra.

Cette fois, les maîtres durent se le tenir pour dit, et ne bougèrent plus. Mais la société d'autrefois était un monde si compliqué, si enchevêtré de rapports particuliers, un tel fouillis de privilèges, qu'il était impossible de déplacer une pièce, si petite fût-elle, de la machine sociale sans léser une multitude de droits acquis. La suppression des maîtrises était avantageuse à la ville, aux artisans, aux consommateurs ; mais il y avait un Dijonnais qu'elle attaquait dans ses moyens d'existence, à savoir le greffier-fermier du greffe de la mairie (1). Ce personnage, dans les plaintes qu'il fit présenter à la séance du 4 juin 1647, se déclara privé d'un certain nombre de droits dont avaient joui ses prédécesseurs et qui lui avaient été garantis par son bail, en parti-

(1) B. 284, f° 297 v°.

culier celui de « vaquer aux réceptions des maîtres
d'icelle ville, et aux visites que se faisaient à requête
des jurés de chacun métier... » Mais voilà-t-il pas que,
par sa malencontreuse délibération du 12 octobre,
la ville a supprimé les maîtrises, « le tout à son préjudice »! C'est ainsi qu'un chacun se croit le centre
du monde. Les plus graves préoccupations juridiques,
économiques, sociales avaient inspiré les délibérations de la ville, mais pour le greffier-fermier tout le
mouvement en faveur de la liberté du travail se
résumait en ces mots : « On m'a rogné mes émolu-
ments. » Avec le droit, qui lui a été aussi enlevé,
d'apposer les scellés sur les maisons des successions,
il y perdait plus de 600 livres par an.

Ses plaintes ont pour nous cet intérêt de nous
permettre d'établir que la réforme a réussi. En effet,
il se plaint « de n'expédier aucunes lettres de maîtrises ». C'est le « secrétaire », c'est-à-dire le secrétaire
de la ville, qui perçoit les droits à l'exclusion de tout
autre. La mise en régie municipale des maîtrises
est donc, à cette date, un fait accompli. Et « depuis
l'abolition des maîtrises, les jurés n'avoient fait
aucune visite, au lieu que auparavant ils en faisoient
fréquemment ». — Dernière preuve qu'il disait
vrai en se lamentant sur la disparition des jurandes :
la Chambre prend en considération ses plaintes
sur ce sujet, et sur ce sujet seulement ; elle le déboute
des diminutions de fermage, par lui prétendues,
« autres que celles concernant lesd. maistrises, sur
laquelle sera faict droit à la fin de son bail ainsi
qu'il appartiendra ».

La victoire de la ville nous est attestée d'une
autre manière encore. Quatre jours après le dépôt
de la plainte du greffier, nous rencontrons le procès-
verbal de la réception, conformément au nouveau

régime, d'un maître carreleur (1). Il est reçu par la ville, sans aucune intervention du corps de métier. C'est la ville qui a fait l'information sur sa conduite et capacité. C'est elle qui reçoit son serment, serment professionnel, mais en même temps serment civique. Il s'engage à se soumettre aux visites qu'elle jugera convenable de faire chez lui, et c'est le sceau de Dijon qui timbre, et qui timbre seul, ses lettres de maîtrise.

L'année suivante, nous voyons que la confrérie des cordonniers de Dijon, qui avait fait appel de la délibération de la Chambre de ville relative aux réceptions, est déboutée de son appel par le Parlement (2). La cour entend même ne respecter que sous bénéfice d'inventaire la clause qui soumettait à un régime d'exception les quatre métiers de « danger ». Les chirurgiens s'opposent à l'admission du compagnon David Dubois. Qu'importe, David Dubois a passé un examen devant les médecins et l'avocat général : il en rapporte un certificat de capacité,

(1) B. 284, f° 304 : « *Laza e Rebourg, receu maistre carreleur*. Veu l'information faicte par commissaire de la Chambre, le huictiesme du présent mois de juin, sur les vie, mœurs, religion et sufisance au mestier de carreleur, de Lazare Rebourg, natif et demeurant en ceste ville de Dijon ; requeste dud. Rebourg, à ce que, pour les causes y contenues et ayant égard qu'il avoit fait son aprantissage dud. mestier en lad. ville, il plust à la Chambre de l'y recevoir maistre. Conclusions du procureur sindic. La Chambre... a permis et permet aud. Lazare Rebourg de travailler dud. mestier de carreleur en lad. ville, faux-bourg et banlieue, à la charge de s'en acquitter bien et dehument, son ouvrage subject à visite, payer le droit de confrérie, estre fidel au Roy et à lad. ville, porter tout honneur et respect aux magistratz d'icelle ; s'il sçait et découvre quelques entreprises et conspirations contre la seureté de Sa Majesté, bien et repos des habitants, tout aussy tost en advertira le Magistrat pour y pourvoir. Et, à l'instant entré, ce que dessus luy ayant esté prononcé et le serment de luy pris en a juré et promis l'accomplissement. En tesmoin de quoy ont esté signées les présentes par le secrétaire de la Chambre du Conseil de lad. ville et icelles scellées au scel et armes d'ycelle... »
(2) B. 12.260 (arrêts définitifs), f° 162 v°.

la Cour décide qu'il sera maître-chirurgien, qui qu'en
grogne (1).

« A l'instar » de Lyon, Dijon était arrivé à substituer complètement au régime de la communauté
jurée le régime de la liberté du travail ou, pour
parler plus exactement, une sorte de régie municipale du travail. Nous n'avons pu pousser si avant
notre étude en ce qui concerne Autun, Chalon, Beaune
et Semur. Nous en avons assez dit cependant pour
montrer qu'au début du xviiᵉ siècle, la bourgeoisie
des villes bourguignonnes, maîtresse des hôtels de
ville, n'éprouvait aucune sympathie pour le système
corporatif, qu'elle a fait les plus grands efforts pour
s'en débarrasser et qu'elle y a parfois réussi.

Ce triomphe devait être de courte durée. Avec
l'arrivée de Colbert au contrôle général, ce sont
d'autres idées qui vont dominer. Le régime corporatif, modifié il est vrai, mais fortifié, va s'étendre
obligatoirement à toutes les villes de France et
Dijon verra renaître ces jurandes abhorrées qu'à trois
reprises, en 1529, en 1616, en 1646, il avait bien cru
définitivement détruire (2).

(1) B. 12.261, fº 172. Ce travail devrait être complété par des
recherches dans les archives d'Autun, Chalon, Beaune et Semur,
afin de voir ce qu'est devenu dans chacune de ces villes, après 1618,
le régime des jurandes.

(2) Cette étude avait été publiée (*Revue bourguignonne*, t. XIV)
en 1904. M. Gaston Roupnel, reprenant le sujet en 1922, est arrivé
aux mêmes conclusions (*Les populations de la ville et de la campagne
dijonnaises*, p. 131-133).

CHAPITRE V

Le système social
de Barthélemy de Laffemas

Le très curieux personnage dont nous voudrions nous occuper ne tient pas, dans notre littérature historique, la place à laquelle il a droit (1). Il est surprenant qu'on ait fait une fortune à ce Montchrestien dont sir William Ashley a si bien caractérisé le *Traité* : « Une œuvre dont l'importance a été absurdement surestimée », et qu'on ait presque passé sous silence Laffemas, à qui Montchrestien doit tant. L'originalité de ses idées, l'ampleur du système social qu'il essaya de faire adopter par son maître Henri IV, l'influence qu'il a exercée sur une part au moins de la politique économique de ce prince et de ses successeurs, tout cela vaut la peine qu'on s'arrête un instant devant Barthélemy de Laffemas. P. Laffitte lui a consacré une courte notice (2) ; Gustave Fagniez a contribué à le faire connaître en divers endroits de sa belle *Économie sociale de la France sous Henri IV* ; E. Levasseur, dans son *Histoire des classes ouvrières*. Mais ces divers auteurs ont surtout été attirés par le côté proprement technique de l'œuvre de Barthélemy, par ses innovations industrielles, par ses idées sur la plantation des

(1) On connaît mieux son fils Isaac, l'un des instruments de Richelieu.

(2) *Journal des Économistes*, mai 1876, p. 181 et ss.

mûriers, la création des manufactures de soie, etc.
Ce que nous voudrions étudier d'abord chez lui,
c'est un essai de solution de la question sociale à la
fin du XVIᵉ siècle.

I

LE PERSONNAGE

D'abord, qu'est-ce que Laffemas ? Né en 1545,
à Beausemblant en Dauphiné, il fut commerçant
et trafiqua surtout avec les étrangers.

Appartenant à la religion réformée, nous le voyons
décoré, en 1566, du titre de tailleur-valet de chambre
du roi de Navarre : simple titre, qui ne correspondait
sans doute à aucune fonction. En 1576 il est chargé
de la fourniture de l'argenterie du même roi : ici,
il ne s'agit plus d'un titre creux ; Laffemas a très
effectivement acheté de l'argenterie pour le compte
du Béarnais ; dans les années où les pourpoints du
roi étaient troués au coude, cette charge n'a pas dû
être très absorbante. Mais le roi de Navarre devint
roi de France, et son argentier eut de la besogne.
Laffemas n'a pas reçu d'instruction classique.
Il le dit : « Pour n'avoir icelui auteur jamais été
aux écoles, et le peu qu'il a appris a été en faisant
trafic de marchandise, fournissant l'argenterie du
roi. » Il est, dans toute la force du terme, un auto-
didacte. Il en a les qualités et les défauts. Ses œuvres
sont un fouillis extravagant d'incohérence ; nulle
composition ; un style entortillé et incorrect, pire
en vers qu'en prose. Car le seigneur de Beausemblant
Humont, Frémont, Pérocourt et autres lieux se pique
de faire des vers et en voici de sa façon :

Messieurs les Lyonnais, faites plus de la sorte
Vos changes et draps de soie, de quoi faisiez état,
Et vos foires et trafics ; au Roy perdez l'Etat,
Vous et nous sont ruinés, reconnaissez la faute (1).

Quand on a lu ces vers, on partage l'indignation exprimée par l'auteur dans son « quatrain à ceux qui pensent qu'autre que moi aie fait mes œuvres ». Oui, c'est là une calomnie, et le seul Laffemas était capable d'écrire les œuvres du seigneur de Beausemblant.

Mais s'il ignore l'art d'écrire autre chose que des vers de mirliton, il sait les choses, il a vu de près les abus. Lorsqu'il traite des questions commerciales, il parle de réalités qu'il a pertinemment apprises, par expérience personnelle et directe, quelquefois à ses dépens. Il a fait, pour son compte et pour celui du roi, des affaires, et même ce qu'on appelle de mauvaises affaires ; il a éprouvé les disgrâces de la banqueroute, il a été emprisonné, et il a gardé de cet incident une sainte colère contre les juridictions consulaires. Parmi les publicistes du XVIe siècle, tous gens de robe, gens de lettres latines et grecques, cet ignorant, ce trafiquant a donc une physionomie à part. Il conserve le goût des données positives, des choses pratiques. Lorsqu'il veut réformer la société, il ne s'enferme pas « en sa librairie » avec Platon, Machiavel ou Bodin : il fait une enquête (2). Il obtient du roi que l'on consulte les intéressés, ou du moins une fraction des intéressés, les maîtres,

_____

(1) *Response à MM. de Lyon...* Paris, E. A. Prevosteau, 1598, p. 21.
(2) Ce procédé des enquêtes économiques n'était d'ailleurs pas une nouveauté. Le premier exemple s'en trouve, au XIIIe siècle, dans le préambule du *Livre des Métiers* de Paris. Les ordonnances de police de 1567 et 1577, l'édit de 1581 ont été précédés d'une consultation des intéressés.

une fraction des maîtres, ceux de Paris. Véritable secrétaire-enquêteur, Laffemas recueille les réponses, les rédige, les soumet à la correction des enquêtés, les présente au roi, puis les dépose au Châtelet, afin qu'elles servent de point de départ à toute législation sociale.

Quoiqu'il ne soit pas un écrivain, il a le prurit d'écrire. Il entasse d'innombrables ouvrages d'économie politique. Champollion-Figeac, au tome IV, p. VIII, de ses *Documents historiques inédits* (1), en cite quinze, mais sa liste est très incomplète. Quelques titres indiquent les tendances de ces livrets : *Les trésors et richesses pour mettre l'État en splendeur. — La commission, édit et partie des mémoires de l'ordre et établissement du commerce général des manufactures en ce royaume. — Les moyens de chasser la gueuserie, contraindre les fainéants, faire employer les pauvres. — Neuf avertissements pour servir à l'utilité publique. — La ruine et disette d'argent, commune aujourd'hui par toute la France, par les désordres et les injustices de la guerre ; avec le remède certain qui n'a point été connu aux plus raffinés et inventifs jusques à présent*, etc..., etc.....

Détestable écrivailleur, ce n'est pas un publiciste obscur. C'est une manière d'homme d'État. Il joue un rôle important à l'assemblée des notables de Rouen (1596), dans la préparation de l'édit de 1597 ; il dirige, nous l'avons vu, l'enquête industrielle de 1598 ; il est un gros personnage à l'Assemblée du commerce, ensuite au Conseil du commerce.

Les lettres-patentes du 13 avril 1601 (2) ont commis des notables « pour exactement, diligemment et

____

(1) *Coll. des Documents inéd. sur l'Histoire de France.*
(2) Citées par Champollion, *l. c.*, p. XIII.

bien examiner les remontrances dressées en forme d'édit et autres mémoires à nous présentés par notre cher et bien aimé Barthélemy de Laffemas, dit Beausemblant..... concernant tant le fait des manufactures et règlements des marchands, arts et métiers nécessaires en cestui notre royaume que la police des vivres et denrées ». Enfin en 1602, le roi crée pour lui la charge nouvelle de contrôleur-général du commerce.

II

LAFFEMAS ET L'INDUSTRIE FRANÇAISE

Le point de départ des idées réformatrices de Laffemas, c'est l'état de l'industrie française au lendemain des guerres civiles (1) : « Les artisans si ruinés, que les uns ont été contraints sortir hors ledit royaume pour vivre, les autres d'aller à la guerre..... » (2). Les trente ou quarante ans qui viennent de finir avec l'avènement de Henri IV ont vu ce spectacle : une abondante émigration de la main-d'œuvre industrielle hors de France. Tout d'abord, c'est dans la classe ouvrière que la Réforme protestante a recruté le plus d'adeptes (3) ; lorsqu'a sonné l'heure de la persécution, ces artisans que rien n'attache au sol, qui n'ont pour tout bien qu'un mince bagage, sont partis pour les libres terres où l'on pouvait prier Dieu en sa langue, Suisse, Hollande, Angleterre, Ecosse. Lorsque la guerre civile a rendu le travail rare, la vie dure, ce mouvement a continué à la fois pour

(1) Sur ce sujet, voy. FAGNIEZ, *ouvr. cité*.
(2) *Règlement général*, p. 20.
(3) HAUSER, *Études sur la Réforme française*.

des raisons religieuses et pour des raisons économiques

Sur ce point, le témoignage de Laffemas est confirmé par celui d'Antoine de Montchrestien (1). Montchrestien a, de ses mains, travaillé en Angleterre chez un coutelier ; il y a vu des réfugiés français, et il a rapporté de son voyage cette impression que « l'Angleterre, depuis nos guerres civiles, faisant profit des confusions de ce royaume, s'est si bien instruite par l'adresse de nos hommes, qui s'étaient jetés chez elle comme en un port de repos, que maintenant elle pratique avec gloire et profit ces mêmes arts que nous avions longtemps gardés comme en propriété ». A Hampton, dans les ateliers de draperie, il n'a presque entendu parler que le français.

Non seulement les ouvriers sortent de France, mais la qualité des produits baisse. Laffemas pense, comme presque tous ses contemporains, que l'industrie ne peut fournir de produits honnêtes, solides et marchands, que si elle est strictement réglementée ; mesure, poids, composition, « condition » des marchandises, tout doit être minutieusement fixé par des lois tutélaires, et une constante inspection du travail doit s'assurer que ces lois sont appliquées. Or les guerres civiles ont entraîné après elles l'anarchie industrielle ; à la faveur de cette anarchie, les malfaçons n'ont pas tardé à apparaître, et la réputation du produit français a baissé sur le marché européen. Bien plus, la France est envahie par les marchandises étrangères : faux allemandes, laines anglaises, toiles de Hollande viennent disputer à nos industriels une clientèle dont la guerre a déjà réduit la puissance d'achat. Le résultat est que nos

(1) *Traité de l'économie politique*, 1615 (éd. Funck-Brentano, 1889, p. 28 et 62). Voy. aussi la dédicace de l'*Histoire du commerce* composée en 1606 par le fils de Barthélemy, Isaac de Laffemas.

ouvriers, tout diminués qu'ils soient en nombre par l'émigration, manquent de travail, et que la plaie du paupérisme s'étend sur nos villes.

Voilà pour l'état matériel de l'industrie. L'état moral est pire. Le respect s'en va, le sentiment de la hiérarchie qui pliait autrefois l'ouvrier devant le patron : « Les guerres civiles en partie sont cause que tous serviteurs, ouvriers et autres ne rendent point l'honneur et l'obéissance qu'ils doivent à leurs maîtres (1). » Laffemas, qui n'est point philosophe, ne se demande pas si cette baisse du respect n'a point d'autre cause que la guerre elle-même ; si la Réforme, en prêchant à l'humble artisan qu'il doit chercher la vérité dans sa conscience, non dans l'autorité du prêtre, ne lui a pas, pour toujours, redressé l'échine ; en lui enseignant que tout chrétien est prêtre, ne l'a-t-elle pas amené à se dire qu'un homme en vaut un autre, à transporter dans l'atelier l'égalité qu'il voit réalisée dans le temple ?

On ne respecte plus les lois royales qui proscrivent impitoyablement les coalitions patronales et ouvrières. Ces organisations se sont reformées pendant la Ligue, grâce à ces fameuses confréries dont les ultra-catholiques ont fait si largement usage, ces « assemblées et confréries qui ont apporté durant les troubles tant de folies ».

Un troisième vice de l'industrie, ce sont les perpétuels procès que se font entre eux ouvriers et patrons, et entre elles les communautés de métiers rivales. Ces procès, avec les habitudes de la justice d'alors, traînent indéfiniment, coûtent fort cher et dévorent la substance de la classe industrielle : il faut « empêcher que les ouvriers et artisans et autres gens des

____

(1) *Règlement général*, p. 13.

manufactures ne s'amusent plus à des petits procès ni querelles entre eux, qui est cause que partie d'iceux se ruinent ».

III

LE MERCANTILISME

Après les maux, les remèdes.

Le premier et, pour Laffemas, quelque peu la panacée, c'est le mercantilisme. Ce système, dont Colbert fera une réalité légale et les économistes classiques un épouvantail à moineaux, le seigneur de Humont ne l'a pas inventé (1). Ses réclamations sur ce point sont l'aboutissement direct de toutes les plaintes présentées par les députés du tiers à toutes les réunions d'États généraux du seizième siècle, en dernier lieu — et avec une ardente énergie — à ceux de 1588. Les mêmes vues sont exprimées à l'Assemblée de Rouen de 1596. Il ne faudrait pas croire cependant qu'elles eussent recueilli l'unanimité dans la classe marchande. Elles rencontrent, même après que le roi leur a donné sa sanction par un édit en forme, une résistance acharnée, inlassable et provisoirement victorieuse dans le milieu des gros commerçants-commissionnaires et surtout des banquiers, particulièrement à Lyon.

Épique fut la lutte, que nous conterons en détail, soutenue par le mercantiliste Laffemas contre Lyon, citadelle du libre échange (2). Les colères de Laffemas sont amusantes. Il veut mal de mort surtout au

---

(1) Nous ne parlons ici que des précédents *français*. Une histoire générale du mercantilisme devrait faire à Elizabeth et à Cecil une place d'honneur.

(2) Voy. ch. vi.

commerce de la soie, qui nous encombre de brocarts, de damas, de drap d'or italiens. Il fait le compte, en vrai statisticien, de ce que les bas de soie qui moulent la jambe de nos petits-maîtres font perdre chaque année à la France. Le commerce des soies, dit-il, a l'air de rapporter chaque année, au domaine royal, deux à trois cent mille écus d'or, perçus par le roi sur le produit de la douane de Lyon. Pure apparence : car, pour payer ces soies que la douane estampille, sortent chaque année de nos frontières dix millions d'écus. Il faut arrêter cet écoulement du précieux métal ; il faut faire venir des soies « écrues » (1) de Perse et du Levant, « en échange d'autres marchandises, sans tirer l'or et l'argent de France » ; et, ces matières, il faut les manufacturer en France, à Tours et à Lyon ; encore cet achat de soies levantines, même contre-payé par des produits français, ne devons-nous le considérer que comme un expédient temporaire, jusqu'au jour ou la sérici-culture nationale nous permettra de nous en passer. Plantons des mûriers en Languedoc, en Provence, dans la principauté d'Orange, dans le Comtat, en Touraine, partout. Silence à ceux qui disent que notre « froidure » est malsaine aux vers ! Et, sur cette question des mûreraies et ses magnaneries, c'est un véritable déluge de brochures, où le valet de chambre du roi, entassant et ressassant les arguments, sert la grande entreprise poussée, avec une activité si débordante qu'elle en semble parfois peu réfléchie, par Henri IV en personne.

Cette grosse industrie de la soie n'est pas la seule qui le passionne. Il veut le développement de toutes les industries nouvelles, des fabriques de cuir qui

____

(1) On entend alors par là des soies « grèges ».

s'installent à Nérac, de celles que des corroyeurs suisses ont établies en Béarn, où se font les peaux de buffles et de chamois, façon de Barbarie ; il signale la fabrication des serges de Florence à Sommières, les denteliers flamands qui travaillent à Senlis, etc. L'influence de Sully, qui ne voulait entendre parler que de labourage et pâturage et qui voyait dans l'industrie la mère du luxe et des vices, fut ainsi contre-balancée dans les conseils de Henri IV par celle de Laffemas.

Pour compléter l'œuvre de rénovation industrielle, il compté sur la protection douanière. Il réclame d'abord l'interdiction absolue de la sortie des matières premières, « laines, lins, chanvres, fils et filasses, et toute autre chose qui se peut manufacturer en France (1) » ; et à cette interdiction correspond celle de l'entrée des produits ouvrés. Il montre qu'en fermant ses frontières, la France ne fera pas une chose inouïe : elle imitera la reine Elizabeth et d'autres princes voisins, « qui ne permettent qu'aucune marchandise manufacturée entre en leur pays ». Il n'admet qu'une seule exception : craignant que la protection n'engendre la routine, il laisse entrer la marchandise « d'invention nouvelle et inconnue aux Français » ; tout le reste sera prohibé sous peine de confiscation et d'amende. Largement, au contraire, la porte de France s'ouvrira aux « matières propres pour y être ouvrées et manufacturées ».

Au cours de la lutte qu'il a engagée contre les libre-échangistes, son mercantilisme s'aggrave. En 1598 dans ses *Remontrances en forme d'édit*, il ne lève plus la prohibition qu'en faveur des denrées intellectuelles : livres, peintures et sculptures ; encore faut-il qu'elle

(1) *Règlement général*, p. 36.

soient de « bons maîtres ». Est-ce un Titien ? Il passe en franchise ; mais l'œuvre d'un barbouilleur inconnu sera impitoyablement classée comme toile peinte, et refusée. Comme on se défie de la finesse de goût des employés des douanes, on les munit d'un critérium commode : tableaux ou sculptures ne seront réputés œuvres d'art que s'ils sont antérieurs à la mort de François Ier. Laffemas a ses idées sur l'évolution de l'art italien : splendeur en deçà de 1547, misère au delà.

Toute autre marchandise sera sévèrement prohibée, non plus sur peine de confiscation et d'amende, mais « sur peine d'être pendus et étranglés » — Laffemas n'y va pas de main morte — pour les importateurs et les vendeurs ; confiscation des biens, infamie, en certains cas la mort pour ceux qui en seront simplement trouvés détenteurs, et le bannissement pour leurs employés complices ; un quart des confiscations au dénonciateur.

A ce mercantilisme, dont les avantages lui paraissent évidents, il voit un côté social. La vente des marchandises manufacturées étrangères est, pour lui, « cause du grand nombre de pauvres en toutes parts, qui travailleraient et gagneraient leurs vies » si l'on ouvrait chez nous les matières premières. Sur ce point il ne tarit pas : « Voulant chasser la pauvreté, qui journellement s'augmente, qu'avons reconnue venir du grand nombre de manufactures (1) étrangères (2). »

Cette relation entre le nombre croissant des sans-travail et l'entrée des marchandises étrangères, Laffemas a persuadé Henri IV qu'elle existait. L'édit de juillet 1601, qui signale parmi les Français la présence

(1) Entendez par là : produits manufacturés.
(2) *Remontrances en forme d'édit...*

« d'un nombre incroyable de pauvres vagabonds et valides », copie textuellement le *Règlement général* et les *Remontrances en forme d'édit*.

IV

LES CHAMBRES D'ARTS ET MÉTIERS

Laffemas sait que le protectionnisme le plus sévère ne suffira pas à relever l'industrie. Il veut restaurer les règlements et réorganiser le système des communautés : « Que tous marchands et artisans seront d'ici en avant tenus et contraints de faire corps de communauté de leur métier (même ceux qui suivent la cour de Sa Majesté) (1), et d'avoir chambre particulière de chacun art et métier....., et auront jurés de chacun métier comme à Paris et ès autres villes où les métiers sont jurés ».

Ce qu'il demande, c'est donc un retour complet à l'édit non appliqué (2) de 1581, dans les petites villes et les bourgs comme dans les grandes villes (3), avec suppression du privilège des ouvriers suivant la cour. Il y aura unification des règles sur l'apprentissage, sur le chef-d'œuvre, sur les visites ; et, pour que nul n'en ignore, les statuts seront affichés dans les ateliers.

Universaliser le système des communautés, cela

(1) Ces ouvriers privilégiés, suivant la cour, domiciliés dans la galerie   Louvre, avaient toujours été exempts de toute règle Voy.- ci-dessus, p. 119.

(2) Voyez *Revue des cours et conférences*, 1902, t. II, p. 177 et ss.

(3) Dans les *Remontrances en forme d'édit*, p. xxvi, il consent au contraire à restreindre provisoirement l'application de l'édit aux villes, « où se feront les visitations et marques de marchandises ouvragées suivant l'ordre et règlement qui sera fait en notre ville de Paris ». Ce règlement sera dressé par douze bourgeois, dont huit anciens marchands et quatre anciens artisans.

veut dire persécuter le travail libre, le travail clandestin, et s'opposer aux empiétements des communautés les unes sur les autres. Porte-parole des maîtres parisiens, Laffemas en a surtout aux communautés non spécialisées, qui prétendent faire un peu de tout, créer des combinaisons d'articles, raccoutrer le vieux avec le neuf, merciers et fripiers. Sa colère éclate contre « une race de fripiers, qui troublent toutes les communautés des marchands, ouvriers et artisans, lesquels veulent faire toutes vacations, sans jamais avoir fait apprentissage d'aucun art ni métier ». — Il propose de supprimer ces communautés inutiles.

Pour unifier le régime industriel, il faut organiser des chambres des métiers. Ce mot de « chambre » produit sur Laffemas un effet magique. Là est le salut, là est la clef du système. Il propose ces chambres dès 1596 dans *la Source de plusieurs abus*....., il les fait approuver par les communautés parisiennes dans l'enquête de 1598, il leur prête toutes les vertus : « Pour bien faire travailler et manufacturer, et dresser les moyens de ce faire, il est de besoin dresser des chambres pour chaque corps de métier ; lesdites chambres seront le vrai remède d'amener à bonne fin toutes entreprises qui se travailleront par tout le royaume de France. »

Leurs attributions seront multiples. Elles devront à la fois rétablir la discipline, supprimer les coalitions, faire disparaître les procès, abolir la mendicité, plus quelques autres menues besognes. Chacune d'elles, composée de six maîtres nommés par leurs confrères et renouvelable annuellement par tiers, désignera les deux derniers élus pour visiter les ateliers non pas de temps en temps, non pas à de longs intervalles, mais une fois par mois. C'est la Chambre qui fera les maîtres après avoir examiné leur chef-d'œuvre, et elle les admettra sans festins ni frais, contre un simple versement à la boîte des pauvres. La Chambre citera devant elle tous les délinquants en matière industrielle : maîtres, compagnons, apprentis. Nul maître ne pourra prendre apprenti sans le déclarer aux jurés de la Chambre, qui feront enquête, et chaque apprenti sera inscrit sur un registre tenu par les jurés. C'est un solide gouvernement fédératif qui est installé, en chaque lieu, à la tête de chaque métier, et cette coalition permanente et légale des membres du métier permet de sévir avec d'autant plus de vigueur contre les coalitions illégales. On intimera donc, comme on l'a fait tant de fois vainement depuis le XIVe siècle, « très expresses inhibitions et défenses auxdits artisans et gens de métier de faire, à peine de prison et punition corporelle, assemblée quelconque sans autorité de justice, autres que celles qui se font pour élire leurs maîtres-gardes et jurés ».

Ces chambres auront le pouvoir énorme d'établir « en leur conscience, la taxe des salaires et vacations des serviteurs (1) » ; elles devront « reprendre et blâmer iceux en la faute de leurs ouvrages ». Leurs droits dépasseront même les limites de la simple police industrielle, de la répression des fautes contre les règlements d'ateliers ; elles seront « censeurs des mœurs » des ouvriers. Elles auront pouvoir de « prendre lesdits serviteurs joueurs, débauchés et mal vivants, et les mener dans les prisons ordinaires pour les faire châtier par justice », de même que ceux qui seront coupables de « reniements et blasphèmes du nom de Dieu ». Un *jarnigué* ! un *palsambleu* ! une expression qui sente le fagot sur la sainte Eucharistie ou le culte de la Vierge, c'en est assez pour que le juré visiteur traîne

_____

(1) Le mot de serviteurs s'étendait aux ouvriers d'industrie.

au bailliage le tisserand mal embouché, comme il y traînera l'ouvrier paillard ou ivrogne.

Ainsi armées les chambres arriveront sans doute à rétablir cet idéal détruit : l'obéissance des serviteurs, à restaurer dans l'atelier le sens oblitéré du respect. Elles défendront aux maîtres de prendre ouvriers qui n'aient « attestation d'avoir fidèlement servi leur maître » précédent, à peine de deux écus d'amende. Et ceci, conclut notre réformateur, rendra « les serviteurs obéissants, qui se perdent en débauche ».

<h2 style="text-align:center">V</h2>

LES BUREAUX DES MANUFACTURES ET L'ARBITRAGE OBLIGATOIRE

Ces chambres ne seront elles-mêmes que le premier degré d'une juridiction de classe. Au chef-lieu de chaque diocèse siégera « un grand bureau des manufactures » ; il se composera de notables marchands et maîtres de la ville, élus à la majorité de toutes les communautés de la ville pour deux ans, renouvelables par moitié, et qui exerceront leurs fonctions gratuitement. Ces bureaux devront maintenir : 1º l'union entre les communautés ; 2º les statuts ; 3º le présent règlement. Ils éliront l'un d'eux comme comptable-trésorier, qui tiendra le registre des chambres du ressort, et visitera leur comptabilité. Ils auront la surveillance de deux ateliers de charité dont il sera plus loin question, et les jurés de chaque Chambre devront leur fournir l'état mensuel des pauvres du métier.

En cas d'insuffisance, c'est-à-dire lorsqu'il y aura dans le diocèse une ou deux villes industrielles en dehors du chef-lieu, on instituera dans ces villes un ou deux « petits bureaux », élus par les mêmes procédés, investis des mêmes fonctions. Ces petits bureaux seront dans une certaine dépendance du bureau central, encore que celui-ci ne soit l'élu que des maîtres de la ville capitale, et non la représentation fédérale du diocèse : ils devront lui envoyer un état mensuel de leurs recettes et dépenses.

La grosse attribution de ces bureaux petits et grands, ce sera d'organiser, avec les chambres, l'arbitrage obligatoire. Vrais Conseils du travail, ils devront canaliser les conflits industriels et n'en dériver que la minime partie vers les tribunaux de droit commun. Les maîtres ou compagnons qui auront différend entre eux « à cause de leurs marchandises, ouvrages ou manufactures » ne pourront s'intenter procès avant d'avoir d'abord sollicité l'arbitrage des jurés de leur Chambre, lesquels pourront condamner jusqu'à 100 sols tournois.

Si les jurés ne peuvent arbitrer, ils renverront la cause au Bureau, mais non sans y joindre leur avis écrit. C'est seulement lorsque cet arbitrage du second degré aura été prononcé que l'une des parties pourra en appeler au juge ordinaire, mais nous allons voir dans quelles conditions. D'une part l'appelant devra verser cent sols à la boîte des pauvres du métier, ce qui aura sans doute pour effet de rafraîchir son humeur processive. D'autre part, le juge ne prononcera pas sur pièces neuves ; il aura communication, de la part du Bureau, « de l'accord par écrit qu'ils auront voulu faire »; toutes les chances seront donc pour qu'il conclue comme le Bureau. Dans les mêmes conditions le Bureau fera fonction d'arbitre entre les métiers rivaux (1).

(1) Le 17 octobre 1603, Laffemas présente au Conseil « un mémoire pour l'établissement de certains bureaux qu'il requiert être établis ès meilleures et principales villes du royaume ». C'était un essai ; le Conseil ne donna pas suite à cette affaire.

Ainsi renaîtra la paix sociale, ainsi disparaîtront les interminables conflits entre les rôtisseurs qui vendent des poulets et les volaillers qui rôtissent des oies, entre les artisans qui veulent se faire payer trop cher et les maîtres qui exigent trop de besogne. Par la visite des ateliers, la fixation administrative des salaires, l'arbitrage obligatoire, le Chambre et le Bureau, complétant l'œuvre du mercantilisme, rendront sa splendeur à l'industrie française.

VI

LES SANS-TRAVAIL

Par surcroît, ils éteindront le paupérisme.

Laffemas et les communautés consultées se préoccupent « des moyens de faire vivre les pauvres ». Mais ils savent — c'est un point que n'avaient oublié, avant eux, ni François Ier ni Charles IX (1) — ils savent qu'il est deux sortes de sans-travail, ceux qui ne peuvent trouver de travail, ceux qui n'en veulent point avoir, « le grand nombre de gueux et de gueuses que l'on voit aux portes des églises et par les rues, dont la plupart ne veulent faire aucune vacation. »

Laffemas a plus de haine contre les seconds que de pitié pour les premiers. Le vrai nom du régime qu'il inflige aux sans-travail, c'est moins assistance publique que répression du vagabondage. Il parle de les « punir », oubliant qu'oisiveté n'est pas toujours crime.

Donc les villes établiront — non pas dans leurs murs, mais dans deux de leurs faubourgs ou dans deux villages de leur banlieue, deux « maisons publiques (2) »,

(1) Paul STRAUSS, *Assistance sociale : pauvres et mendiants*, p. 41.
(2) *Source de plusieurs abus...*, p. 11. *Commission, édit et partie* p. 32.

une pour les hommes, une pour les femmes, où on les emploiera à des travaux faciles, à des travaux que tous et toutes puissent faire. Mais ce seront des travaux forcés : les pensionnaires des ateliers de charité seront contraints par chaînes et prisons « de travailler ». La maison d'assistance par le travail se fait *workhouse* (1).

Laffemas en veut faire bien autre chose encore. Pêle-mêle avec les vrais sans-travail, les faux perclus de la Cour des miracles, les filles perdues et les vide-goussets, il élèvera dans ces maisons les enfants abandonnés ; et imitant un usage déjà suivi par la Grande-Aumône de Lyon et les Enfants-Rouges de Paris, il emploiera ses pupilles à fournir les patrons de cette denrée précieuse et rare, des apprentis. Et voilà comment, d'un seul coup, il guérira trois ou quatre maladies sociales à la fois : le chômage, le vagabondage, la misère des enfants abandonnés et, par surcroît, la crise de l'apprentissage.

Et tout cela sans grand frais. Dans chaque ville, les deux maisons seront administrées par 12 bourgeois. Elles seront entretenues aux frais des chambres : les amendes et les droits de maîtrise versés à la boîte des pauvres couvriront le gros des dépenses ; on y ajoutera, suivant les besoins, des cotisations fixées par la Commission des Douze.

CONCLUSION

Nous avons, dans la mesure du possible, résumé et clarifié ce fatras. Un peu arbitrairement, nous avons dû mettre sur le même plan des idées écloses

(1) Cf. E. M. LEONARD, *The Early history of English poor Relief*, Cambridge, 1900, p. 75, 137-139 et (résumé sur la France) 290-292.

à des dates différentes, attribuer à Laffemas tel projet qu'il a peut-être puisé dans les réponses corporatives, sacrifier des choses secondaires. Nous ne croyons pas avoir altéré le sens général du système.

En somme, c'était une tentative hardie pour faire de la classe industrielle un groupe à part, se gouvernant lui-même, par des lois qui lui sont propres, pour donner à la France un *Statute of Artificers*. Les chambres et les bureaux, grands et petits, étaient, dans l'intention de Laffemas, de véritables conseils de travail, investis d'un rôle financier, d'un rôle d'assistance, de police industrielle, de police des mœurs. Ils formaient une véritable juridiction professionnelle, avec deux degrés d'arbitrage obligatoire.

Mais il importe de noter que cette réforme, si grosse de conséquences, est faite uniquement dans l'intérêt des maîtres, des chefs d'atelier. L'intérêt du consommateur, comme celui du commissionnaire et du banquier, est complètement oublié dans le plan mercantiliste : on ne se demande pas si la fermeture du marché national ne va pas faire hausser le prix de la vie.

L'intérêt des compagnons, des ouvriers, est également sacrifié. Il ne faut pas en effet que les apparences nous trompent, et que ce gouvervement autonome de la classe industrielle nous apparaisse comme un condominium des ouvriers et des patrons. Toute l'évolution sociale, dans l'industrie française du XVe et du XVIe siècle, avait abouti à expulser les ouvriers du gouvernement de la communauté, devenue la chose des maîtres. Les compagnons ne jouent aucun rôle, par conséquent, dans l'élection de la Chambre ni dans celle du Bureau ; ils n'en font jamais partie. Laffemas leur enlève, une fois de plus, le droit de coalition, leur seule défense contre les prétentions des maîtres. Il leur offre, en échange, l'arbitrage obligatoire. Concession illusoire, car cet arbitrage, pour obligatoire qu'il soit, est unilatéral ; il est aux mains d'une juridiction où leurs antagonistes naturels sont à la fois juges et parties. De même le taux des salaires ne sort pas d'une discussion contradictoire entre le capital et le travail, il est fixé d'une façon discrétionnaire par les représentants des seuls employeurs.

Le système de Laffemas ne sera que très imparfaitement appliqué par Henri IV. La partie morale et sociale, cette constitution d'une classe industrielle autonome, n'en sera comprise ni par les notables de Rouen, ni par le Conseil de commerce ; elle était en opposition trop flagrante avec toutes les tendances centralisatrices et niveleuses de la royauté : on tolérait les juridictions spéciales existantes, témoins du passé féodal ; on ne tenait pas à en créer de nouvelles. Cette constitution n'était pas moins en contradiction avec toute l'évolution capitaliste. D'ailleurs, le plan de Laffemas eût-il été appliqué sans réserves, il ne pouvait faire la paix sociale.

La section mercantile et réglementaire de ce plan, plus conforme aux aspirations d'une grande partie du patronat, sera en partie réalisée par les édits royaux ; mais elle échouera, nous allons le voir, devant les résistances lyonnaises. Il faudra la rude et forte main de Colbert pour faire des idées de Laffemas la loi de l'industrie française.

CHAPITRE VI

Le colbertisme avant Colbert

Nous venons de le voir dans le chapitre qui précède :
le système mercantiliste et réglementaire auquel Colbert a attaché son nom n'est pas né tout d'un coup,
du caprice d'une volonté souveraine, au milieu du
XVIIe siècle.

La tentative de Colbert avait eu des antécédents.
La théorie qui faisait de la France un monde économique complet et fermé, ouvert seulement sur l'étranger par deux portes : l'une qui laisse entrer les matières
premières nécessaires à l'industrie nationale, l'autre
qui laisse sortir les produits manufacturés par cette
même industrie ; la théorie qui permettait, à l'abri
des murailles douanières, d'établir ou du moins de rêver
une organisation stable du travail, sans crises violentes,
sans luttes acharnées, — cette théorie était pour plaire
à la vieille bourgeoisie française, honnête et mesquine,
laborieuse et timorée, habituée à se tourner à tous
moments vers le pouvoir central et à lui abandonner
la défense de ses propres intérêts. Il serait vraiment
étrange que cette bourgeoisie, qui avait renoncé depuis
la fin du XIXe siècle à l'action politique, eût attendu
le règne de Louis XIV pour imaginer un système qui
remît à l'État le gouvernement économique de la
nation.

En fait, le mercantilisme de Colbert fait déjà, nous
l'avons vu, son apparition dans les cahiers des États
généraux des XVe et XVIe siècles. Naturellement, c'est

surtout pendant les périodes de crise, de resserrement, de gêne, que ces réclamations se font entendre. Lorsque l'industrie nationale est prospère, par exemple au début du règne de François Ier, lorsqu'elle produit et vend beaucoup, elle ne songe pas trop à être protégée et réglementée ; elle accepte la lutte avec l'étranger, elle tolère sans trop de mauvaise humeur la concurrence du travail libre, ou du moins ses plaintes trouvent peu d'écho. Survienne au contraire une période de dépression, le remède apparaît aussitôt sous les espèces d'une bonne loi douanière et d'une savante extension du régime des communautés jurées.

Parmi ces périodes de dépression, la plus douloureuse est celle qui suivit les guerres de religion. Il suffit de parcourir les ouvrages de Montchrestien et de Laffemas pour constater l'arrêt de l'industrie nationale (1). Il n'est donc pas étonnant que ce soit précisément alors, autour de l'assemblée de Rouen de 1596, que s'élabore la théorie mercantiliste et réglementaire.

Il se trouve que l'industrie la plus directement intéressée au succès de cette tentative fut l'industrie de la soie, alors concentrée surtout dans deux villes, Tours et Lyon. Mais ces deux villes n'avaient absolument ni les mêmes intérêts ni les mêmes tendances ; le régime de stricte protection que réclamait l'une ne pouvait convenir à l'autre. Retracer les phases de ce conflit entre Tours et Lyon, c'est presque faire, en raccourci, l'histoire du mercantilisme sous Henri IV. De même, sur le terrain de la réglementation du travail, les réformateurs se heurtèrent encore aux résistances des Lyonnais, en majorité fidèles au travail libre. Faire l'histoire de ces résistances, c'est expliquer pourquoi la

(1) Voy. FAGNIEZ, *Économie nationale de la France sous Henri IV.* — LEVASSEUR, *Hist. des classes ouvrières*, t. II.

tentative n'a pas réussi. Ajoutez qu'à l'origine de ces deux mouvements, à la tête du parti protectionniste et du parti réglementaire, nous rencontrons le même personnage, non pas un homme d'État ni un homme de science, mais cet homme de négoce, cet esprit ardent, un peu fumeux, qui s'est formé seul et surtout dans l'adversité, et dont nous venons d'exposer le système, Barthélemy de Laffemas. Si nous voulions dramatiser un peu les choses, nous dirions que c'est une pièce à deux personnages : Laffemas et Lyon. Tours n'y paraît que comme le comparse du valet de chambre du roi (1).

Le seul intérêt de cette étude n'est pas de rechercher l'un des antécédents de l'œuvre de Colbert. A un point de vue plus général, elle tend à montrer comment se forment les doctrines économiques. Les travailleurs qui se sont spécialisés dans l'histoire de ces doctrines sont souvent trop portés à voir en elles les produits d'une activité purement intellectuelle. Il semble qu'une doctrine économique soit l'œuvre d'un penseur solitaire, élaborant des idées neuves par les procédés de la réflexion personnelle, en voulant compléter ou réfuter les œuvres de ses prédécesseurs. Pour expliquer une doctrine, il suffirait donc de remonter à ses antécédents intellectuels; dans le monde de la pensée économique, les doctrines engendreraient les doctrines comme le système de Descartes engendra celui de Newton.

Il n'en est pas ainsi. Entre les théories économiques et les autres théories scientifiques, il y a cette différence que les premières sont toujours tournées vers

____

(1) Laffemas tenait beaucoup à présenter ainsi les choses. A la fin de sa *Responce* à *MM. de Lyon*, p. 22, se trouve un quatrain adressé : « A vous, marchans de Tours, qui voulez les louanges de mes propositions baillées de si longtemps. »

l'application. Elles ne se préoccupent pas seulement d'expliquer, mais d'améliorer les choses. Elles ne sont pas exclusivement le produit de la réflexion du savant. Elles naissent de la conscience d'un mal social et du désir de le supprimer ; elles ne peuvent donc être comprises que de celui qui sait dans quelles circonstances elles sont nées. L'histoire des doctrines économiques ne saurait donc se séparer de celle des faits économiques. Étudier la situation industrielle de la France sous Henri IV, c'est *expliquer* le mercantilisme et le colbertisme.

I

En l'assemblée tenue à Rouen l'an 1596..., écrit Isaac de Laffemas, mon père... fit la proposition de la deffence des manufactures de soye estrangères et, pour avoir moyen de s'en passer, du plantage des meuriers en ce royaume ; lequel advis, non moins profitable qu'il étoit nécessaire pour la conservation des finances, fut dès lors receu et pour un temps exécuté. Mais, comme on jugea la France ne pouvoir estre sitost pourveue desd. estoffes qui se fabriqueroient chez elle..., on en permit encore le trafic, attendant qu'elle feust peuplée de meuriers et graines (1)...

C'est en ces termes que le fils de Barthélemy de Laffemas résume la tentative faite à l'assemblée des notables de Rouen pour prohiber l'entrée en France des « manufactures » étrangères, les résistances que souleva cette tentative et son échec partiel.

Ce n'était pas la première fois, d'ailleurs, que s'exposaient dans un document public ces théories mercantilistes qui seront appliquées en grand, soixante-dix ans après l'Assemblée de Rouen, par Colbert. Avant comme

____

(1) *Hist. du commerce de France*, dédicace au roi (1606).

après 1596, c'étaient surtout — mais non exclusivement — les draps de soie, marchandise coûteuse par excellence, qui avaient éveillé l'attention des défenseurs de « l'industrie nationale ». Déjà un pamphlet publié à l'occasion des États généraux de 1576 déclarait :

L'an 1485, le Roy Charles VIII fit une ordonnance par laquelle il défendit d'apporter et de vendre en ce royaume aucuns draps d'or ou d'argent ou de soye, qu'ils ne fussent faits et façonnés dans le royaume, sur peine de confiscation d'iceux draps. L'an 1538, le Roy François Ier fit un édict par lequel, en confirmant les ordonnances du Roy Charles VIII et les privilèges octroyez par ses ancestres à ceux du païs de Languedoc, il deffendit d'apporter ny vendre dans son royaume aucuns draps de soye ou de laine façonnez en païs estrangers, et mesmes draps de Perpignan, Catalogne, Sardaigne et Castille. Lesquelz édictz s'ils estoient bien observez, les estrangers n'épuiseroient le royaume de deniers comme ils font et seroient les manifactures de draps fort bons moyens pour donner à gagner leur vie à une infinité de pauvres personnes (1).

On ne saurait, en vérité souhaiter une définition plus claire de la théorie de la balance du commerce : la prohibition des produits manufacturés étrangers enrichira le royaume en empêchant la sortie du numéraire.

Les cahiers du Tiers (2) s'approprièrent complètement les idées de l'auteur de cette remontrance anonyme. Ils ne se bornent même plus aux seules productions de « l'industrie textile », mais réclament har-

(1) *Remonstrance aux trois Estats de France qui se doivent assembler à Blois.* (Réimp. dans *Recueil général des Estats tenus en France sous les rois Charles VI, Charles VIII, Charles IX, Henri III, et Louis XIII.* Paris, au Palais, 1641, in-4°.)
(2) Dans le recueil des *Cahiers généraux des Trois Ordres, cahiers du Tiers,* t. II, p. 401.

diment la prohibition absolue de l'importation de toute marchandise manufacturée, complétée par la prohibition correspondante de l'exportation des matières premières.

Comme la force du royaume — disent-ils au Roy — qui est, la grâce à Dieu, plus fertile de blés et vins que nul autre, consiste en la multitude d'habitans et en l'argent que l'on y peut attirer des pays et nations voisines, voire des lieux (1) fort éloignés, et qu'il n'y ait meilleur moyen de nourrir et entretenir beaucoup de gens au royaume, même de bons et excellents ouvriers, et par ce moyen tirer de l'étranger l'argent et ce qu'il peut avoir, étant nécessaire (2) de les employer à ouvrer et manufacturer les étoffes et marchandises étant au royaume, ce (3) que aucunes nations voisines sçavent bien faire, faisans venir de leur pays marchandises toutes manufacturées, ce qui donne moyen à une multitude d'hommes de vivre audict pays et de tirer néanmoins de grands deniers du royaume : vous plaise ordonner que dorenavant nulle marchandise ne sera tirée, portée ni vendue hors du royaume qu'elle ne soit préalablement manufacturée et ouvrée par deça ; et au contraire qu'il ne sera permis à l'étranger d'en amener, ni aux regnicoles d'y en faire venir qui soit ouvrée et manufacturée, à peine de confiscation de la marchandise.

En conformité de ces doléances des États, la grande *Ordonnance de police* du 21 novembre 1577 (4) contient des « défenses à tous marchands et autres ses subjets de transporter laines hors ce royaume » et de « faire entrer des draps d'or, d'argent et de soye ». Par contre,

(1) Le texte porte *des biens.*
(2) La proposition est ici coupée. Il faudrait « et qu'il n'y ait meilleur moyen... *que de* les employer... »
(3) Le texte porte *et.*
(4) *Ordonnance du Roy sur le faict de la police generale de son royaume contenant les articles et reiglements que Sa Majesté veult estre inviolablement gardez, suyvis et observes, tant en la ville de Paris qu'en toutes les aultres de sondict royaume.* A Paris, par Frederic Morel, imprimeur ordinaire du Roy, 1578.

il « sera libre à tous marchands d'enlever laines de tous lieux et pays estrangers pour estre lesdites laines drapées en ce royaume », ce qui est tout justement du colbertisme avant Colbert (1).

Il paraît que, sur ce point comme sur bien d'autres, l'ordonnance de 1577 resta lettre morte (2), car les États de 1588 font entendre les mêmes doléances : « Que toute marchandise de manufacture estrangère sera deffendue et ne sera donnée entrée par aulcun endroit de ce royaulme (3). » En retour, les auteurs du même cahier (de Paris) demandent « que deffenses soient faictes de transporter hors de ce royaulme, tant par mer que par terre, aulcune layne, fil, chanvre, drappeaulx ou aultre matiere subjectz à manufacture, sur peine de la hart et perte desdictes marchandises (4) ».

Parmi les plus ardents à réclamer l'interdiction des manufactures étrangères se trouvaient les députés de la ville de Tours, où existaient, depuis 1471, des fabriques de soieries (5). Dans le cahier du Tiers de cette ville, on appelle habilement au secours de la thèse protectionniste l'argument religieux et l'argument patriotique : « Que soyent faictes deffances à tous marchans de trafficquer et faire venir en ce royaume aucuns draps de soye de la fabrication de Genesve..., *affin de ne fortifier les hérétiques et ennemiz du royaume* par le moyen de l'achapt desdictes marchandises, et que

(1) De même on défend l'exportation du fer brut.
(2) Le roi l'avait prévu : « Et, afin que les reiglemens et ordonnances qui seront faictes par les officiers ayans charge de ladicte police se puissent executer promptement et ne demeurent illusoires, comme il est advenu cy devant... »
(3) Arch. nat. K. 674, n° 8, fol. 81 v° (Cahier de Paris).
(4) *Ibid.*, fol. 80 v°.
(5) Voy. L. Bossebœuf, *Hist. de la fabrique de soieries de Tours.* Tours, Bousrez, 1901, in-8°.

le proffict de la fabrication desdictes soyes demeure en cedict royaume (1). »

On le voit, Barthélemy de Laffemas ne disait rien d'extraordinaire, rien de nouveau dans son *Règlement général pour dresser les manufactures en ce royaume et couper le cours des draps de soye et autres marchandises qui perdent et ruynent l'Estat...*, publié en 1597, mais présenté au roi l'année précédente, avant la session de l'assemblée des notables de Rouen (2).

Il avait comme alliés ces mêmes industriels tourangeaux, qui avaient déjà réclamé la prohibition en 1588. Le 30 octobre 1596, l'échevinage de Tours rédigeait un cahier (3) où il résumait en ces termes les conséquences économiques des guerres civiles. La richesse de leur ville provenait autrefois de « l'affluence des habitants d'icelle, du trafficq de la marchandise, spécialement du corps des ouvriers en soye, des sergetiers, rubaniers, passementiers et autres mestiers qui estoient en grand nombre... ». Or, « au corps desdits ouvriers en soye, auparavant lesdits troubles, il y avoit plus de huict cens maistres ouvriers et plus de six mil compagnons, car il y avoit tel des susdits maistres qui avoit soubz luy quarante mestiers et plus (4), soubz le

(1) BosseBœuf, *op. cit.*, p. 52. Les plus anciens documents des archives départementales d'Indre-et-Loire (E. 466) relatifs à la soierie sont de 1642. Quant aux archives communales, l'inventaire n'en est pas publié, et d'une obligeante communication de l'archiviste départemental, M. de Granmaison, il résulte que le travail, en l'absence d'un classement régulier, y aurait été très difficile. Je me suis donc contenté des documents, malheureusement très peu complets, publiés par M. Bosseboeuf. Voy. *Rev. hist.*, t. LXXVIII, p. 112.

(2) Le texte cité plus loin (enquête auprès des comunautés parisiennes) montre que le *Règlement général* servit de base aux discussions de l'assemblée de Rouen.

(3) Archives communales de Tours. AA 5, cité par Bosseboeuf, p. 54. M. Bosseboeuf parle à tort des *Etats* de Rouen. Il revient sur cette assemblée, p. 288.

(4) Texte à retenir (en tenant compte de l'exagération possible, probable) pour l'histoire de la concentration du capital industriel.

trafficq duquel à dévider et préparer les soyes estoient
entretenues plus de trois cents personnes (1) ; et peut-
on dire avecq vérité que du trafficq desdits corps
d'ouvriers en soye et manufacture de la soye estoient
nourriz plus de 40.000 âmes (2), tant en la ville, fauxbourgs que environs... ».

Il y a certainement une exagération dans ces chiffres,
— l'exagération est le vice mignon des documents sta-
tistiques de ce genre — comme il y en a une autre dans
le tableau navrant que les échevins traçaient de la situation actuelle : « Il ne reste pas plus de deux cents
maistres, et *plus aucuns* [évidente hyperbole] *compagnons ne apprentis*, la pluspart desquelz maistres
sont sy pauvres qu'ils n'ont pas le moyen de lever
mestier et travaillent (3) pour les autres maistres,
comme faisoient les compagnons, et à dévider... »

Le 6 novembre, on crut nécessaire d'ajouter aux primitives doléances de nouveaux articles, spécialement

(1) M. Bossebœuf, p. 56, n'a pas compris ce passage : « Avant les
troubles, on comptait à Tours plus de 800 maistres... *et de* 300 *personnes* occupées à dévider... » Il s'agit de personnes travaillant pour
un même maître.

(2) Les articles additionnels du 6 novembre (Bossebœuf, p. 288)
sont à la fois plus modérés et plus précis dans leurs évaluations : « L'art
de la soye estoit si grand qu'il y avoit plus de 800 maistres ouvriers
et 6.000 compagnons et 12.000 personnes qui vivoient de l'art de la
soye, tant pour esmonder, devider, moulliner, que teindre en toutes
coulleurs lesdites soyes, qui donnoient à vuivre à tous les autres
estats de lad. ville... » C'est sans doute en ajoutant au chiffre de
12.000 tous ceux qui, de près ou de loin, recevaient un bénéfice de
l'industrie de la soie, qu'on arrive au chiffre de 40.000 dans lequel sont,
d'ailleurs, expressément comprises les familles des artisans. En 1598,
on parlera toujours de 800 maistres et de 4 à 5.000 métiers, mais seu--
lement de 3 à 4.000 compagnons.

(3) Conjecture, au lieu de *travailler*, que donne Bossebœuf. —
La vente annuelle des draps de soie rapportait jadis à la ville deux
millions d'écus. La fabrique consommait 1.000 balles de soie écrue,
valant 11.000 livres la balle, la matière ne revenant qu'à un tiers du
produit manufacturé. On ne consomme plus que 100 balles et, à cause
du monopole de quelques marchands étrangers et francais, elles sont
vendues à un prix tel qu'il faut travailler à perte

relatifs à la question des soies (1). Ces articles demandaient d'abord l'interdiction de l'accaparement de soies écrues par des banquiers franco-italiens, et « pareillement qu'il soit interdit et deffendu l'entrée en France des marchandises de draps d'or, d'argent et de soye manufacturées, ou du moins les charger de si grosses taxes et impostz que cela ne puisse empescher la fabrication desdictes soyes en la ville, d'aultant que, par l'achapt desdictes marchandises manufacturées venant des païs estrangers, il sort chascun an hors du royaume deniers clairs plus de six millions d'or, desquelz les ennemiz espaignols [le régime ayant changé, l'argument patriotique change de face, ou de pointe ; il n'est plus dirigé contre le Genevois hérétique, mais contre l'Espagnol guisard] se prévallent, tant à Lyon (2), Gennes, Millan que aultre ville, pour faire la guerre contre la France. Il seroit besoing, pour le bien du royaume, que l'apport et trafficq de toutes soyes mises en œuvre fût deffendue ». On voit avec quelle netteté, sous la pression de la misère publique, la théorie mercantiliste s'était précisée.

Elle triompha à l'assemblée de Rouen. Les notables demandèrent « que l'entrée du fil, draps et passemens d'or et d'argent, ensemble de toutes sortes de marchandise de soyes et laynes manufacturées hors le royaulme soyent deffandues en iceluy et que les soyes

(1) Bossebœuf, p. 288.
(2) Lyon est assimilée à une ville étrangère. La jalousie entre les deux places était vieille. Tours se plaignait des privilèges de la douane de Lyon. En 1544, des maîtres tourangeaux avaient avisé la ville « que les marchands estrangers de Lyon vouloient supprimer la manufacture de Tours ». Un avocat fut envoyé en cour pour « remonstrer au conseil du Roy l'interest que souffriroit lad. ville si le privillege donné par led. seigneur à certains personnages privés pour la distribution pour les soyes creues avoit lieu ». Les lettres patentes de 1545 octroyèrent à Tours deux foires franches de quinze jours chacune (Bossebœuf, p. 39).

et laynes crues soyent deschargées des impostz et droictz de douane qu'elles payent, et que les monopoles seront empeschez, et deffances de transporter les laynes et autres estoffes non manufacturées hors de France (1) ».

Afin de donner plus de force aux décisions de l'assemblée de Rouen, Laffemas voulut prendre sur ce sujet l'avis des communautés parisiennes (2). Voici comment les choses se passèrent : Laffemas consulta les maîtres parisiens et présenta leurs réponses au roi le 13 août 1598. Ces réponses ont en général été rédigées, d'après les indications des intéressés, par Laffemas lui-même : « Ledit Laffemas auroit pris et recueilli les voix de toutes icelles communautez et mis leur dire par escript le plus succinct et abregé qu'il luy a esté possible. » Ensuite, cette rédaction fut soumise pour correction aux diverses communautés et remise par Laffemas aux notaires du Châtelet, le 2 août 1599, plus de deux ans et demi après l'assemblée des notables du 25 janvier 1597. C'est ce texte *ne varietur* que nous possédons aujourd'hui.

Or, voici ce que les *Responces generales des communautez de la ville de Paris* nous révèlent sur la question qui nous préoccupe (3) :

(1) Arch. nat., K. 674, n° 9, fol. 15. Imprimé sous le titre d'*Extraict du reiglement general fait en l'assemblée tenue à Rouen...*, à l'avant-dernier feuillet du Règlement de Laffemas.

(2) Ces *Avis des Communautez* sont imprimés à la suite de la *Commission, edict et partie des memoires de l'ordre et establissement du commerce general des manufactures en ce royaume*. Paris, Pautonnier, 1601, in-4°.

(3) Ces *Responces* (à la p. 4 du 3° cahier de la *Commission*) sont imprimées à la suite des réponses particulières des orfèvres et des teinturiers, qui sont de 1599. Cependant, il est dit très nettement que les *Responces generales* ont été présentées à S. M. le 13 août 1598 et à M. le lieutenant civil le 17 août. Mais elles ont pu être remaniées avant l'impression. — Le 29 août 1598, les maîtres-gardes de la marchandise de mercerie, joaillerie et grosserie de Paris avaient été,

Après avoir mûrement délibéré sur les mémoires dudict Laffemas et remontrances par luy faictes en l'assemblée de Rouen et autres discours, dans une lettre adressante au Roy (1) en son traicté, *avec la responce de ceux de Lyon*, où (2) il est parlé amplement comme toutes marchandises pour meubles et vestemens se peuvent faire et ouvrer en ce royaume, disant qu'il est très utile et profitable que le cours des marchandises et manufactures estrangères soit couppé et perdu par rigoureuses deffences, spécialement de toutes sortes de manufactures de layne et autres qui se peuvent pareillement faire et ouvrer, à l'exemple des païs qui tiennent police, *quoy que veulent alléguer les curieux* (3) *et ennemis de la patrie qui soustiennent les estrangers pour continuer à monopoler sur les François par leur traffic et négoce,* qui oste la vie aux pauvres subiects de S. M. qui sont ruinez et destruicts par tels abuseurs qui attirent la substance de toutes qualitez de personne, tesmoings les banqueroutes qu'ont fait tant de banquiers et autres estrangers (4) en ce royaume, *dont la ville de Lyon en peut tesmoigner...*

par arrêt du Conseil (Noël Valois, n° 4832), autorisés :« à s'assembler pour aviser aux moyens d'empêcher l'importation des draps de soie d'or et d'argent manufacturés à l'étranger. » Vraisemblablement, des autorisations analogues furent délivrées à d'autres communautés. — Il serait périlleux de prendre tout à fait à la lettre les dates données par Laffemas.

(1) Il s'agit là des *Remonstrances en forme d'edict* présentées par Laffemas au roi le 17 avril 1598. Il y affirme à nouveau « que nous devons manufacturer [les matières], non point les vendre escrues aux estrangers, qui, après, en font la revente à nos sujets, d'où vient la cause du grand nombre de pauvres en toutes parts qui travailleroient et gagneroient leur vies... » Il demande la peine de la hart pour tous ceux qui auront introduit, vendu ou revendu des manufactures étrangères. Ceux qui en seront trouvés détenteurs seront punis de la confiscation de leurs biens (un quart au dénonciateur), notés d'infamie, « mesme punis de mort, selon l'exigence du cas », et leurs employés complices bannis.

(2) Cet *où* paraît d'abord se rapporter à « la réponse de ceux de Lyon ». En réalité, il se rapporte à « son traicté ».

(3) Ne faudrait-il pas lire « envieux » ?

(4) Il s'agit donc de banqueroutes commises par des étrangers et dans lesquelles se sont trouvés pris des Français, banqueroutes qui ont drainé « l'épargne nationale ».

Il y a deux choses nouvelles dans ce texte, deux choses que nous n'avions pas encore rencontrées (1). D'abord, l'aveu que tout le monde n'est pas unanime à soutenir les projets de Laffemas : il y a des résistances. Et, pour se débarrasser de leurs adversaires, les partisans de « l'économie nationale » emploient une tactique bien simple, et qui fera fortune ; dans une virulente apostrophe, il les accusent d'être des « ennemis de la patrie », des alliés de l'étranger. Le mercantilisme affiche donc la prétention d'être, entre toutes les doctrines économiques, la seule qui soit conforme au patriotisme. D'autre part, les communautés parisiennes, après avoir diagnostiqué la maladie dont souffre la France, dénoncent le foyer du mal : c'est Lyon.

La ville de Lyon — j'ai eu l'occasion de le montrer ailleurs et cent autres l'ont dit (2) — était par nature une ville fidèle à la liberté commerciale comme à la liberté industrielle, une ville largement ouverte aux étrangers de toute nation (3). Elle ne pouvait envisager sans appréhension l'adoption de mesures protectionnistes qui auraient « coupé le trafic », c'est-à-dire interrompu les relations entre ses industriels et commerçants et leur clientèle étrangère, porté atteinte

(1) Voy. les passages que j'ai soulignés ci-dessus.
(2) *Ouvriers du temps passé*, p. 112.
(3) *La Response à MM. de Lyon, lesquels veu   t empescher rompre le cours des marchandises d'Italie, avec le prejudice de leurs foires, et l'abus aux changes, et conservateur desdites foires et autres belles raisons pour servir au bien de l'Estat. Fait par Barthelemy de Laffemas...* (Paris, Est. Prevosteau, 1598, petit in-8° de 23 p.), contient un avis au lecteur ainsi conçu : « Plusieurs qui desirent à veoir mes amples memoires, que l'on voit par l'abregé d'icelles, lesquels sont ès mains des communautez de Paris, pour en donner leur advis, et après le tout sera imprimé, où l'on verra un bien inestimable pour l'Estat. » Page 2, on lit l' « Advertissement aux communautez de Paris : sera en leurs corps voir et examiner ces responces de ceux de Lyon, avec les amples memoires dudit Laffemas, et bailler du tout advis... »

à la prospérité de ses foires. Désigné par Laffemas et les siens comme l'auteur responsable du drainage de l'or français hors frontières, comme « le pelé, le galeux d'où venait tout le mal », Lyon a répondu, et de « cette réponse de ceux de Lyon » les communautés parisiennes ont eu connaissance.

II

Qu'est-ce que cette « réponse de ceux de Lyon » ?

La ville de Tours, l'autre grand centre de production des soieries, avait fait de nouvelles démarches en cour pour obtenir l'exécution des vœux émis à Rouen. Ces démarches sont ainsi résumées par les *Œconomies royales* : « Ceux de Tours vindrent aussi à Bloys pour vous [à Sully] parler de faire défendre l'entrée de toutes sortes de manufactures étrangères, se faisant fort de fournir toute la France de semblables estoffes. Vous leurs remonstrastes combien à l'exécution ils trouveroient leur proposition difficile [depuis 1596 on avait eu le temps de s'en apercevoir] et qu'il falloit auparavant faire un grand establissement pour les soyes et le tirage de l'or et l'argent et *considérer de quelle perte seroient causes telles deffences si soudainement faites pour toutes les autres villes qui trafiquoient hors le royaume.* » Ne croirait-on entendre argumenter (et c'est Sully qui parle) un partisan de la liberté des échanges et du commerce d'exportation ? « Mais [ceux de Tours] ne se laissant persuader à vos raisons, ils s'adressèrent à la propre personne du Roy, laquelle ls sollicitèrent ou plustost importunèrent..., par le moyen d'amis et de présens... (1) ». Nous avons conservé

(1) *Œconomies*, ch. XCII.

d'autre part le texte (1) de la supplique présentée par le maire de Tours au roi en cette année 1598, supplique où il décrivait de nouveau la ruine de la soierie.

La ville de Tours avisa la ville de Lyon de ses démarches et l'invita même à se joindre à elle pour en assurer le succès.

Mais la situation économique des deux villes était bien différente. Tours était purement une ville industrielle ; elle faisait de la soie et voulait en vendre, à l'exclusion des soies étrangères ; création arbitraire et très artificielle du pouvoir royal, placée dans des conditions que l'avenir devait démontrer défavorables, la soierie tourangelle faisait naturellement appel à la protection. Lyon au contraire, en même temps que « manufacture », était place de commerce. Lyon cherchait déjà à constituer chez lui le marché international des soies, comme il y avait constitué le marché international des valeurs ; il avait donc besoin de liberté. Tout le monde, il est vrai, à Lyon même, n'était pas de cet avis ; les échevins avouent qu'ils ont trouvé « des opinions fort diverses entre leurs concitoiens (2) » ; et, de cette absence d'unanimité, leurs adversaires ne manquèrent pas de prendre avantage (3).

La « responce de ceux de Lyon » est-elle, comme on

(1) Donné par M. Bossebœuf, *op. cit.*, p. 57.

(2) « Les uns faisans pour monstrer que la deffense de l'entrée et usage de marchandises estrangieres en ce royaulme peult apporter beaucoup d'utilité, à cested. ville en particulier, et les autres monstrans, tout au contraire, que ce seroit la ruyne du commerce estably en icelle, sans lequel elle ne peult commodement subisster. »

(3) *Responce* de Laffemas, p. 5. « *Le peuple de Lyon a été surpris et n'a jamais pensé à faire telles responces*, et ceux qui les ont faict les ont voulu soustenir à la présence de Nossgrs du Conseil, lesquels ont esté convaincus par lesd. maitres ouvriers en soye dud. Tours et *un dud. Lyon*, en presence des marchans de soye de Paris et moy. »

serait tenté de le croire tout d'abord, la pièce ainsi décrite, sous la cote « AA 141 (1596-1599) (1) », dans l'Inventaire des archives communales : « Dommage considérable que causerait au commerce de Lyon la prohibition des marchandises manufacturées à l'étranger » ?

Mais ce document, que nous analyserons plus loin, est le procès-verbal d'une assemblée tenue à Lyon le 18 août. Or, dans les *Responces generales* de Paris, présentées au roi dès le 12 août, il est déjà question de la « responce de MM. de Lyon ». C'est donc à une première réponse, rédigée par les députés que Lyon avait envoyés à la cour, que s'adressent à leur tour les *Responces* de Laffemas (2). A travers le texte de sa virulente réfutation, nous pouvons presque reconstituer le rapport lyonnais, qui ne comprenait pas moins de 198 articles. Les 32 premiers (3) étaient consacrés à ruiner les arguments « des maistres ouvriers en soye de Tours ». Établissant le compte du prix de vente des soies manufacturées, du prix d'achat des soies grèges et du prix de la main-d'œuvre nationale, ils démontrent, comme des économistes de l'école manchestérienne, que la France a tout intérêt à renoncer à une fabrication à laquelle elle est moins apte que l'Italie, et qu'elle « fera beaucoup mieux d'achepter lesdits draps de soye des Italiens que de les faire dans ce

______

(1) En dehors de ce document il y avait lieu de faire copier des parties des registres consulaires (BB. 135). Je dois ici des remerciments particuliers à mes collègues MM. Mariéjol et Charléty, qui ont bien voulu faire exécuter pour moi ces copies. Je n'ai pu les collationner sur l'original.

(2) P. 3 : « *Responce aux escrits de MM. de Lyon*... Ainsi l'ont peu dire des deputez dud. Lyon, par leurs longs escrits, contenans cent nonante huit articles, qui se pourroyent faire en la dixiesme partie d'iceux, lesquels voudroient empescher le commerce et police qui se doit establir pour le bien de l'Estat. »

(3) *Ibid.*, p. 3-4.

royaume (1) ». Cette thèse hardie était développée dans les articles 32 à 118. Les 80 articles suivants étaient consacrés surtout à dépeindre les funestes conséquences qu'aurait pour la ville de Lyon l'abolition du trafic italien (2). C'est à cet ordre de considérations, destinées à éveiller la pitié du roi, que sont consacrés les documents municipaux dont nous allons maintenant parler.

La question fut posée, par le prévôt des marchands et les échevins (3), dans une assemblée qui se tint à l'hôtel de ville le 18 août 1598, et à laquelle avaient été convoqués, outre MM. du clergé, de la justice et des finances, vingt « notables bourgeois » et jusqu'à trente-cinq marchands, « les mieux entendus au faict des négoces qui s'exercent dans la ville et mesmes en l'art de la soie ». Il y eut de nombreuses absences (4), et l'assemblée ne compta pas plus de vingt membres, appartenant pour près des quatre cinquièmes à la catégorie des marchands.

« Messieurs de la ville de Tours » se faisaient forts

(1) *Ibid.*, p. 4 : « Parlant des soyes escreues, soyes greiges, soyes manufacturées et soyes de tous pays, avec le pris qu'elles coustent et le prix qu'elles sont vendues et pris des draps faicts, le differend des prix d'Italie et Lyon, et combien il y a de profit et de perte à un pays et à l'autre, *et combien la France faict de gain ce fournissant des draps de soyes d'Italie au pris de ceux qui se feront dans le royaume...* Pour faire croire que, si le Roy rompt le cours desd. marchandises d'Italie, la France perdra quatre cens mil escus de rente tous les ans, ainsi que le porte led. article 118, par mots exprez. »

(2) Si nous n'avons pas conservé cette première « responce » de ceux de Lyon, cela tient peut-être à ce que les députés, d'après ce que dit Laffemas (p. 17), voulurent garder ces articles secrets : « Il faut repondre sur ce que les deputez ne veullent bailler coppie de leurs escrits, disans avoir peur que les estrangers cogneussent les affaires secrettes de la France. » Laffemas a dû avoir entre les mains le texte remis au Conseil. — Les derniers articles parlaient aussi de la question des maîtrises ; nous les retrouverons plus loin.

(3) Depuis la soumission de la ville à Henri IV, une organisation, copiée sur celle de la municipalité parisienne, remplaçait l'ancien consulat.

(4) On notera l'abstention complète de MM. de la justice.

d'avoir pour eux la cour. Le roi, nous l'avons vu, leur avait fait espérer gain de cause et leur avait commandé d'envoyer auprès de lui un délégué pour suivre cette affaire. Les renseignements particuliers de l'échevinage lyonnais montraient que les Tourangeaux ne se leurraient pas de vaines chimères, et le prévôt des marchands de Lyon, Balthasar de Villars (1), considérait d'avance la bataille comme perdue. Il admettait que la mesure proposée, même si elle était préjudiciable à la ville dont il était le chef, était conforme à l'intérêt général du royaume : tant les idées mercantilistes avaient déjà fait de chemin. Il prévoyait donc que l'intérêt particulier serait sacrifié à l'intérêt général. Il s'y résignait et ne conseillait à ses administrés qu'une chose : aviser aux moyens de tirer le meilleur ou le moins mauvais parti possible de cette situation nouvelle. L'affaire parut trop grosse pour être traitée par une assemblée trop peu nombreuse et insuffisamment préparée. On décida l'ajournement de la décision et chacun s'engagea à faire passer au greffier de la ville des avis écrits.

Cette enquête ne dut pas apporter de révélations très nouvelles. Il est probable , à en juger par ce qui se passera dans la suite, que la majorité se déclara ouvertement en faveur de la liberté des échanges, mais qu'il se forma, autour du prévôt des marchands, un parti disposé à une transaction. C'est du moins ce qui semble ressortir des termes de la commission donnée le 10 septembre à Thomé (2), greffier de la municipalité, d'aller en cour pour y poursuivre « plusieurs grandes affaires » dont la ville était « chargée », et en particulier « à l'occasion de la deffence que l'on tient avoir esté proposée

(1) Voy. sur ce personnage la thèse latine de M. Charléty.
(2) BB. 135.

et comme résolue au conseil de S. M. de l'entrée et usage dans ce royaulme de toutes marchandises manufacturées hors icelluy, de laquelle deffence procederoit une grande ruyne à ladite ville, *sy pour le moingtz il ne plaisoit à sadite Majesté l'ordonner avec des conditions et modérations qui feissent cesser ung interest de sy grande importance... ».*

A partir de ce moment, l'affaire de la prohibition des manufactures étrangères suivit le cours que suivaient sous l'ancien régime toutes les affaires dans lesquelles une mesure d'ordre général heurtait des intérêts particuliers. Les intéressés de l'une et l'autre part entretiennent en cour, à grands frais, des députés particuliers ; ces députés suivent la cour dans ses moindres déplacements, fatiguent le roi et les ministres, font retirer en détail ce qui a été concédé en gros, obtiennent ajournements sur ajournements. L'affaire traîne et, généralement, après avoir été annoncée à grands fracas, la réforme, bonne ou mauvaise, n'aboutit point.

Tours avait un agent à Paris, dès le commencement d'août au plus tard. Lyon, qui avait déjà des députés, fit partir le sien le 10 septembre, et cependant, le 12 décembre, il n'y avait encore rien de fait. L'échevinage se décide alors à écrire au chancelier. Il a, cette fois, résolument pris position contre Tours. Il accuse cette ville de masquer, sous le prétexte du bien public, ses convoitises particulières, et de comploter la ruine de Lyon. Pour sauver Lyon menacé, Balthasar de Villars a recours alors aux grands arguments, qu'il enveloppe d'une forme littéraire éclatante : c'est « une des plus importantes villes du royaulme », c'est celle qui, la première, « a secoué l'injuste domination [des ligueurs] pour recognoistre son prince naturel » ; sa chute serait un désastre pour la France entière. L'intérêt général, cet intérêt qu'on leur oppose, est donc d'accord avec l'intérêt particulier de la ville. Or, « la liberté du commerce est son ornement, voire son seul maintien ». Si elle en est privée, elle « perdra en ung instant son nom et sera rendu esgalle au plus dépeuplé village » ; en peu d'années, « les marques de la ruyne la feront recognoistre avoir esté grande quelques fois... ». *Et campos ubi Troja fuit.*

A ces dramatiques objurgations se mêlent des détails intéressants. On supplie le Conseil de fermer l'oreille non seulement aux envieuses paroles de ceux de Tours, mais aussi aux protestations qui pourront lui arriver de Lyon même. Il y a en effet (on ne le nie plus) à Lyon un petit groupe d'artisans, probablement de maîtres fabricants de soie, qui n'aiment pas à respirer l'air trop rude de la liberté et qui voudraient créer à leur profit un monopole à l'abri des prohibitions. Nous retrouverons ce groupe à propos de la liberté du travail. L'échevinage n'est pas tendre pour ces gens qui, en recueillant des « déclarations mendiées », veulent faire croire à un désaccord dans son propre sein. Les porteurs de ces pétitions, dit-il, « debvroyent estre chastiés d'avoir vollu, par des assemblées illicites et très dangereuses, pratiquer des advis contraires aux résolutions du corps de ville ».

Faut-il s'en prendre à ces protestations, qui montraient Lyon désuni devant le péril ? Toujours est-il que, pour cette fois, Tours triompha. L'infatigable Laffemas était venu à la rescousse. Dans sa *Responce à Messieurs de Lyon*, il avait riposté par avance aux arguments contenus dans la lettre des échevins. S'il était vrai que la prohibition amènerait une moins-value de 400.000 écus dans les recettes que le roi tirait de la douane de Lyon (1), qu'était-ce auprès des six

(1) P. 5. Voy. FAGNIEZ, *Economie sociale de la France sous Henri IV*, p. 106, n. 4.

millions que l'Italie enlevait chaque année à la France ?
Les foires de Lyon (1) ne devraient « se tenir que pour
les marchandises escrues des estrangers », qui s'y échan-
geraient contre les produits du royaume, et non pour
des produits manufacturés étrangers qui s'y échangent
contre l'or français. Ces foires ont engendré « l'abus
des changes et rechanges », c'est-à-dire la spéculation
sur les valeurs mobilières, « un des pires et dangereux
traffic contre l'Estat qui se peult voir (2) ».

Il faut mettre un terme à cette « police » déplorable.
Les mariniers de Marseille qui, par convois de douze
ou quinze barques, s'en vont « en Levant et pays de
Perse » quérir des soies pour les Italiens, n'auront qu'à
les rapporter en droiture à Marseille, au lieu de faire
escale à Gênes (3). Déjà d'ailleurs, « les Provençaux
et ceux de Languedoc font... des soyes aussi belles
qu'en lieu du monde et en grande abondance depuis
peu d'années ». On pourra même planter des mûriers
à Toulouse, à Paris, à Tours, n'en déplaise à Messieurs
de Lyon, qui prétendent que les tonnerres et les
froids de France empêchent les vers d'y prospérer (4).

(1) Laffemas, p. 8.
(2) P. 10 : « Le moyen de quoy les estrangers, d'un million d'or, en
peu de temps, le font double et quatruple, et ont appris cette perni-
cieuse faute aux François. *De sorte que ceux qui ont de l'argent, à
present, ruynent et perdent tout le reste du peuple.* Il n'y a pas jusques
aux marchans, qu'ils ne quittent le negoce de marchandise pour
s'adonner à ce malheureux traffic, *de sorte que celluy qui a mil escus
d'argent est plus riche que celuy qui en a vingt mille d'heritage.*
C'est vrayement la cause qui empesche à bien cultiver les terres et
heritages et aussi les manufactures des marchandises et ouvrages.
Ces deux raisons sont suffisantes pour faire rompre telles monopoles
et changes... ». Ailleurs (p. 8), il exprime le regret que Lyon ne soit
pas « à trente ou quarante lieux loing de la frontière ». Il décoche,
(p. 21) « à ceux de la ville de Lyon » le quatrain, plus éloquent, hélas !
que poétique, déjà cité p. 163.
(3) *Responce,* p. 12.
(4) *Ibid.,* p 114. — Sur les nombreux écrits consacrés par Laffemas
à cette question, voy. FAGNIEZ, *Economie sociale...,* *passim.*

Ce que l'on fera pour les draps de soie, il faudra le faire ensuite pour les autres « manufactures ». Il ne faut plus que l'Angleterre « ruine une partie du royaume, depuis le fond de Normandie jusqu'à Bordeaux et Bayonne attirant les thrésors du peuple, à cause du grand nombre des marchandises manufacturées qu'ils y apportent. Genève et autres pays voisins en font le semblable, qui ont rendu l'Estat aux aboys ; et, par le commerce dudit Lyon, le pire mal est venu de leur ville et foires (1) ». A cette « police » ruineuse, il faut substituer une « police » nouvelle, ce que de nos jours on appellerait une « économie nationale », et, de cette police, Laffemas, dans ses écrits, s'empressera de dresser le plan.

Le roi se laissa convaincre, malgré l'avis de Sully (2). Il signa, au mois de janvier 1599, un édit qui prohibait l'entrée des étoffes de soie, d'or et d'argent (3).

Les Lyonnais ne désarmèrent pas pour si peu. Ils savaient par expérience qu'il n'est pas, malgré les formules, d'édit « perpétuel et irrévocable » et qu'on peut toujours compter sur les retours de la volonté souveraine. A une assemblée tenue le 7 septembre 1600, un des bourgeois dénonça « la deffense des estoffes de

---

(1) P. 13.

(2) *Œconomies, loc. cit.* : « Enfin, *pour ce que vous ne voulustes pas insister a soustenir vostre opinion*, ils obtinrent ce qu'ils demandoient. » Palma CAYET, *Chronol. septen.* (1599, p. 64 de l'éd. Michaud) : « En ce temps aussi, suyvant ce qui avoit esté arresté à l'assemblée de Rouen, l'entrée des marchandises manufacturées d'or, d'argent et de soye fut deffendue en France, affin que le peuple s'addonast à la manufacture, et par ce moyen que l'argent que l'on transporte aux pays estrangers, estimé à plus de six millions d'or par an, y demeurast. » — FAGNIEZ, *op. laud.*, p. 106.

(3) *Arrêts du Conseil*, n° 5136 : « Arrêt ordonnant l'expédition de l'édit relatif aux manufactures étrangères et à l'exportation des métaux précieux », 5 janvier 1599. — FONTANON, t. I, p. 1046. — ISAMBERT, t. XV, p. 212, renvoie au texte de Fontanon et à celui des Archives, TT. 289. — Il est intéressant de constater que le 11 janvier, un arrêt (n° 5145) ordonnait la mise en liberté, sous caution, de Barthélemy de Laffemas.

soie comme la cause de la « ruine » de la ville ; un autre fit remarquer que la pluspart des maisons et bouctiques sont déjà vides ». C'était montrer que les prédictions de Balthasar de Villars n'avaient pas été mensongères. La prohibition était en train de tuer la ville, à l'heure même où Tours était obligé de se déclarer incapable de suffire aux besoins de la consommation nationale. Comme le dit Palma Cayet, « cet édit [la prohibition des soieries étrangères] avoit esté trouvé très raisonnable, les feux roys l'avoient voulu faire ; mais la difficulté en avoit toujours esté qu'avant que d'en deffendre l'entrée, il falloit avoir de quoy en faire dans le royaume (1) ». La même difficulté se reproduisit en 1599, et « cet édit ne fut sitost faict à la poursuicte des marchands et ouvriers de Tours que les douaniers de Lyon et autres banquiers ne s'y opposassent et firent tant que l'année ensuyvante il fut révocqué (2) ». La victoire des marcantilistes n'avait pas duré longtemps (3). Sully constate en ces termes leur échec : « Tout cela ayant esté ainsy basti sans les fondemens nécessaires pour un si grand dessein, s'en alla dans six mois en ruyne, les incomoditez que quasi toute la France recevoit de ces défences ayant contraint le roy de les révocquer (4), estant à Lyon. »

Henri avait besoin de cette ville comme base d'opérations contre la Savoie ; ce n'était pas le moment

(1) Palma CAYET, *loc. cit.*
(2) Palma CAYET, *loc. cit.*
(3) Dès le 29 décembre 1599, un arrêt (n° 5704) ordonne que le fermier de la douane de Lyon sera entendu au sujet d'une requête par laquelle les marchands et fabricants de soie de Lyon demandent l'application des règlements sur les droits d'entrée. Ils n'avaient donc pas encore été appliqués.
(4) Y a-t-il eu « révocation » proprement dite ? On ne trouve, dans le recueil de M. Noël Valois, aucun arrêt d'abolition ou de surséance. Peut-être l'a-t-on simplement laissé tomber en désuétude. Les arrêts ci-dessous semblent écarter l'hypothèse d'une abrogation législative.

de la dépeupler. Il avait également besoin de rester en bons termes avec ses voisins italiens, genevois et suisses. Il laissa si bien inexécuter l'édit de prohibition que le 31 juillet 1600, un arrêt du Conseil (1) accordait à plusieurs marchands de Lyon mainlevée de l'argent, et non pas seulement des ballots, saisis par Me Thomas Deschamps, commis « pour empescher le transport de l'or et de l'argent hors du royaume ». Le pauvre commis en fut pour ses frais de zèle et dut restituer le tout aux destinataires, deux marchands suisses, Daniel et Christophe Studer. Enfin, le 2 janvier 1601, l'édit était à ce point devenu lettre morte, qu'on assignait au Conseil « les marchands de Paris intéressés à la non-exécution de l'édit qui prohibe l'entrée dans le royaume des draps d'or et de soie (2) ». On ne saurait avouer plus clairement que cet édit avait cessé d'être.

III

En même temps qu'ils poursuivaient le règlement de cette grave affaire, les Lyonnais étaient préoccupés par une autre question également vitale, celle de la

(1) *Arrêts*, n° 5972. Cf. n° 5945. A l'opposition lyonnaise était venue s'ajouter une opposition diplomatique. Chapeaurouge (Fr. DE CRUE, *Henri IV et les députés de Genève*, p. 197-98) fut chargé par Genève de protester contre l'édit de janvier 1599. Le 29 mars de cette année, Th. de Bèze écrivit au roi pour lui rappeler que, par le traité de Soleure de 1579, Henri III avait promis de traiter les Genevois , pour le trafic, « comme propres et naturels François... Ne l'exempter de cette défense seroit un des plus grands expediens que sçauroit souhaiter celuy qui en [de la ville] desireroit l'usurpation ou destruction ».
(2) *Arrêts*, n° 6177. Le 31 juillet 1603, l'édit est tout à fait oublié : « Arrêt (n° 7730) autorisant une enquête sur la conduite des officiers de Provence qui, *au préjudice des droits du fermier général de la douane de Lyon*, ont laissé passer certains ballots de draps de soie venant de Gênes. » Tout ce qu'on exige de ces soieries génoises, c'est, comme, jadis, qu'elles passent par Lyon.

liberté du travail. Non moins que par la prohibition des soieries étrangères, ils étaient atteints par l'édit d'avril 1597 sur les arts et métiers (1). En effet cet édit, reproduisant l'édit caduc de 1581, établissait le régime des jurandes « par tous les lieux et endroits de notre royaume ». Il ne se bornait même pas étendre cette obligation aux artisans de toutes les industries ; l'article 3 ordonnait : « Que tous marchands vendans par poix ou mesures et tous autres faisans profession de quelque trafic de marchandises, art ou mestier que ce soit, en boutiques ouvertes, magasins, chambres, astelliers ou autrement, ès villes, fauxbourgs, bourgs, bourgades et autres lieux où lesdictes maistrises jurées ne sont encore establies, seront indifféremment tenues de prester serment de maistrise huit jours après la publication des présentes... (2). »

Lyon était directement atteint par cette réglementation. Lyon était en effet l'asile par excellence de la liberté du travail (3). Quatre métiers seulement, ceux de serrurier, d'orfèvre, de barbier-chirurgien et, depuis 1588, d'apothicaire étaient organisés en communauté jurée. Les autres étaient libres, ne connaissant ni chef-d'œuvre ni jurande, soumis seulement à la surveillance et à la visite de la municipalité. Evidemment, il ne faut pas se laisser faire illusion par ce mot retentissant de *liberté du travail* ; nous avons, dans un chapitre antérieur, montré que cette liberté ne profitait pas autant qu'on pourrait le croire à l'individu, soumis comme ailleurs à des règlements qui, à la fin du XVI⁰ siècle, étaient devenus de plus en plus res-

____

(1) FAGNIEZ, *op. laud.*, p. 95. — HAUSER, *Ouvriers du temps passé*, p. 133.
(2) *Ouvriers du temps passé*, p. 112.
(3) GODART, *L'ouvrier en soie*, p. 77. L'auteur exagère un peu ou, du moins, se place trop au point de vue des XVII⁰ et XVIII⁰ siècles.

trictifs (1). Mais la ville tenait à cette liberté parce que les métiers de Lyon échappaient ainsi à l'action fiscale comme à l'action réglementaire de la royauté ; elle était pour la municipalité une forme de l'indépendance. C'était elle qui nommait chaque année, pour chaque métier, les deux maîtres chargés des visites. Ajoutez que les règlements des communautés, soumis à l'homologation municipale, étaient en général plus libéraux que ceux des jurandes, par exemple sur les questions d'apprentissage. Surtout, la liberté du travail laissait l'accès à la maîtrise largement ouvert à quiconque possédait un capital. Par suite, Lyon offrait une hospitalité fructueuse à tous les artisans étrangers, imprimeurs allemands, fabricants de soie italiens, banquiers, changeurs ou marchands.

Ce régime avait été officiellement reconnu par Louis XI ; ses lettres patentes du 17 avril 1476 interdisent aux artisans de Lyon de faire aucune asssemblée ou règlement sans l'assistance des consuls, interdiction renouvelée en 1486. La forme comminatoire de ces actes prouve qu'à Lyon comme ailleurs il y avait des partisans de la réglementation. Comme autrefois les seigneurs qui, pour peupler une *ville neuve*, lui conféraient par avance des privilèges et des exemptions d'impôts, les consuls faisaient de Lyon une sorte de « franchise » industrielle, pour y attirer le plus d'étrangers possible. Mais un certain nombre de capitalistes locaux, déjà en possession d'état, n'auraient pas été fâchés de se réserver, comme à Paris et dans les autres villes jurées, le monopole collectif de leur industrie et de diminuer ainsi le nombre de leurs concurrents éventuels (2). C'est pourquoi,

1) *Ibid.*, p. 82-83. Voy. aussi PARISET, *La Fabrique lyonnaise.*
(2) *Ouvriers du temps passé*, p. 112. C'étaient les cordonniers, tailleurs d'habits, tisserands, épingliers, selliers, etc., quelques artisans

sous le règne de Louis XII, un certain nombre de métiers s'étaient illégalement organisés en jurande. Le consulat dut déléguer en cour Claude Thomassin, conservateur des foires, qui obtint, le 18 juillet 1511, des lettres d'abolition.

En 1571, les Lyonnais avaient failli passer avec armes et bagages à l'armée de la réglementation ; ils avaient exprimé le désir d'organiser chez eux des communautés jurées « à l'instar de la ville de Paris (1) ». — Mais cette fièvre fut de courte durée ; c'est tout juste si un arrêt du sénéchal défendit aux tailleurs de faire des chausses et aux fripiers de faire des vêtements d'étoffes neuves. Même l'édit général de 1581 — et encore qu'il contînt des articles spéciaux à Lyon (2) — n'y reçut aucun commencement d'exécution (3) ;

« qui desiroient maistrise et chef d'œuvre en leur art, ne regardans plus oultre que leur proffict particulier, qui leur sembloit estre d'empescher que le mestier se multipliast et qu'il en vint d'autres sans passer par leurs mains ». Voy. la lettre du 12 septembre 1600.

(1) *Ouvriers du temps passé*, p. 131. Voy. aussi Arch. nat., X^{1a} 9267, fol. 331.

(2) Art. 8 (Lespin., I, 87) : les Lyonnais peuvent faire leur apprentissage dans toutes les villes de France ou hors de France et ensuite exercer la maîtrise à Lyon ou dans tout le ressort du Parlement de Paris, Paris seul excepté.

(3) Il ne fut, d'ailleurs, pas non plus complètement exécuté en Touraine, quoique dans la ville existât depuis longtemps une communauté jurée d'ouvriers en soie (BOSSEBŒUF, *op. cit.*, p. 51). On lit, en effet, dans les Remontrances du Tiers aux Etats de Blois de 1588 (citées par Bossebœuf, d'après de Grandmaison) : « Que les ouvriers desd. draps de soye demourans aud. pays de Touraine et qui se sont esloignez de lad. ville pour ouvrer à leur liberté, alterer la marchandise et esviter la visitation d'icelle, affin qu'ils ne fussent reprins, seront tenus apporter leurd. marchandise en la ville de Tours pour estre veue et visittée par les maistres jurez dud. estat et marquez, si faire se doibt, auparavant que de la pouvoir exposer en vente, pour esviter aux frauldes et abus qui s'y commettent au grand prejudice du publicq, sur peyne de confiscation desd. marchandises, de pugnition corporelle et d'amende arbitraire, et seront subjectz à la visitation par lesd. maistres jurez, *encore qu'ils soyent demourans hors lad. ville et banlieue.* » Voy. sur cet édit une bonne étude dans R. EBERSTADT, *Das französische Gewerberecht.*

preuve en soit l'obligation où se trouva le Consulat de créer, par décision particulière, la jurande nouvelle des apothicaires. Il est vrai qu'au bruit de ce qui se passait à l'assemblée de Rouen, quelques patrons voulurent recommencer la tentative avortée de 1511 ; ils profitèrent de ce que les Grands-Jours se tenaient alors dans la ville (1) pour s'y pourvoir ; mais ils furent déboutés de leur demande, la ville de Lyon ayant fait valoir ses privilèges. ·

La question avait été soulevée alors à propos d'un de ces métiers interlopes qu'on accusait de ne faire qu' « escumer et branqueter » tous les autres métiers, le métier de fripier. Les marchands drapiers et chaussetiers avaient sonné la charge, les tapissiers, contre-pointiers et tailleurs étaient intervenus au procès. Il s'agissait donc, à défaut de l'établissement de véritables maîtrises jurées, d'obtenir de la cour des statuts qui eussent pour effet de limiter nettement la « vacation » de chacun, sans quoi, disaient-ils, « il serait donc loisible à ung homme d'être appelé drappier, cordonnier, éperonnier tout ensemble, ce qui serait ridicule... ». Il était impossible aux intéressés d'accepter sans résistances « la révolution commerciale inaugurée par les précurseurs du commerce en gros et de bazar (2)». Les marchands parisiens poursuivent et poursuivront dans les merciers le commerce de commission. Les tailleurs et les chaussetiers lyonnais, habitués à travailler à façon, avec les étoffes que les bourgeois avaient été prendre chez leurs confrères les drapiers, poursuivaient dans les fripiers les inventeurs d'une

(1) Arch. nat., X^{ar} 9267-9269. Arrêts, U. 751-753. Minutes, n°s 9705-9706. Ce curieux procès est à étudier. Voy. les extraits que j'en donne plus loin. D'ailleurs, ces grands jours ont une réelle importance au point de vue de l'histoire économique.

(2) FAGNIEZ, *Revue hist.*, 1902, nov-déc., p. 395.

industrie nouvelle, l'industrie de la *confection*. A quoi les fripiers répondaient assez congrûment que, grâce à eux, « les pauvres étaient soulagés, puisqu'ils trouvent les habits tout faits, à meilleur compte qu'ils ne peuvent les faire faire en achetant en détail toutes les étoffes qui pourront entrer en un habit. »

La lutte ne datait pas d'hier entre l'aristocratie des métiers lyonnais et ces petits industriels que, faute peut-être de meilleurs arguments, on traitait de Savoyards ou de Juifs, et que l'on accusait de méconnaître, en raccoutrant de vieux matelas, les règles de l'hygiène et — déjà — de l'asepsie ; en même temps que, par une singulière contradiction, on leur imposait l'obligation de ne tailler vêtements qu'en vieilles étoffes. La campagne manquée de 1571 avait été surtout dirigée contre eux. Ils avaient appelé de la sentence du sénéchal. Deux arrêts de 1573 avaient mis leurs appels à néant, mais ils n'avaient pas cédé.

En 1577, le Consulat avait encore une fois essayé d'obtenir des statuts limitant la « vacation » des industries du drap, et ces statuts avaient même été homologués en 1582, dans le mouvement de réglementation qui suivit l'édit général. Mais les fripiers, paraît-il, réussirent à suborner le procureur de la ville, le célèbre historiographe de Lyon, Claude de Rubys. Grâce à son appui, ils se pourvurent au Conseil d'État, et se firent donner des statuts contraires à ceux qui avaient été dressés par le Consulat. Ces statuts leur laissaient toute liberté d'empiéter sur les métiers voisins et les mettaient sur un pied d'égalité absolue avec leurs ombrageux rivaux. C'est contre ces statuts, datés de 1583, que s'insurgeaient les maîtres lyonnais, demandant le retour à ceux de 1577. Et ce n'est pas seulement aux fripiers, vile engeance, qu'on en avait. On trouvait l'occasion bonne pour ramener au devoir les tailleurs qui se permettaient de faire des chausses et des articles d'ameublement, les compagnons « soyeux » qui dérobaient des soies à leurs maîtres pour les vendre aux confectionneurs (1) ; les cardeurs qui, « au lieu de manier la laine seulement et l'apprêter pour les contre-pointiers », s'ingéraient de faire des matelas, etc.

C'est ainsi que les maîtres en soie, les maîtres contre-pointiers, drapiers, tapissiers, etc., demandaient à la cour des règlements sévères.

Au fond, c'était transférer à la juridiction royale, qu'on sollicitait d'appliquer à Lyon les règlements parisiens, les droits qui avaient, de temps immémorial, appartenu à la municipalité. Aussi voyons-nous celle-ci revenir complètement à la thèse de la liberté. L'avocat de la ville remontra « que, tant à cause de l'assiette de ladite ville que de sa recommandable loiaulté et fidélité à la monarchie..., elle a esté douée de plusieurs beaux privilleges, notamment de la franchise des quatre foires par Charles VIII et depuis, pour y attirer de plus en plus la multitude des ouvriers et artizans de toutes parts, en l'an cinq cent et unze, par Loys XII⁰, surnommé père du peuple, de l'abolition des mestiers jurez auparavant en ladite ville... et acquis par ce moyen toute franchise et honeste *liberté ouvrière*... » C'est ainsi qu'on appelait alors la liberté du travail. Et maintenant les maîtres « veullent obtenir le règlement de la ville de Paris contre et au préjudice de la liberté et franchise », ce qui aurait pour effet de ruiner « l'opulence et splendeur » de la cité lyonnaise. Tout ce que purent obtenir les maîtres appelants, c'est que la cour ordonnât d'appliquer aux seuls fripiers *par provision* et sans préjudice de leur droit, le règle

(1) Voy. pour une époque postérieure, P. METZGER, *Etude historique et juridique sur le piquage d'once à Lyon au XVIII⁰ siècle* (Lyon, 1915). Il cite, p. 7, quelques faits pour le XVII⁰ siècle.

ment des fripiers parisiens, plus libéral en somme que celui qu'on avait voulu leur imposer en 1577. Les fripiers acceptaient, d'ailleurs, cette transaction. Cette fois encore, les échevins avaient triomphé, et ils espéraient bien en faire autant en 1598.

Mais là aussi, comme dans l'affaire des draps de soie, les Lyonnais rencontraient sur leur chemin l'inlassable Laffemas. N'avait-il pas écrit, dans son *Règlement général* (1) : « Que tous marchans et artisans seront d'icy en avant tenus et contrains de faire corps de communauté de leur mestier,... et auront jurez de chacun mestier comme à Paris, et ès autres villes où les mestiers sont jurez. » Or, si les notables ne donnèrent pas à cette idée, aussi nettement que pour la prohibition des manufactures étrangères, une place dans leurs cahiers (2), du moins durent-ils s'y montrer favorables ; car, parmi les motifs que fit valoir Henri IV dans le préambule de son édit d'avril 1597, figurent « plusieurs plaintes » qui « nous en auroient esté faites... encore récentement en nostre ville de Rouen. »

L'édit était copié sur celui de 1581. Mais les Lyonnais ne se trouvaient pas, comme en 1581, en présence d'un souverain faible et impuissant ; ils avaient devant eux « un roi, une barbe grise et un victorieux ». Aussi les arrêts du Conseil se multiplient pour assurer l'exécution de l'édit. Dès le 7 octobre 1597 (3), c'est un arrêt « prolongeant de trois mois, à la requête des

(1) P. 21. Dans sa *Responce à MM. de Lyon*, de 1598, p. 16 : « Au 175 art. et 177, ils disent que les maistrises pour les ouvriers et artisans ne doivent avoir lieu à cause des foyres et que c'est le moyen de despeupler les villes. Je dis que, tout ainsi qu'un masson qui entreprend à bastir un edifice doit estre maistre, aussi pareillement en tous arts et mestiers la maistrise y est requise, car les ouvrages gastez et mal faictz font préjudice au general et bonnes maisons... »
(2) FAGNIEZ, *op. laud.*, p. 91.
(3) Noël VALOIS, *Arrêts du conseil d'Etat*, n° 3844.

colonels et capitaines suisses (1), le délai pendant lequel les compagnons peuvent jouir du bénéfice de l'édit des arts et métiers », c'est-à-dire se faire recevoir maîtres sans chef-d'œuvre. Le 31 octobre, c'est un arrêt faisant défense aux maîtres, gardes et jurés « de mettre aucun obstacle à l'exécution de l'édit, qui porte règlement général de tous les arts, trafics et métiers du royaume (2) ». Enfin, le 24 janvier, c'est un coup droit : un arrêt « donnant assignation de 300 écus à Mᵉ Joachim Pénicher, secrétaire de la chambre, qui est allé poursuivre à Lyon la publication de l'édit des arts et métiers (3) », arrêt bientôt suivi par celui du 28, « ordonnant au sénéchal de Lyon de procéder à la publication de l'édit des arts et métiers, nonobstant l'opposition du prévôt des marchands et des échevins de Lyon (4) ».

Vainement les députés envoyés en cour pour le fait des manufactures de soieries avaient-ils essayé de protester en même temps contre l'édit des maîtrises. Laffemas veillait et, sur ce point comme sur les autres, il les avait vertement tancés dans sa *Responce* (5).

---

(1) Intéressés à la question, puisque le roi avait affecté le produit des droits de maîtrise au paiement des « très justes debtes dont nous sommes redevables aux colonels et capitaines des Suisses... ». Voy. ED. ROTT., *Hist. de la représentation diplomatique de la France auprès des cantons*, t. II, p. 483 et ss. et L. LANGLOIS, *Obligations passées à Tours par Henri IV au profit de ses régiments suisses*.

(2) Nº 3957. Voy. aussi, pour Paris, nᵒˢ 4101 et 4451.

(3) Nº 4440.

(4) Nº 4452. Postérieurement, nous rencontrons l'arrêt du 15 février 1598 ordonnant l'établissement des contrôleurs-marqueurs de cuirs, nonobstant l'opposition faite au Mans, à Lyon... (nº 4864) et, le 26 août, des poursuites contre les tanneurs, corroyeurs, cordonniers et mégissiers de Lyon..., qui ont tenté de s'opposer à la vente de ces offices (nº 4820).

(5) P. 16 : « Car tous artisans et ouvriers qui employent estoffes et marchandises doivent estre maistres et bien experimentez, d'autant que plusieurs se fient en eux, les menant achepter, et souvent les uns et les autres sont trompez par faute d'expérience, et s'y commet

La lutte était engagée (1). Elle fut un instant interrompue par l'arrêt de suspension du 19 août 1599 ; mais le 7 septembre 1600, une « poursuite » était encore « instamment faicte pour l'exécution de l'édict des maistrises et establissement d'icelles en ceste ville contre les anciens édictz et privilleiges d'icelle », et une assemblée se réunissait à l'hôtel de ville pour organiser la résistance (2).

L'opinion, cette fois, fut unanime. On décida de s'opposer « par tous les moyens possibles » à l'exécution de l'édit, qui entraînerait « la dépopulation de la ville et la ruyne des privilleiges des foires et des libertés d'icelle ». Contre « cette nouvelleté, que les antiens ont tousjours rejecté », il faut rester fidèle à cette attitude traditionnelle, « rabattre ce coup » ; il faut appeler à la rescousse toutes les villes du Lyonnais et aussi

infiniz abuz, qui se peuvent corriger par les maistrises. » C'est priser bien bas la « police » des métiers, dont les Lyonnais étaient si fiers. Il réfute ainsi leurs arguments, *ibid.* : « En ce qu'ils disent qu'elles [les maistrises] font despeupler les villes, c'est au contraire ; car, aux villes où il n'y en a point, c'est là où le peuple ne veut faire residence, à cause du desordre et confusion. C'est là où les vacabons vont et viennent et mettent en desbauche toutes sortes de gens, et empeschent l'obéissance, specialement aux villes jurées, ils gastent les autres ; de sorte que, si l'on veut considerer, ils trouveront que lesd. maistrises sont necessaires, et par le moyen d'icelles l'on verra à l'advenir de bons et excellens ouvriers au bien et proffit du public. » Il y a là une observation très curieuse : l'indiscipline des compagnons est plus grande dans les villes libres que dans les villes jurées. Il s'agit de savoir si l'observation est exacte.

(1) Elle ne l'était pas à Lyon seulement. Voy. les arrêts (qu'il y aurait lieu de reprendre en détail dans une étude générale sur l'édit de 1597) n° 4816, 4845, 4884, 5006, 5012, 5045, 5296 et enfin 5425 : « Arrêt ordonnant une enquête sur les abus auxquels donne lieu le recouvrement des deniers provenant de l'édit des maîtrises et suspendant, pendant deux mois, l'exécution de cet édit (19 août 1599). »

(2) BB, 138, fol. 118 et suiv. Voy. FAGNIEZ, *op. laud.*, p. 95, 96 et n. 1. Il semble, d'après le texte du 12 septembre que, peu de jours avant le 7 de ce mois, une commission avait été « decernée en chancellerie à M. le lieutenant general en la senechaussée et siège presidial de Lyon pour l'execution des edictz des maistrises... ».

les étrangers domiciliés dans la ville (1). Il y eut enfin, pendant les jours suivants, des conférences entre le prévôt des marchands et des membres de « tous les estatz et ordres de ladite ville, tant du clergé, de la justice et des finances que des bourgeois et habitans en icelle, regnicoles et estrangiers ». C'est à la suite de ces conférences, et « de l'advis et consentement universel de tous », que furent rédigées les remontrances du 12 septembre, la pièce capitale de tout ce débat.

Et d'abord, l'échevinage sort les arguments de chicane. Dès le 20 novembre 1597, lorsqu'on avait voulu une première fois (en conformité de l'arrêt du Conseil du 31 octobre) publier l'édit, la ville avait fait opposition et les parties avaient été envoyées en cour de Parlement. On affirme que l'arrêt du Conseil du 24 janvier (2) 1598 met à néant cette opposition. Quelle erreur ! L'opposition avait été envoyée au Parlement, non au Conseil ; pour que l'arrêt fût valable, il aurait fallu qu'il y eût évocation préalable et que les opposants eussent été ouïs. Donc, cet arrêt est nul. D'autre part, les édits de 1581 et de 1597 ont la prétention, non pas d'innover, de créer de toutes pièces un régime nouveau, mais simplement de remédier aux abus (3). Or, il n'y a pas d'abus à Lyon. La visitation des métiers par les délégués de la municipalité assure à la ville toutes les garanties que l'on cherche à obtenir ailleurs au moyen des maîtrises. Où trouve-t-on meilleurs marchands, plus habiles ouvriers qu'à Lyon ?

---

(1) Je n'analyse pas les arguments présentés par les divers opinants ; ils reviennent plus amplement exposés dans le document suivant.

(2) Le texte BB. 137 dit « 25 ».

(3) Ceci n'est pas tout à fait exact. L'édit de 1581 a, en partie, pour objet, d'établir une législation uniforme : « Desirans pouvoir departir, comme bon pere de famille, egallité de faveur et justice à tous nos subjetz. »

L'édit y est pour le moins inutile, tout y va pour le mieux depuis un temps immémorial.

Ces considérations sont pour le prévôt des marchands un prétexte à nous donner un morceau littéraire sur la position géographique de Lyon, sur son commerce, sur son histoire. Ce morceau est intéressant et il garde, après trois siècles écoulés, une saveur de vérité (1). Il décrit avec bonheur le commerce de Lugdunum, « à la descente des Gaules, de l'Allemagne et de l'Italie... ; et, par le moyen des rivières du Rhosne, de la Saosne et de Loyre (2), toutes les marchandises que les deux mers se communicquent l'une à l'autre de tous les endroitz recogneuz par les hommes, se peuvent aysément voiturer d'une mer à l'autre et traverser la France en quatre partz ».

Mais, si elle est au confluent des routes, la ville est en pays stérile (3), et les disettes n'y sont pas rares. Le commerce de détail y est peu actif, car il y a peu de noblesse locale, peu de villes aux environs qui s'y viennent approvisionner. Il y passe, il est vrai, beaucoup de voyageurs ; mais ce sont de simples passagers, serrant les cordons de leur bourse pour ne l'ouvrir qu'en Italie, ou qui en reviennent la bourse plate. « Ils laissent à Lyon, dit avec une évidente exagération le prévôt, très peu d'argent. »

Ce qu'il veut prouver c'est que la ville, par suite de sa position même, mérite des ménagements particuliers ; un régime brutal la tuerait. Or, elle est pour le roi d'une utilité stratégique de premier ordre. Elle est « en l'extremité de ce royaulme ». Elle barre les

----

(1) Il est juste d'ajouter que ces idées (quelquefois même ces expressions) sont fréquentes chez les auteurs lyonnais du XVIe siècle : Champier, de Rubys, Paradin, du Pinet.

(2) Voici un argument pour les partisans de la Loire navigable.

(3) Opinion générale à cette époque.

routes d'invasion qui vont vers Paris. Il fallait donc la peupler pour que « Leurs Majestés fussent deschargées de la garde d'icelle ville, à laquelle quatre mil hommes de garnison ne pourroient pas suffire ». Ce serait folie d'enlever « à ce lyon sa vieille peau ».

Dès les empereurs romains, et plus tard sous Childebert Ier, Lyon eut besoin de privilèges pour se peupler. Ce n'était plus qu' « un village » lorsque Charles VII et Louis XI y rétablirent les foires et la liberté du commerce ; or, de la liberté du commerce découlait nécessairement, comme le reconnurent après enquête Charles VIII et Louis XII, la liberté du travail. L'édit du 8 juillet 1511 et la déclaration du 25 juin 1512 l'exemptèrent à toujours de toutes maîtrises jurées.

Va-t-on détruire cette tradition et, pour satisfaire quelques « menus artisans, » ruiner les foires pour jamais ? Car les deux questions sont connexes. L'application de l'article 3, qui impose la maîtrise aux marchands eux-mêmes, équivaudrait en effet à l'interdiction des foires. Le commerce de Lyon est un commerce de *compensation* ; on y échange moins souvent des marchandises contre de l'argent que des créances contre des créances ; c'est-à-dire, en définitive, des marchandises contre d'autres marchandises. Dans ce véritable *clearing-house*, un épicier accepte en paiement, non pas de l'épicerie, mais des toiles ; et si le prix des toiles dépasse le montant de la dette, il réglera le marchand de toiles en épices, que celui-ci pourra revendre. Un cordonnier de Bourges vient y vendre des draps du Berry, un drapier de Paris y fait venir des cuirs d'Auvergne. Faudra-t-il leur imposer à la fois l'apprentissage de la draperie, de la cordonnerie, de l'épicerie, « cinquante sortes d'apprentissage ? » Ira-t-on exiger des étrangers la production d'innombrables certificats, tandis que Venise dans ses *fondachi*, qu'Anvers leur offrent une hospitalité princière ? Et que fera-t-on des changeurs, des banquiers, de ceux qui ne vendent ni draps, ni toiles, ni cuirs, ni épices, ni marchandises, ni matières quelconques, mais seulement de ces valeurs immatérielles et impondérables, qui font le plus gros du trafic des foires, lettres de change, quittances, créances, effets de commerce ? « Quelle maîtrise fera-t-on faire », dit notre texte avec une rare énergie et une précision plus rare encore, « et de quelle matière sera le chef-d'œuvre de ceulx qui négotient sur la plasse de Lyon avec ung escriptoire et ung billan, sans art, mestier, bouticque, magasin, ouvroir, estoffe ny marchandise ?» Autant vaut les chasser sans retard (1).

Les maîtres étrangers, savoisiens, comtadins, lombards, comtois, etc., concourent à l'élection de l'échevinage, auquel les Français seuls sont éligibles, et c'est ensuite l'échevinage qui nomme, pour chaque

(1) Voy. également Grands Jours de 1596 [Arch. nat., X¹ᵃ 9267, fol. 136] appel de Georges Zollicofer et Jacques Zilly, compagnons marchands à Lyon, originaires de Saint-Gall, contre une sentence du sénéchal, fol. 147 v° : « Il est notoire que la grandeur de ceste ville de Lion conciste principallement au grand commerce et à la negociation qui abonde de tous les endroits de l'Europe, y ayant esté de tout temps la bonne foy si sainctement observée que c'est la principalle consideration qui y appelle les estrangiers de tous costés. Si est notoire que le plus grand trafiq qui soyt, soyt pour la banque soyt pour la negociation et marchandise, elle se fait en cedulles et aux asseurances qui se donnent. Ainsi, désormais si cella avoit lieu qu'il faillust trafficquer *pro pecunia* et *greca mercari fide*, comme on disoit anciennement, ce seroit la plus grande incommodité qui se puisse au monde ymaginer et à la vérité ce seroyt renverser la seureté et facilité plus grande de tout le commerce, duquel dépend la principalle splandeur de ceste ville de Lion, car il est certain que pour la banque et le commerce la place de Lion est la plus cellebre et qui donne la loy a toutes les places du monde, tant pour le pris de l'argent que pour toutes les autres reigles de trafficq et negociations, et ce qui principallement la rend célebre, c'est la grande foy qui s'i observe ad ce qu'il y a telle foyre en laquelle il sera négocié pour ung million d'or, et toutesfois, entre tous ceux qui auront negocié, il n'aura pas esté touché et manié dix mil escus... »

métier, les deux maîtres chargés de la surveillance. Entre le corps électoral et la maîtrise, il y a donc un intermédiaire, le corps échevinal, qui est composé de sujets du roi. Au contraire si l'on fait, comme dans les villes jurées, élire les gardes du métier par le suffrage direct des maîtres, c'est mettre les maîtrises entre les mains des étrangers, peut-être des ennemis du royaume, puisque les natifs ne représentent pas vingt pour cent du total des maîtres (1). A ces graves conséquences politiques s'ajouteront des conséquences sociales non moins désastreuses. Il y a, à Lyon, en raison même de la liberté du travail, beaucoup de petits artisans qui exercent la maîtrise pour leur compte et vivotent tant bien que mal. Les dispositions transitoires de l'édit les dispensent du chef-d'œuvre mais ne les dispensent pas de la taxe, car l'édit a surtout un caractère fiscal. « Il faudra que ung paouvre artisan qui n'aura pas de quoy payer sa taxe cesse de travailler ; il s'en ira et laissera sa femme et ses enfans sur les bras de l'aulmosne généralle. »

Telles sont les ardentes remontrances que l'un des échevins, assisté d'un notable, doit aller porter au roi.

Le roi avait été à Lyon du 10 juillet au 28 août. Il y revint en décembre, et, le 14, les Lyonnais obtenaient enfin un arrêt ordonnant de surseoir à l'édit de 1597 (2). C'était le salut, au moins provisoire.

Enhardis par ce premier succès, ils poussèrent leur pointe. Le 20 janvier 1601, un autre arrêt (3) décidait que, jusqu'à plus ample examen des privilèges de la ville, il y serait sursis à l'établissement des maîtrises.

---

(1) L'argument est faible, car, avec le système en vigueur, c'est la municipalité elle-même qui peut être l'élue des « ennemis du royaume ».

(2) M. Noël VALOIS dit « 1581 ». (Arrêts, n° 6138.)

(3) Ibid., n° 6206.

— C'est à Lyon que, le 9 décembre, Henri avait épousé Marie de Médicis ; aussi, dans les premiers jours de 1601, la ville avait-elle adressé une requête à la nouvelle reine « pour la prier d'obtenir du roi, en commémoration de leur mariage célébré à Lyon, la confirmation des privilèges de la commune et ceux des foires, la révocation des maîtrises jurées des arts et métiers, dont, par un privilège spécial, la ville avait toujours été affranchie (1) ».

Il fallut deux années encore pour que la victoire fût complète. Enfin, le 7 juillet 1603, le roi, dérogeant à l'édit de 1597 (2), maintint la ville « en l'exemption et franchise dont elle a jouy de tout temps, que les artisans habituez en icelle et qui viendront y résider à l'avenir ne seront tenus faire chef-d'œuvre ». Il les autorise « à travailler de leur mestier en boutique, ouvroir, chambre ou autrement, sans y estre troublez ny empeschez, sous ombre de n'avoir fait chef-d'œuvre ou expérience... ».

Avant de délivrer ces lettres patentes, Henri IV semble avoir lu de près les remontrances du 12 septembre 1600, car il s'en inspire visiblement. Il prend à son compte les arguments du consulat. Le motif qu'il invoque pour déroger à l'édit général, c'est le désir d' « augmenter et accroistre nostred. ville, laquelle estant size et située en pays estroit et stérile ne se pouvoit rendre populeuse que par la liberté et franchise accordée à toutes sortes d'ouvriers et artisans qui voudroient s'y habituer. » C'est grâce à la liberté du travail, dit-il, « que nostredite ville seroit parvenue à l'opulence et splendeur que chacun sçait ». Laffemas, en lisant ces lignes, dut crier à la palinodie, car Henri

(1) Je cite d'après l'*Inventaire des Archives communales*, BB. 1381
(2) Godart, *op. cit.*

allait jusqu'à condamner, comme l'avait fait le consulat lui-même, les maîtres ouvriers lyonnais qui, sur la foi des édits de 1581 et de 1597, avaient tenté de s'organiser en jurandes. La royauté ne semble pas s'apercevoir qu'en les condamnant elle se condamne elle-même : « Depuis quelques années, aucuns artisans de ladite ville ayans voulu, par le moyen de quelques lettres obtenues du feu Roy, nostre prédecesseur, et de nous, *sous faux donné à entendre* (1) et par un monopole pernicieux à nostredite ville et au bien de nostre service, introduire la nouveauté de chefs-d'œuvre et distribuer la maistrise par les festins et banquets et autres despences prohibées par nos ordonnances (2), nostredite ville est tellement déchue de son premier estat qu'il ne lui reste plus que l'ombre de son ancien lustre, dépeuplée, déserte et abandonnée . » Aussi le roi, oubliant complètement les éclatantes formules de son édit général, révoque « toutes lettres, statuts et règlements qu'aucuns artisans, autres que les quatre mestiers jurés de ladite ville, pourroient avoir obtenu par surprise ou importunité. » Il rétablissait purement et simplement l'ancienne « police » des métiers : la visite confiée à deux maîtres élus par la ville (3).

---

(1) Ce « faux donné à entendre », c'est le texte même des édits de 1581 et 1597.

(2) Il est exact que les deux édits s'élevaient contre les frais excessifs de la maîtrise, mais ils n'en avaient pas moins établi l'universalité des jurandes et du chef-d'œuvre, dont le roi fait ici bon marché.

(3) L'assemblée qui se réunira le 9 décembre 1610 pour répondre à une demande d'enquête du nouveau roi et de la reine mère (FAGNIEZ, p. 367 et suiv., appendice) comprend en partie les mêmes noms que celle de 1600. Les arguments sont les mêmes. On remonte aux Romains, au transfert des foires de Champagne ; le commerce décline depuis Henri II « par la violance que les troubles, les nouvelles impositions et les nouveaux édits et pactes [FAGNIEZ : *partis*] ont fait aux privilleiges desd. foyres ». Il s'agit « non pas d'accroistre led. commerce, car il est comme evanouy », mais de le restaurer. « Il ne faut qu'une seule patente, par laquelle tout ce qu'a esté faict, introduit

* * *

Lyon avait vaincu Laffemas. Sur les deux terrains, liberté du commerce et liberté du travail, Lyon avait fait échouer les projets du parti de la réglementation. A l'école de « l'économie nationale, » qui triomphera avec Colbert, et qui tente de faire de la France un système économique fermé, ouvert seulement aux matières premières sans l'être aux produits fabriqués, soumis à une législation industrielle minutieuse et compliquée, Lyon oppose, avec une remarquable opiniâtreté, une conception toute différente : un monde où le travail est libre (1), où la seule condition nécessaire pour exercer un métier est la possession d'un capital, où la réglementation se restreint à une simple inspection municipale des produits, où Français et étrangers viennent librement travailler, échanger matières, produits, valeurs mobilières, où s'exercent, en toute indépendance, les lois naturelles de la concurrence vitale. Dans une France encore fortement imprégnée des idées économiques du Moyen âge, c'est un coin du monde moderne, du monde tel que le rêveront les économistes du milieu du XIXe siècle. C'est une sorte de zone franche industrielle et commerciale, défendue contre les lois générales par ses privilèges ; car l'ancien régime ne comprend la liberté que dans le privilège.

et ordonné contre les privileges desd. foyres ou derogeant à iceulx, depuis le règne de Henri deuxiesme, soit révocqué. » Des lettres patentes de juillet 1606 avaient définitivement reconnu les privilèges de Lyon en matière d'organisation industrielle (voy. PARISET, *Hist. de la fabrique lyonnaise*, p. 59, n. 1).

(1) Encore une fois, n'exagérons rien et ne prenons pas dans un sens trop moderne le mot de liberté du travail. Le règlement édicté en 1596 pour la soierie est en réalité très restrictif (voy. PARISET, *op. cit.*). Mais il n'est en rien comparable à l'organisation des jurandes parisiennes.

Pendant le règne de Henri IV, la force de résistance de cet organisme privilégié a été telle que sont venues se briser contre lui toutes les tentatives faites pour réserver au travail indigène le marché intérieur, et pour soumettre toute l'industrie française à un régime uniforme.

Il a fait échouer à la fois le système mercantile et le plan de socialisme d'État auxquels Barthélemy de Laffemas a mérité d'attacher son nom.

Il faudra, pour assurer le triomphe, au moins apparent et temporaire, de cette nouvelle « police », la main solide et brutale du ministre de Louis XIV. Mais presque toutes les idées de Colbert en matière de législation industrielle et commerciale sont déjà contenues en germe dans les remontrances des États, dans les vœux de l'Assemblée des notables et du Conseil du commerce, dans les œuvres du fertile et fougueux polémiste qui réfutait avec tant de verve les arguments libre-échangistes de « Messieurs de Lyon ».

PIÈCES JUSTIFICATIVES

I

Extraits des pladoieries produites au procès pendant devant les grands Jours (1596) entre certaines communautés de Lyon et les fripiers de la même ville.

[Ce procès, dont je donne ici d'assez nombreux fragments comme commentaire de l'étude qu'on vient de lire, pourrait être examiné à d'autres points de vue. On y trouvera des indications sur le prix du drap, en particulier sur les différences de prix existant

entre la place de Paris et celle de Lyon ; sur la loca-
lisation de l'industrie drapière ; sur les règlements de
la soierie ; sur la situation sociale des fripiers et reven-
deurs et leur quasi-assimilation aux juifs ; sur le rôle
des Savoyards dans ce métier ; sur l'organisation du
travail dans les villes de Moulins et d'Issoudun.
L'annotation de ce texte, qui aurait été fort intéres-
sante, aurait pris des dimensions hors de proportion
avec l'objet limité de cette étude.]

Entre les marchans drappiers, chaussetiers de la ville
de Lion, appelans... et les fripiers de la ville de Lion,
inthimez... les tapissiers, contrepointiers et tailleurs
de lad. ville intervenans.

[L'avocat des appelants, Dollé], a dit que la cognois-
sance que vous avez des ordinaires entreprinses que les
frippiers font sur tous les autres artizans vous fera
prejuger que à bonne et juste cause ilz demandent
reiglement contre ceulx de Lion. Il n'est passé mois
ne sepmaine que la cour ne s'occupe afin de donner
la vertu [?] et faire embrasser tous qui n'ont point
de certain mestier et ne font autre chose que d'escumer
et branqueter tous les autres, de façon qu'il n'est
quasi ung seul mestier après qui n'ayt ung, voire plusieurs arrests et reiglement contre eulx. Les appelans
poursuyvent donc à mesmes fins les frippiers de ceste
ville, qui ne sont pas plus retenus que ceulx de Paris,
pour estre plus eslongnez de ce grand soleil de justice
qui luict toujours au Parlement... Si esse que les inthimez ne sont rien moings que cela [un corps de commu-
nauté], puisqu'il n'y en a pas ung seul qui se contente
de faire trafficq de vieux habillemens, qui est le subject
de leur mestier, mais ils exercent tous ung mestier
général composé de tous les autres ensemble. Ilz entreprennent sur le trafficq des marchands de soye,

drappiers, tailleurs, passementiers, contre-poinctiers. Ils font des habillemens neufz de soye, de layne, de cotton... Brief leur mestier n'a poinct d'autre borne que leur volonté, qui est si desreglée que ce mestier apporte ung desordre parmy tous les autres qui font principallement l'économye de ceste ville, ce que ne font les frippiers de ceste ville, comme la Cour entendra. Il faut donc notter que la ville de Lion est composée de certain nombre de communautés de mestiers, qui *vere sunt municipes*, c'est-à-dire ont part aux affaires communes de la ville, à cause de quoy tous les ans on choisit deux deputez de chasque mestier et sont appellez à l'eslection des prevostz des marchands, consulz et eschevins, lesquelz durant le temps de leur charge ne peuvent rien ordonner qui soyt important à la ville sans appeller et avoir advis de ces depputez. Par cy davant les frippiers n'ont jamais esté mis en ce rang, car il y a trente-cinq ou xl ans il n'y en avoit pas un seul en ceste ville, comme estant une vacation peu nécessaire. Si n'y avoit que des femmes qui revendoient ce qu'on leur bailloit. Ceste secte fut mise sus par deux frères savoiards, nommez les Picquelz, qui eurent les premieres bouticques de fripperie. En quoy aians assez bien rencontré, pour n'estre que deux, plusieurs de leur païs, affriandez de l'esperance du profit que ces deux avoient gousté suyvirent leurs donées [?] en la mesme vacation. Mais peu de temps après, ces hommes qui vivent de l'esgrun (1) des autres mestiers et qui font profession de tous, mais πολύτεχνοι (2) et *ardeliones*, ne se peurent tenir qu'ils ne meissent a main dans la maison des aultres. A cause de quoy, dès l'an v°lxxi (3) les quatorze bourgeois que l'on eslit

(1) C'est-à-dire du *regrat*.
(2) Lecture douteuse.
(3) Voy. ci-dessus, p. 207.

tous les ans en ceste ville à avoir l'œil sur la police
firent plaincte au senechal du desordre des mestiers,
surquoy il ordonna par provision que les tailleurs ne
feroient plus de chausses et que les frippiers ne feroient
plus aucuns habillemens d'estoffes neufves. De ceste
sentence du VIIe juillet v°lxxi les tailleurs et les frippiers interjecterent appel, surquoy intervinrent deux
arrestz en l'an v°lxxiii par lesquelz les appellations
furent mises au néant et ordonné que lad. sentence
sortiroyt son plain et entier effect. Touteffoys il y eut
beaucoup de peyne à fere exécuter lesd. arrests contre
les frippiers, qui ne se voulurent pas rendre à la raison
comme firent les tailleurs, si bien qu'il y eut plusieurs
opositions formées à l'exécution desd. arrests, sur
lesquelz intervinrent plusieurs sentances du senechal
de Lion. Mais l'an mille lxxvii les prevost des marchands, consuls et eschevins de ceste ville, estymans
que la ville avoyt interest en ce reiglement, feirent dresser certains articles en forme de statuz pour reigler et
lymyter la vacation des drappiers, tailleurs et frippiers. Ces statuz furent presentez au senechal de ceste
ville, qui ordonna qu'à l'advenir ilz seroient gardez
et entretenuz ; ce que, comme dit est, fut poursuyvy
soubz le nom et mandement desd. consulz et eschevins
à la dilligence de Me Claude de Rubis, procureur du
faict commung de ceste ville, ce que la Cour nottera
s'il luy plaist. Or, puisque les juges ordinaires ne font
poinct de statuz perpetuelz, les officiers de ceste ville
estymerent qu'il failloyt mectre la dernière main à ces
statuz et arrestz, et pour les auctorizer ils obtinrent
lettres du Roy soubz leur nom, suyvant lesquelles le
senechal ordonna que lesd. reiglemens seroient inviolablement gardez à l'advenir, ce qui fut remontré
peu après par eux à messieurs de la Cour qui furent
deputez par le Roy pour faire executer l'edict de paci-

fication (1), si bien que les eschevins de ceste ville estymoyent avoir fermé le païs à tous les desordres qui pouroient survenir entre tous les mestiers, comme de faict ce Reiglement fut observé jusques en l'an mille lxxxii, parce que les frippiers demeurèrent coys jusques à ce qu'ils eussent amolly la severité de M⁰ Claude de Rubys qui pouvoit beaucoup en ceste ville, et lequel ilz seurent si bien gaigner qu'estans asseurez de son suffrage ilz se pourveurent secretement au conseil du Roy, afin d'avoir lettres pour autorizer les statuz qu'ils vouloient obtenir, lesquels estoient pour la pluspart contraires aux premiers. La Requeste des frippiers est renvoyée au lieutenant général et procureur du Roy en ceste ville pour donner advys au Roy selon la coustume, lesquelz, au lieu de faire information sur la commodité ou incommodité ou communiquer ceste poursuite aux prevost des marchans et consulz et eschevins, qui avoient le plus grand interest et n'en sçavoient rien ; au lieu, dis-je, de faire ce qui est ordonné en telles choses, ilz se contenterent de prandre l'advys de M⁰ Claude de Rubis, lequel, estant desja gaingné, desclara qu'il estymoit que la requeste des frippiers estoyt juste et le pretendu reiglement necessaire. Si bien que, sans faire mention des status de l'an lxxvii, il donne advys d'acorder ce que demandoient lesd. frippiers ; lesquels par ceste cause obtindrent lettres pour approuver et auctorizer les statuz qu'ils avoient faict dresser à plaisir, lesquels ils feirent verifier en la Court le onze janvier mv⁰lxxxiii au desceu des eschevins par derryere. La Cour remarquera, s'il luy plaist, les contrarietez manifestes qui sont entre les statuz des frippiers et ceulx qui avoient esté dressez par la ville. Car par ceulx de l'an v⁰lxxvii, il est porté

(1) C'est-à-dire l'édit de 1576.

au premier article que defenses sont faictes ausd. mestiers d'entreprandre l'un sur l'autre en quelque sorte que ce soyt ; et au VIIIe est deffendu aux frip piers de faire aucune besoigne et habillemens neufz, travailler ou faire travailler, vendre ou achapter en leurs chambres ou magasins, ains leur est enjoinct publiquement tenir en leurs Louticques les habillemens de fripperie au veu, sceu et descouvert d'un chacun, sans pouvoir avoir dans lesd. boutiques de draps, scampolans (?) neufz pour les emploier en habillemens de quelque sorte que ce soit, ny moins pour debiter lesd. draps ny scampolans (?), estant choses qui deppendent des marchans drappiers et non d'autres. Voyla comment les frippiers ont esté recerrez dans les bornes de ce premier règlement. Mays ils les ont bien estendu par celluy qu'ils ont obtenu secretement cinq ans apres, car le Ier article dit que les consulz et eschevins de lad. ville choisiront et esliront deux desd. frippiers telz que bon leur semblera choisir et eslire pour estre maistre dud. mestier icelle année. Si, par cest article ilz incorporoient la communaulté de leur mestier au corps de la ville, quoy que auparavant ilz ne fussent pas recongneuz *inter corporatos qui faciunt partem urbis*, comme remarque la glose de loy unicque *de privilegiis corporatorum urbis Rome* cela concernoyt non seullement les consulz et eschevins, mais aussi tous les mestiers de ceste ville, ne (1)

et que a leur desceu on ne peust enter au corps de la ville ceste branche estrangere, *quam non sua tulit arbor.* Le IIIe article de ces statuz porte ces motz : Sera permis ausd. frippiers d'employer draps neufz de layne jusques a la valleur dun escu et demy pour chacune aulne et faire toutes sortes d'habitz de thoille,

____

(1) Illisible. Conjecture : « Ne voulant que contre leur gré... »

fustaine et peaulx, afin qu'ils aient moien d'exercer leur estat dignement, sauf à les pourvoir et permectre par le senechal de Lion ou son lieutenant d'en emploier jusques a ung escu quarante sols l'aulne. Cest article contrevient directement au statut de l'an XCLXXVII et faict prejudice aux appelans en deux choses, la première en ce qu'il permet aux inthimés de vendre du drap neuf combien que cela leur fust deffendu sans exception ; et s'ils veullent dire que les frippiers de Paris ont la mesme permission, les appellans respondent qu'il y a bien de la diference entre eulx, car il y a tant de sortes de metiers à Paris qui bornent et resserrent les frippiers de toutes partz qu'il a semblé raisonnable de leur permectre l'usage du drap jusques à ung escu et demy l'aulne ; à Paris les frippiers ne peuvent entreprendre sur les passementiers, ne peuvent vendre du viel fer ou du cuivre qu'ilz appellent de la mitaille ; elle est expressément reservé aux ferronniers et chauldronniers ; au contraire en ceste ville toutes ces choses leur sont permises sy bien que sans leur permectre le traficq du drap neuf ils ont assez de quoy gaigner leur vye ; davantage il fault considerer que le drap de IIII l. l'aulne est le moindre qui se trouve dans Paris, mais à Lion il y a plusieurs sortes d'estoffes, petites serges et estametz qu'ilz appellent cordillatz, et sont en tel usage en ceste ville que tous les artizans ne s'abillent d'autre chose, de façon que les marchans drappiers font beaucoup plus grand trafficq de ces petites estoffes qui se font dans le pays que des bons draps qu'on leur aporte du Berry, de Rouen et d'Angleterre qui ne servent que a faire des manteaulx ; à cause de quoy lz peuvent dire que permectre aux frippiers de vendre du drap jusques à ung escu et demy l'aulne, c'est leur enlever le gain plus clair et plus asseuré de leur trafficq, et, s'il se failloit accommoder comme à Paris, il faul-

droit n'apporter une proposition géométrique, et
accommoder le reiglement à l'usage et condition du
pays. Le second desordre qui vient de cest article est
qu'il est permis aux frippiers de faire toutes sortes
d'habitz neufz en toille, fustaine et peaulz, soubz ce
pretexte ils entreprennent d'en faire de toutes estoffes
de soye qui est la plaincte des maistres de soye qui sont
intervenuz en ceste cause. Cette permission n'est pas
raisonnable soulz correction de la cour, parce que tout
ainsi que par le premier chef de cest article les appellans
sont préjudiciez comme drappiers, aussi par le dernier
ilz sont offensez comme chaussetiers, puisque a eulz pri-
vativement à tous aultres il appartient de f^re des
chausses de toutes estoffes. Les frippiers de ceste ville
veulent interpréter cest article beaucoup plus avan-
tageusement que ne font ceulz de Paris. Car à Paris
la permission d'emploier du drap jusqu'à ung escu et
demy l'aulne s'entend drap simple, proprement drap,
non serge ou estamet ; mais ceulx de ceste ville étendent
ceste signification et par ce moyen veullent dire que
leur est permis de f^re habillemens de toutes sortes
d'estoffes qui n'excèdent point iiii l. Comme du taffetas,
toutes sortes de camelotz, buratz, chamoys, serges,
roziere de Millan et autres estoffes qui sont les plus
propres pour faire habitz et touttefois n'excedent point
iiii l. l'aulne, voires n'en aprochent point comme on
sçait, de façon qu'il est aisé à voir que les inthimez
ont besoing d'estre reglez, non seullement comme se
concedant la diversité des estoffes, mais aussi pour
empescher qu'ilz n'abusent de la permission qui leur
est donnée d'emploier du drap a iiii l. l'aulne. Car
au iiie article desd. statutz deffenses sont faictes aux
frippiers daller audavant des draps que l'on ameyne en
ceste ville, afin qu'ilz soient conduictz et venduz
par les marchans forains dedans la ville. En quoy il

semble en première apparence que les frippiers aient voulu se contenir dedans les bornes de quelque reglement ; mais, soubz correction de la court, cest article est captieux puisque leur deffendant ce qui est deffendu aux drappiers, ils leur permectent aussi ce qui leur est permys. Ses appellans soutiennent que non seullement les inthimez ne doivent aller au devant des marchandises, mays aussi ne peuvent achapter pieces entiere des marchans estrangers, parce que il n'appartient que aux seuls appellans d'achapter du drap en gros, de quoy faire ilz sont fondez de toute ancienneté, comme en faict par les statuz de l'an VCLXXVII deffenses sont faictes aux frippiers de tenir pieces entieres de drap dedans leurs boutiques. Par le XIIe article desd. statuz les inthimez ont monstré qu'ilz voulloient entreprandre sur les autres mestiers, auxquels néantmoins ilz ne veulent pas que cella leur soyt permys sur eulx, car ils font faire deffenses à tous autres de quelque qualité ou mestiers qu'ilz soient de vendre et estaller publiquement manteaulx, haultz et bas de chausses, etc., de sorte que non seullement ilz entreprennent d'emploier estoffes neufves, mais aussi veullent-ils oster aux autres la liberté qu'ilz ont usurpée. Il est vray qu'ilz exceptent les appellans, mais en cela ilz font veoir que ilz ayment le desordre, puisqu'ilz laissent en la liberté desd. appellans de vendre toutes sortes d'habillemens, combien que la vérité soyt qu'en conséquence des reglemens de l'an mil VCLXXVII que les appellans observent encores, il ne leur soit poinct loisible de faire d'autre sorte d'habillemens que des chausses. Ainsi la court veoit que les derniers statuz sont contraires à la police de ceste ville ; à cause de quoy lorsque les inthimez en demanderent la publication par devant le senechal de ceste ville, les appellans s'opposerent pour les moyens desduictz cy desus, nonobstant lesquelz led. senechal, estymant qu'il ne pouvoyt contrevenir à l'arrest par lequel lesd. statuz avoient esté verifiez, donne sa sentence, par laquelle il ordonne quilz seront enregistrez, leuz, publiez et executez, dont les drappiers se porterent appellans. Toute fois les troubles qui survindrent peu apres, l'appel interjecté par lesd. appellans ont longuement empesché la poursuicte de l'appel rellevé en l'an mil VCIIII XX IIII, mays *postquam deus nobis hec otia fecit...* par la presence de ceste compagnie, ilz ont reprins leurs premières dires et presenté requeste a la court, ad ce qu'il luy pleust jugier l'appel, ou si cela ne se pouvoit faire à cause que c'estoit un proces prescript, qu'il pleust à la court leur donner quelque reglement par provision. Les appellans soustiennent donc qu'ilz sont bien fondez en leur appel tant en la forme qu'au fondz... [citent les lois romaines, etc.].

Contre cela les inthimez opposent deux choses : la premiere qu'il n'y a poinct de maistrise jurée en ceste ville, en consequence de quoy ilz ne pouvoient estre obligez aux statuz de l'an VCLXXVII. Mais il est aisé a respondre a ceste objection. Car s'il n'y a poinct de maistrise, les inthimez n'ont peu obtenir lettres ni statuz pour autorizer leur mestier, ils n'ont pu prescripre contre ceste liberté ni empescher les autres mestiers dentreprandre sur eulx, comme ils ont faict par le XIIe article desd. statuz. En second lieu on leur respond que s'il n'y a poinct de maîtrise jurée en ceste ville, il ne sensuyt poinct qu'il n'y ait quelque distinction entre les mestiers. Les inthimez voudroient bien remectre tout en lancien chaos et en la première confusion *ut scilicet de medio sumerent* et qu'ilz taillassent ung mestier à leur fantaisie, mais il n'y a rien de plus pernicieux que le desordre ni plus utile que la distinction des mestiers [exemple d'Alexandre Sévère]...

Si esse que l'on voit encores en plusieurs lieux que les frippiers sont obligez de porter le bonnet jaulne comme il est tout notoire. Il faut donc faire difference entres les mestiers jurez et les mestiers reglez, parce que ceulx qui n'ont poinct de maistrises jurees ne laissent poinct d'estre reglez pour cela ; comme la cour a jugé depuis quinze jours qu'en la ville de Moulins, où il n'y a poinct de maistrise jurée, les tailleurs n'entreprandroient point sur les chaussetiers ny au contraire... [Réflexions historico-juridiques sur la distinction des métiers].

Les appellans peuvent dire que de tout temps et ancienneté ilz sont en possession de vandre des draps et faire toutes sortes de chausses sans que jusques icy aucun autre mestier l'ayt voullu entreprandre ; consequemment ilz ont droyt d'empescher que les inthimez se meslent de ce qui est de leur profession. Si cest usage n'avoit apporté quelque reglement entre les mestiers, il seroit donc loisible à ung homme d'estre appellé drappier, cordonnier, esperonnier tout ensemble, ce qui seroit ridiculle...

La seconde objection que font les inthimez est qu'ilz ont des statuz approuvez par le Roy et verifiez en la cour. Mais la responce est fort aisée. Car premierement les appellans soustiennent que au prejudice des autres statuz les inthimez n'en pouvoient obtenir de nouveaux ni les faire vérifier au desceu des officiers de la ville et des appellans ; en second lieu remonstrent les appellans que les lettres ont esté obtenues soubs faulces causes : ce qui se veoit par la requeste que les inthimez presenterent au Roy, qui porte que le mestier des frippiers avoyt esté réglé par des statuz qui auroient esté perdus lorsque ceulx de la Relligion pretendue reformee se saisirent de ceste ville ; ce qui est faulx, soubz correction, car lors il y avoit si peu de frippiers

que ne failloit poinct de reglement pour eulx. Sur
ce feu M⁰ Claude de Rubis, qui seul a esté cause de
tout le trouble qui se voit à present entre les mestiers,
dict en l'advis qu'il print sur lesd. statuz, que jusques
lors l'on n'avoyt tenu en ceste ville l'exercice desd.
frippiers entre les mestiers, d'autant qu'il n'est necessaire. Davantage cestè mesme requeste contient une
autre taisible faulceté, car elle parle de statuz qui ne
furent jamais, et ne faict poinct mention de ceulx que
les officiers de la ville avoient fait dresser en l'an
LXXVII, accusant en cela lesd. officiers de grande negli-
gence de n'avoir faict aucun reglement aud. mestier
depuis LXII jusques l'an VCIIIIXII. En troisième lieu,
ceste requeste porte que les articles que les inthimez
presentent au Roy sont semblables à ceulx qu'ils
avoient auparavant, qui est une aultre faulceté comme
dict est...

Si les inthimez disent que leurs statuz ont esté trouvez
justes par M⁰ Claude de Rubis, on respond qu'il ne
fault poinct avoir d'esgard à l'advis d'un homme qui
s'est monstré si contraire à soy mesme que ses der-
nieres actions sont si diffamées qu'elles feront juger
que les premiers conseilz ont toujours esté les meilleurs.
En conséquance de quoy s'il s'est departy de l'opinion qu'il avoyt en l'an LXXVII il ne s'ensuyt pas que
son dernier advis soyt plus equitable que le premier...

[Plaidoyer pour les maîtres de soie par Chauvelin :
mêmes arguments, à grand renfort d'antiquité et de
considérations morales sur le péril social du commerce
de friperie.]

Les compagnons taincturiers, plieurs de soye,
moliniers, et autres aians en main les dessusd. qui
acheptent d'eulx, ilz derobent impunement, asseurez
que telles sortes de gens ne les decouvriront jamais.

Supplient la cour de faire deffenses a toutes personnes de ne s'entremettre ny exerser la manufacture de soye synon après apprentissage, ou que ce soyt ung fils de maistre, car comme plusieurs s'ingerent d'en user autrement il en arrive dyvers inconvéniens, tant pour la mauvaise façon que pour les estoffes que l'on y faict entrer. Car au lieu de pure soye, quelquefoys en y mesle du fil ou de la layne ou bien on y employe des soies bruslées ou autres, tellement que les estoffes ne durent rien, et cela provient de l'ignorance de ceulx qui entrepreignent sur le mestier des unes. La facilité dont l'on a usé à l'endroict de ceulx qui tous les jours empiettent sur leur estat, faict que aujourd'huy il y a huict ou dix mil personnes en la ville de Lion qui se meslent de faire marchandise et trafic de soye.

[Tranchot, pour les tapissiers et contrepoinctiers, rejette sur la guerre civile la responsabilité du désordre économique.] Les fripiers couvrent de vieux matelas tirez des maisons pestifférées une toille neufve et les revendent pour neufz... Les cardeurs, au lieu de manier la layne seullement et l'apprester pour les contrepoinctiers, malicieusement entreprennent de faire des matelas et contrepoinctes, les remplissant de poil de chien et de lievre. Les tailleurs d'habits façonnent malles, cielz de lictz, custodes et autres garnitures. Les coffretiers tiennent des apprentis en leurs chambres, qui font exersise de l'estat de contrepoinctiers, dont la plaincte a esté si grande, qu'estant comme publicque dès le moys de septembre dernier, la ville s'eforsant de f[re] garder l'ordre et police des mestiers, par ordonnance d'icelle il fut dit que deux maistres tapissiers et contrepoinctiers feroient visitation pour empescher le cours de tel abuz.

D'ailleurs ce seroit la ruyne desd. demandeurs, lesquelz versant loiaulement en leurs mestiers et fournissant de bonnes estoffes seroient contrainctz vendre à vil et mesme, prys que les dessusd. qui n'observent en l'entreprinse qu'ilz font en l'estat de tapissier et contrepoinctier, de bailler bonnes estoffes et marchandise, et par ce moyen couppent la gorge aux maîtres qui pour ces considerations ne peuvent rien vendre que à leur perte jusques à ce que, s'il n'y estoit pourveu, ilz seroient enfin tous contrainctz fermer leurs bouticques, quicter leurs maisons et abandonner la ville, n'y pouvant avec fidelité gaigner leur vie.

Or tout ce que l'on objecte à ung mot aux dessusd. est que ceste ville de Lion est ville de franchise et qu'il n'y a aucune maistrise; mais pour cela de dire qu'il n'y faille garder quelque ordre et police se seroit manquer de raison. Les susd. ne prétendent poinct empescher l'entrée de leur mestier à ceulx qui auront faict apprentissage, mais seullement que celluy qui est tailleur, cardeur, coffretier, frippier ou bien revendeur ne puisse exerser ce qui est de l'estat de tapissier et contrepoinctier, a quoy ont esté conformes les arrests de la Court, que mesmes depuis peu de jours encza M⁰ Jehan Benard, plaidant pour les Mᵉˢ chaussetiers de la ville d'Issoudun pretendoit qu'il n'y avoit aucune maistrise en l'estat de tailleur, la Court ordonna qu'ilz opteroient ou bien l'estat de tailleur ou celui de chaussetier, *quia publico interest* que cest ordre et police soit gardée des mestiers, qu'il n'y ayt entreprinse l'ung sur l'autre afin que sung chacun puisse gaigner sa vye en sa vacation...

L'avocat des tailleurs a dict que les entreprinses et mauvaises pratiques des deffendeurs donnent journellement subject de plaincte à tous les autres mestiers, sans que jusques à present on y ayt peu apporter ordre, quelque jugement et reiglement qui soyt intervenu; et comme les drappiers eussent interjecté appel de quelque sentence rendue par le senechal de Lion et incidemment obtenu lettres en forme de requeste civille, les demandeurs ont presenté requeste non pour se joindre, mays pour le prejudice extreme qui leur est faict par les deffendeurs...

On ne dira rien de leur façon de vivre, des desguisemens dont ilz usent, de leur perfidie de deloiaulté et en somme de leurs tromperies, dont personne ne se peult exempter ; sinon ceulx qui prennent résolution de ne rien achapter d'eulx... Ils tiennent cousturiers et cousturieres en chambre ausquels ilz font faire toutes sortes d'habits, chausses, pourpoincts, juppes, manteaulx, robbes, soyt à usage d'homme, soyt à usage de femme. Plus il se fait d'habits, plus les drappiers vendent et debitent ; mais plus les frippiers travaillent en leurs maisons, moings le mestier des maistres tailleurs leur est utille, tellement que si on souffroit lad. licence et entreprinse il fauldroyt necessairement fermer boutique. Les demandeurs pourroient insister sur les deportemens extraordinaires des deffendeurs et monstrer que, en estats et republiques bien policées, on les a tousjours chassez et notamment les chrestiens les font fuy comme extraictz et descendans des Juifz, de sorte que encores à present on leur en faict les reproches et les baptise on de ce nom. Mais il leur suffira de suplier la Cour, puys qu'on les tollere, de restraindre les entreprises ordinaires et faire en sorte qu'ils se meslent seullement de fripper et regrater. Il se verifiera qu'ilz font travailler en leurs chambres et mesmes en leurs boutiques à la veue d'ung chacun en etoffes neufves..... [Répétition des plaintes.]

Fournel, pour le prevost des marchans et eschevins, a dict que tant à cause de l'assiette de lad. ville, que de sa recommandable loiaulté et fidelité à la monarchie successeure de France, elle a esté douée de plusieurs

beaux et grands privilleges, notamment de la franchise
des quatre foires par Charles VIII et depuis, pour y
attirer de plus en plus la multitude des ouvriers et
artizans de toutes partz, en l'an v[e] et unze par loys xii[e]
surnommé pere du peuple, de l'abolition des mestiers
jurez auparavant en lad. ville, à la poursuite des eschevins, et acquis par ce moyen toute franchise et honeste
liberté ouvrière indiferemment, ce qui auroit esté
confirmé successivement par les Roys, mesmes par sa
majesté heureusement et glorieusement regnante,
dont s'en seroyt ensuyvy l'opulence et splandeur,
telle que auparavant le desordre des derniers trouble ;
neantmoins que [ne] seroient les choses entierement
demeurées en confusion et sans quelque animadversion sur les abuz et frauldes qui se peuvent commectre
es ouvrages par l'entremise de deux maistres ou artizans de chasque mestier qui sont à ce commis annuellement par le sindicat de lad. ville, ce qui auroit esté
naguieres acordé et consenty par lesd. prevost des
marchans et eschevins aux contrepoinctiers de lad.
ville et à leur requisition, lesquelz n'auroient poinct
esté parcy devant mis et tenuz *inter corporatos* et......
aud. scindicat, mais à présent ils se veullent extendre
plus avant et obtenir le reglement de la ville de Paris,
contre et au prejudice de la liberté et franchise.
C'est pourquoy, communicquant au parquet des gens
du Roy, ilz auroient trouvé bon de prandre appoinc-
tement au conseil au principal sur [ce faict]. Pour le
regard des frippiers seullement et en ce qui conscerne
l'exposition en vente ou mise en œuvre par eulx des
estoffes neufves, le reglement de la ville de Paris estant
entretenu par provision de la Court, duquel advertis
lesd. prevost des marchans et eschevins auroient
opiné aud. Fournel, le requerans, ville et avocat, de
suplier tres humblement la Court vouloir ordonner

conformement à icelles, à quoy il auroit insisté.

Chouart pour les frippiers a dict que ceste cause est de grande importance, tant au public qu'au particulier des defendeurs, qui sont chargez de femmes et enfans, nez et nourris en lad. ville de Lion, lesquelz seroient privez du moien qu'ilz ont de gaigner leur vie et entretenir leurs familles...

[Prétend que jamais ni à Lyon ni aux autres grandes villes les fripiers n'ont été réduits à la seule regraterie. Rappelle qu'à Paris ce corps est très ancien ; était soumis à la juridiction du grand-chambrier].

En cela mesmes les paouvres sont soulagez, puisqu'ilz trouvent les habitz tous faictz a meilleur compte qu'ilz ne peuvent les faire faire en achaptant en detail touttes les estoffes qui pouroit entrer en ung habit.

[Rappelle les arrêts rendus en leur faveur. Montre que les tailleurs ont suborné les autres métiers contre eux].

Par les plus anciennes ordonnances faictes par le roy Jehan pour la police de lad. ville de Paris, par lesquelles il est permis ausd. frippiers de mectre en œuvre des draps neufz jusques à la valleur de seize sols parisis, qui estoit pour lors quasi tout le meilleur drap, parce que le plus hault pris n'estoit que vingt un ou vingt deux sols pour l'aulne du plus fin, dont a present le prys est tellement haulcé et augmenté depuis lesd. ordonnances... qu'en la ville de Lion le prys du meilleur monte jusques à douze francs l'aulne, pource qu'en tout le païs de Lionnois, Forrest et Beaujollois ny en la Bourgoigne, en la Bresse ou la Savoye, il n'y a aucune facture de draps et ne se faict poinct de bonnes tainctures, de sorte que l'on est contrainct pour avoir de bons draps et de bon tainct d'avoir recours à la ville de Paris.

Après lesquelles declarations il conclut a ce que,

sans avoir esgard a toutes lesd. requestes, ne aux lettres en forme de requeste civille obtenues par lesd. marchans drappiers, il soyt dict que led. arrest du XXIIIe mars Ve IIIIXXIIII sortira son plain et entier effect.

Séguier pour le procureur général du Roy dit qu'il y a plusieurs parties, la cause longue. Les frippiers ont obtenu des statuz vérifiés sans appeler les parties qui y ont interest, dont le differend va à reglement sur lesd. [statuts] appoincter... *interea*, afin qu'il y ait ordre, ont faict ouverture de garder par provision les statuz et reglement gardez à Paris, ville capitalle, où les frippiers ont receuz de long temps. Pensent que ceulz de ceste ville naguières introduitz ne le peuvent empescher.

« La court sur le tout, appelé les parties au conseil, corrigeront, ajousteront à leurs plaidoieries tout ce que bon leur semblera, bailleront consideracions et conclusions dans le temps de [. . . . . . .] et avoyr droict et [. . . . . . .] par provision sans prejudice de leurs droits au principal, Opine que les arrests concernant le reglement des frippiers de Paris seront gardez et observez (1) ».

II

Mécanisme du crédit et du change sur la place de Lyon (extrait de la plaidoirie pour Georges Zollikofer et Jacques Zilly, 1596).

Cela se praticque entre les marchans fréquentans les foires de Lion que, quand on leur apporte une cedulle d'un bourgeois de ceste ville de Lion ou autre marchand qu'ilz cognoissent solvable, il ne se faict difficulté

(1) Arch. Nationales X^{ra} 9267. *Grands Jours de Lyon*, 1596. Conseil et plaidoiries. F^{os} 330 à 340 v°.

aucune de bailler dix, vingt ou trente mil escuz, tant
en plus que en moings selon ce qui se demande, avec
la stipullation du proffit des changes (1).

III

Arrêt du Conseil d'État du 29 décembre 1599

Sur la requeste présentée par les marchans et ouvriers
des draps de soye [de] la ville de Lyon, tendant à ce
qu'il pleust au Roy que le fermier de la douane de
Lyon ou ses commis suivront le reiglement faict par
S. M., sans qu'ilz leur puissent faire paier davantage que
cinq escus de surcroist, qui est douze escus treize sols
quatre deniers pour balle de soye, pour les soyes et
fleuretz entrez en ladite ville depuis le huictiesme
may jusques au premier jour d'octobre dernier, et
ce qu'ilz auront faict paier de plus par execution et
contrainctes sera par eulx restitué. A esté ordonné
qu'elle sera communiquée et signiffiée à N. fermier de
la douane de Lyon, pour, luy ouy sur le contenu en
icelle, estre par S.* M. ordonné ce que de raison (2).

IV

Assemblée tenue à Lyon sur le fait des métiers

**Du jeudy septiesme jour de septembre l'an mil six cens
apres midy, aud. hostel commung.**

En l'assemblée convocquée en l'hostel commung
de lad. ville, cejourdhuy septiesme jour de septembre
l'an mil six cens, sont comparus de ceulx qui ont estés

(1) *Ibid.*, f° 148.
(2) Bibl. Nat., ms. fr. 18165, f° 71 v°.

mandés tant de l'eglise, de la justice, finances que aultres notables de lad. ville, les sieurs tresorier Scarron (1), de la Chassaigne, Poculot, Thieron, P. Bernard, C. Noirat, Bernier, Charrier, Pecoul (2), Richard, Serre, Ollier, Montresse, Blangelly, de Saillant (3). Denot, Claude Michel, Corsan et plusieurs autres ausquelz lesd. sieurs prevost des marchans (*sic*) ayant faict entendre la poursuite qui est instamment faicte pour l'execution de l'edict des maistrises et establissement d'icelles en ceste ville contre les anciens edictz et privilleiges d'icelle, a esté opiné par les susnommés ainsy et comme s'ensuit :

Ledit sieur tresorier Scarron a dict qu'il n'y a que fort peu des artisans et des marchands de cetted. ville qui sont natifs de Lyon, qui est pour respondre au VIIIe article du premier edict, est d'advis que comme les predecesseurs ont empesché semblables etablissemens, l'on doibt faire de mesmes pour ce que c'est la depopulation de la ville et la ruyne des privilleiges des foires et des libertés d'icelled. ville.

Led. sieur de la Chassaigne dict que ceste nouvelleté, que les antiens ont tousiours reiecté est contre les privilleiges et libertés de lad. ville et des foires et la ruyne du peuple, ce que lesd. privilleiges ayant esté baillés pour melliorer la ville, la ruine d'iceulx sera la ruine de la ville, et la fault empescher par tous moyens.

Ledict sieur Poculot a rapporté par exemple la deffense des estoffes de soye, qui est la ruine, et que cest edict l'achevera du tout, et s'y faut opposer.

Led. s[r] Thieron, id.

(1) Pierre Scarron, seigneur de la Parerie et de la Tour du Pin, trésorier de France, sera prévôt des marchands en 1606-1607. Paul Scarron sortait de cette famille.
(2) Ou Pecoil, famille qui donnera un prévôt en 1685-1686.
(3) Gaspard de Saillans, écuyer, seigneur de Beaumont.

Led. s^r Ponson Bernard, la pluspart des maisons et bouctiques sont desia vuides, cela ruynera le reste, et dict comme les aultres.

Charles Noyrat, id.

Led. s^r Bernie, que c'est chasser tous les estrangers, tous les marchans et artisans ne furent il y a cent ans sy miserables, est de l'advis des aultres.

Ledict s^r Charrier dict que plusieurs artisans se pourveurent aux grandz jours qui furent tenus en icelle ville l'année 1597, mais lesd. sieurs n'y eurent esgard, leur ayant esté remontré ce que estoit des privilleiges de la ville, et dict qu'il y fault percister.

Led. s^r Pecoil insiste à ce que l'execution de l'edict soit empeschée.

Led. s^r Richard dict qu'il a desia veu deux ou trois semblables assemblées ceans que l'on vouloit rendre lad. ville jurée, mais l'on s'y est tousiours opposé et est besoing de rebattre ce coup encores à present, car cest edict n'apporte poinct davantage de police que celle qui y est desja introduicte et partant ne fault souffrir que les privilleige de la ville et ceulx des foyres soient ainsy violés et y faut appeller et faire joindre les estrangiers qui ont des privilleiges particuillers et pourront apporter de l'utilité à ceste cause. Il fauldra que ung paouvre artisan qui n'aura pas de quoy payer sa taxe cesse de travailler, il s'en ira et laissera sa femme et ses enfants sur les bras de l'aulmosne generalle.

Led. s^r Serre dict qu'il le fault empeschier par les raisons rapportées par les precedans opinans.

Led. s^r Ollier, id.

Led. s^r Montresse, id.

Led. s^r Blangelly, id.

Led. s^r Denot, id.

Led. Claude Michel, que les maistrises sont causes qu'il n'y a poinct de foyres et de franchises.

Led. s^r Corsan, luy semble que l'on doibt appeller
toutes les villes du gouvernement pour s'y joindre.

Led. s^r Charrier, replicquant, a dict que, s'y l'on
appelle les estrangiers, il ne fault pas y appeller les
Souysses pour ce que les deniers sont destinés pour
ceulx de leurs cantons et que pour leur particulier
ils ont des privilleiges auxquelz ils se tiendront.

Tout le surplus de l'assemblée, d'une mesme voix,
a dict qu'il fault empeschier l'execution dud. edict
par tous moyens possibles (1).

V

Lettres du prévôt des marchands.

Du mardy douziesme jour de septembre l'an mil six cens
apres midy, aud. hostel commung.

A tous ceux qui ces presentes verront, nous, prevost
des marchans et eschevins de la ville de Lyon, scavoir
faisons que comme le septiesme jour du present moys
eussions esté advertis de la commission decernée en
chancellerie à mons^r le lieutenant general en la senechaussée et siege presidial de Lyon pour l'execution
des edictz des maîtrizes des mestiers en ceste ville de
Lyon, ayans mandé venir en nostre consulat grand
nombre des principaulx marchans et ouvriers de lad.
ville tenans ouvroirs, bouticques ou magasins et
aultres negotians soubz les privilleiges des foires
d'icelle, et à eulx donné à entendre le contenu desd.
edictz desquels auroit esté faicte lecture, tous unanimement et d'une mesme vois nous eussent instamment requis de faire tres humbles remontrances au

(1) Arch. de la ville de Lyon, BB. 137, fol. 118 et suiv.

Roy à ce que le bon plaisir de Sa Majesté fut de ne permettre l'exécution desd. edictz en lad. ville d'aultant que ce seroit faire tres grand prejudice au service de Sad. Majesté par les raisons qu'ilz et chascun d'eulx auroient allégué en leurs opinions et remonstrances. Apres avoir par divers jours heu sur ce conferance particulliere avec tous les estatz et ordres de lad. ville, tant du clergé, de la justice et des finances que sed bourgeois et habitans en icelle regnicoles et estrangiers. Finablement cejourd'huy, datte des presentes, de l'advis et consentement universel de tous, a esté conclud et arresté de deputer l'ung d'entre nous, qui sera assisté d'ung autre notable de lad. ville, pour aller par devers le Roy et nosseigneurs de son Conseil aux fins de faire et proposer les tres humbles supplications et remonstrances dont la teneur ensuit :

Assavoir que desia le XXe novembre V^{e}IIII^{xx}XVII, lors de la publication desd. edictz faicte en lad. seneschaussée lesd. prevost des marchans et eschevins s'opposerent à l'execution d'iceulx, sur quoy les parties furent envoyées en la court de parlement par acte dud. jour. Il est vray que l'on pretend que lad. opposition a esté vuydée par arrest du Corseil d'Estat du XXVe de janvier IIII^x XVIII, mais cela n'est considerable, soubz correction, tant pour ce que led. pretendu arrest est donné sans que les opposans aient esté oys ny appellés aud. Conseil, qu'aussy pour ce que par led. acte leur opposition n'avoit pas esté renvoyée aud. Conseil, ains en lad. court de Parlement.

De maniere que, en tous cas, il eust fallu que le Roy eust evocqué en son Conseil l'opposition renvoyée en lad. court de parlement advant que la juger, et pour la juger, les opposans fussent appellés et oys, ce que n'ayant esté faict l'on ne peult dire que leur opposition soit vuydée valablement, soubz vostre reverence·

Or, s'ilz eussent esté oys comme ilz espèrent de la bonté du Roy qu'ilz seront presentement, ilz eussent remonstré qu'il est porté par tout le contexte desd. edictz qu'ils ont esté faictz pour obvier aux abbus qui se commectent au faict de la marchandise et en l'exercice de tous les artz et mestiers de ce royaulme. Et, par le deuxième article de celuy de IIII^{xx}XVII, il est par expres declairé que Sa Majesté n'entend pas faire aucune chose contre les anciennes institutions et ordonnances au prejudice de ses subiectz et de la chose publicque.

Ces deux fondemens desd. edictz sont les mesmes sur lesquels sont basties toutes les raisons qui font pour monstrer que lesd. edictz ne sont pas seulement inutilz mais bien encores tres dommageables à lad. ville et au service du Roy, n'y ayant en iceulz ordre ny constitution qui puisse apporter meilleur reglement que celuy qui est estably en icelle de tout temps immemorial et n'estant possible d'y faire changements ou alterations que ne soit abolir les antiens statutz et changer les anciennes institutions et ordonnances de lad. ville, la depeupler en peu de temps et ruyner du tout les privilleiges des foires establies, desquelz nos Roys et le royaulme ont tiré des commodités indicibles tant et sy longuement qu'ilz ont esté maintenus en leur entier.

Chascun sait que lad. ville ayant esté bastie par un proconsul romain, elle fust douée, aussy tost qu'ediffiée, d'ung commerce si grand que c'estoit le plus celebre lieu pour le trafficq qui fust lors à cause de sa situation qui est à la descente des Gaules, de l'Allemagne et de l'Italie, et que par le moien des rivieres du Rhosne, de la Saosne et de la Loyre, toutes les marchandises que les deux mers se communiquent l'une à l'autre de tous les endroictz recogneuz par les hommes se peuvent aysement voicturer d'une mer à l'autre et traverser la France en quatre partz.

La ville est néantmoingtz scituée en l'extrémité de ce royaulme, de païs fort sterile ou il y a frequemment cherté et disette de vivres et ou il ne s'arreste que peu de personnes et ne se leve que peu de bouticques, à cause qu'il ne sy faict du destail que pour ce qui sy consume, tant pour ny avoir que bien peu de noblesse et point du tout de villes es environs qui sy viennent pourveoir que aussy qu'il n'y vient que des passagiers de France en Italie, lesquelz ne sont pas partis de leurs logis pour passer les montz qu'ilz ne soient equipés et au retour ilz ont sy peu d'argent de reste qu'ilz n'en peuvent laisser à Lyon que pour la despence de leur passage.

C'est pourquoy dès sa fondation elle a esté maintenue par les empereurs de Rome et sucessivement par tous nos Roys depuis que Childebert Ier, filz et successeur de Clovis, l'eust uny à la corone de France, avec toutes les franchises et privilleiges que l'on a seu imaginer, ayant esté tres bien recogneu que sans ce elle ne se pouvoit peupler n'y par consequent se conserver de soy mesme comme il fault qu'elle fasse sans esperance d'aultre secours, advenant ung accident inopiné, à cause de son esloignement du cœur de la France ou est le sejour ordinaire de nos Roys, et qu'elle deffend et couvre jusques aux portes de la ville de Paris, entre laquelle et celle-cy il n'y a forteresse aucune pour arrester une armée ennemye.

Libertés et franchises qui ont esté sy grandes que mesmes elles s'entendoient jusques aux termes de la justice, en laquelle il n'estoit loysible d'y avoir aulcung procureur pour le fisque contre les habitans. Nul habitant n'y pouvoit estre emprisonné qu'en cas d'homicide, larcin ou de trahison, et encores ne le pouvoit-il

estre pour lesd. cas sy quelque aultre habitant caultionnoit de le representer. Rien ne s'y pouvoit commectre par les seigneurs. Ilz ne pouvoient non plus
estre taillés. En icelle s'estoit ung asile pour ceulx qui
avoient intention de bien vivre de leur travail, car
lesd. libertés estoient accompaignées de tant de bonnes
moderations et constitutions qu'il n'estoit possible
d'en mal user.

Les divisions et partialités de ce royaulme et les
contentions pour la superiorité de lad. ville qui ont
duré plusieurs siècles entre nos Roys et les archevesques
avoient esté cause que le commerce s'en estoit destourné
et qu'elle estoit demeurée vuide d'hommes et de
moyens par sy longues années qu'elle ne sembloit
qu'ung villaige lorsque le Roy Charles VIIIᵉ, ayant
ouvert les yeulx au bien de son Estat, desseigna de la
fortiffier et repeupler, auquel desseing il fust suivy
par le Roy Loys unziesme, ayans pour cest effect
enclos dedans lad. ville la montaigne de Saint Sebastien et tant d'aultre terrain qu'elle fust agrandie en
son ençainte de plus que de moictié et ayant aussy par
mesme moyen restably et restauré les foires avec leurs
privilleiges affin que, venant à se peupler en peu de
temps, Leurs Majestés fussent deschargées de la garde
d'icelle ville, à laquelle quatre mille hommes de
garnison ne pourroient pas suffire.

Le principal et fondamental article desd. foires est
la liberté à toutes sortes de personnes, tant estrangiers
que regnicolles, d'amener et negotier à Lyon toutes
sortes de marchandises et denrées avec amples privilleiges à ceulx qui les ameneront et qui vouldront
frequenter lesd. foires, et quant à ceulx qui s'y voudroient habituer, ilz y pourroient tenir ouvroirs,
magasins et bouticques ouvertes, faire et negotier
tout ainsy et avec les mesmes libertés et privilleiges

des naturels habitans d'icelle ville jusques à les avoir déclairé exemptz du droit d'aubeyne.

Et le plus ancien privilleige de lad. ville estoit entré avant qu'il n'y avoit poinct de maistrise jurée au faict de toutes marchandises et de tous artz et mestiers et qu'il ne s'y parloit d'aulcung examen ny de chief d'œuvre pour ce que tel gracieux traictement estoit le moien plus certain, non seulement pour y arrester les artisans, lesquelz y venoient servir ou faire apprentissage, mais aussy pour y attirer les aultres tant du royaulme qui n'avoient moien de faire chef d'œuvre es villes jurées ou qui venans de courir l'Italie, l'Espaigne ou l'Allemaigne en rapportoient la perfection de leurs mestiers, que encores les marchans et ouvriers qui venans esd. foires avoient tous les subiectz du monde de s'y arrester et fonder domicille.

De sorte qu'en icelle ville il n'y a jamais eu aulcune maitrise que pour le regard des orfevres, chirurgiens, apothicaires, mareschaulx et serruriers pour ce que leur art a ses fonctions sur la vie ou entretenement de la santé et sur ce que les hommes tiennent plus precieux et aussy que desd. mestiers il n'en peult estre nombre qui servent à peupler la ville ny a maintenir et augmenter le commerce.

Et quant aux constitutions establies pour evicter les abbus que telles libertés pourroient causer, elles estoient de temps immemorial que le consulat commectoit annuellement deux maistres de chascung art ou mestier, l'ung du costé de la ville appellé de Forvière et l'aultre du costé qui s'appelloit anciennement de l'empire et maintenant du Rhosne, lesquelz maistres, durant lad. année, avoient l'intendance sur tous ceulx de leur mestier et le soing de leur faire observer les statuts et reglemens dud. mestier, et estoient lesd. commis chargés d'advertir le consulat des malaifa-

tions qu'ilz descouvriroient avoir esté commises pour faire qu'il y fut pourveu par justice ou aultrement, selon l'exigence du cas.

Le Roy Charles VIIIe ayant esté mis en doubte par aucuns mauvais conseilliers sy lesd. foires devoient estre continuées en lad. ville, Sad. Majesté auroit sur ce faict informer par tout son royaulme et hors d'icelluy en quel endroict elles se pouvoient mieulx establir, il fut trouvé et jugé que s'estoit en icelle ville et pour ceste cause non seulement Sad. Majesté les y confirma et ampliffia les privilleiges d'icelles, mais encores les anciennes institutions de lad. ville.

Le Roy Loys douziesme et les aultres Roys ses successeurs, de bonne memoire, ont faict le semblable et ont adjouxté à iceux privilleiges tout ce de quoy ils se sont advisés et mesmes pour ce particulier desd. maistrises, arts et mestiers, il se trouve trois constitutions par eulx sainctement faictes et confirmées et tousiours depuis obxervées qui veulent la difficulté presente.

Car premierement, oultre l'ordre qui estoit observé en la nomination que le consulat faisoit annuellement de deux des maistres de chascun mestier, comme dict a esté, ilz ordonnerent davantage que led. consulat commectroit tous les ans deux personnages d'integrité et d'experience pour veoir et visiter toutes marchandises et denrées qui tomberoient en commerce pendant les foires et hors d'icelles, ce qui s'observe exactement.

Secondement, que led. consulat auroit la congnoissance sur le faict particullier de l'espicerie et du grabeau et commectroit personnes pour y vacquer et prendre garde, chose qui est curieusement entretenue.

Et tiercement, ilz declairerent par ung edict perpetuel du VIIIe juillet V^e XI (1511) et par une declaration subsequente du xxve de juing V^c XII (1512) que lad. ville seroit à tousiours exempte, comme elle avoit esté par le passé, de toutes maistrises jurées pour les causes y contenues qui sont speciallement que c'estoit le moien d'y arrester les marchans et artisans pour s'y habituer et consequemment de l'enrichir, peupler, fortiffier et conserver.

Cest edict intervint sur pareille occasion que celle qui se presente, et lad. declaration fut ｜faicte à l'occasion de certains particulliers artisans qui desiroient maistrise et chief d'œuvre en leur art, ne regardans rien plus oultre que leur proffict particulier, qui leur sembloit estre d'empescher que le mestier se multiplia et qu'il en vint d'autres sans passer par leurs mains. Et encor aujourdhuy y en a il entre lesd. mesmes artisans qui ont la mesme volonté. Mais comme l'intention de ceulx là fust improuvée sur deux sy bons fondemens, il est certain que celle de ceulx-cy ne faict à considerer maintenant mesmement que lad. ville sereoit quasy reduicte au paouvre estat qu'elle estoit lorsque le Roy Charles VIIe y restablit lesd. foires.

Ce commerce ainsy fondé rendit lad. ville en peu de temps sy peuplée et riche, qu'oultre les commodités incroyables que toutes les parties de ce royaulme en recepvoient, nos Roys y ont trouvé telle foys de secours en leurs affaires jusques à six et sept millions d'or. Mais depuis que la rigueur de la guerre et les daces et impositions mises sur les passages ont viollé les franchises desd. foires et destourné le negoce ailleurs, l'on a veu tout incontinent tumber lad. ville en telle decadence qu'il ne luy reste plus qu'une poignée de peuple miserable.

Toutes les franchises et privilleiges desd. foires s'en sont allés. Il ne reste plus à ce Lyon que sa vieille peau, c'est à dire sa liberté naée avec luy de n'estre

subiect à maistrise jurée, qui est le seul moyen d'y
retenir ceulx qui n'ont pas de quoy aller faire mais-
trize ny tenir bouticque ailleurs, et qui luy ostera ceste
liberté, c'est la ruyner de fondz en comble. C'est empescher les marchans et artisans regnicolles et estrangiers
d'y venir et s'y arrester ; c'est mesme chasser ceulx
qui y sont venus apprendre et travailler en intention
de s'y habituer, car s'ilz n'ont en lad. ville non plus de
privilleige qu'en leur païs et qu'il n'y en a es aultres
villes jurées du royaulme assises en païs gras, fertille
et bien peuplé, il n'y a doubte qu'ilz se retireront.

La verité estant telle que de quelque mestier ou art
que ce soit, il ne se treuvera pas que la vingtiesme
partie soit des naturels de lad. ville et que tous en
general ne furent il y a cent ans sy miserables qu'ilz
sont. C'est pourquoy au seul bruict de financer et soubz
le pretexte du tambour qui les desbauche desia que
trop, il s'en retirera tant et plus qui laisseront femmes
et enfans sur les bras de l'aulmosne generalle.

Mais sy le troisiesme article de l'edict de IIII^{xx}XVII
a lieu et qu'il faille que tous marchans vendans par
poids ou mesures et tous aultres faisans profession de
quelque trafficq de marchandises, art ou mestier que
ce soit en bouticques ouvertes, magasins, chambrées,
astelliers ou aultrement fassent apprentissage, chef
d'œuvre et maistrise selon les formes et reglemens
portés par lesd. edictz et qu'à peine de ce ilz soient
privés à l'advenir de pouvoir plus joyr, user et exercer
leurs trafficqz, negociations, arts et mestiers, n'est-ce
pas deffendre à tous les estrangiers et regnicoles de plus
venir en liberté ou envoyer ceulx que bon leur semblera
à Lyon pour y apporter et vendre leurs marchandises
en foire et hors foire et en somme ruiner le fondement
desd. foires ? Ce seroit plus tost faict de les deffendre
du tout, car l'ung et l'autre sont une mesme chose.

Quand les privilleiges desd. foires ont esté publiés, ce n'a pas esté en intention de deffendre à ceulx qui n'ont poinct faict d'apprentissaige, de chef d'œuvre ou de maistrise dans le royaulme ou hors icelluy de venir à Lyon pour y vendre ou achepter des marchandises. Il n'y a rien qui empesche (lesd. privilleiges tenans) à ung courdonnier de Bourges d'amener des draps de Berry à Lyon pour les y vendre ny à ung drappier de Lyon d'y amener des cuyrs d'Auvergne ny à ung home qui ne fut jamais d'aulcung mestier d'y debiter ou faire debiter par qui que ce soit telle marchandise que bon luy semble.

Comme de mesmes il n'y a rien qui empesche l'habitant de Lyon, de quelque qualité qu'il soit, et quelque profession principalle qu'il fasse, de vendre, trocquer ou achepter pour luy ou par commission toutes sortes d'ouvrages et toutes sortes de marchandises et plus souvant que tous les jours l'on verra l'espicier prendre en payement de son debiteur, qui sera estrangier ou forain, non pas de l'espicerie, mais des toilles ou aultres marchandises, lesquelles par après il vend, et sy les toilles montent plus que la debte, le marchand toillier prendra des espices pour son supplement, lesquelles il vendra à ung aultre.

Et neantmoingtz sy lesd. edictz ont lieu, toutes ces choses en quoy consiste le principal commerce dud. Lyon ne se pourront plus faire, car il y a tel marchand ou artisan qui auroit à justiffier de cinquante sortes d'apprentissaige pour ce que au bout de l'année il aura trafficqué de plus de cinquante diverses marchandises et de divers ouvrages pour luy, par commission ou aultrement.

Davantage l'estranger amenant à Lyon des marchandises, que dira-t-il, sy les cuidant exposer en vente on luy demande sa quictance d'apprentissaige, la certification de son chef d'œuvre, ses lettres de maistrise, brief, sy on va le contreroller de ce qu'il est, de ce qu'il faict et de ce qu'il sçait ? Ce seroit bien loing de faire. ce que ceux d'Anvers et de Venize ont faict pour y attirer le negoce, ayans basty aux estrangiers des palays pour les y recepvoir et laisser vivre en liberté de toutes choses.

Il ne fault pas dire que les abbus se sont coulés dans le commerce et dans les artz et mestiers de lad. ville par faulte de maistrise, estant tout clair, soubz vostre reverence, que l'ordre que l'on y a observé jusques ici est plus certain et plus severe que celluy porté par les edictz dont est question. Car tous les mestiers de lad. ville ont des statutz et reiglemens fondés en raison d'aultant meilleures que les marchans de Lyon ont tousiours eu l'honneur d'estre les premiers et plus entendus de l'Europpe. Et là où par lesd. edictz les maistres jurés y sont esleuz à la poste des anciens maistres pour faire entretenir lesd. statutz, ilz le sont à Lyon par deliberation consulaire. Là où il ne sy faict visitation et n'y a animadversion que par lesd. maistres qui se peulvent frotter les mains les ungs aux aultres, en lad, ville il y a les deux preudhomes esleuz par le consulat qui ont l'œil par dessus tous. Et là où la plaincte des abbus ne s'y faict qu'à la justice, en lad. ville la denonciation se doibt aussy faire au consulat qui, pour le desir qu'il a d'entretenir le commerce, en faict la plaincte et la poursuicte bien souvent à ses despens, oultre l'ordre qu'il y apporte de son chef.

Et pour le faire court, où est la part (l'on ne dira pas de la France, mais de toute la terre cogneue) où il y ait heu de meilleurs ouvriers et de plus braves marchans et négocians qu'à Lyon au temps que les privilleiges des foires y ont esté entretenus et que les franchises et libertés de lad. ville ont esté maintenues ?

C'est chose cogneue et confessée de tout le monde.

Mais quelle maistrise fera on faire et de quelle matiere sera le chef d'œuvre de ceulx qui negotient sur la plasse de Lyon avec ung escriptoire et ung billan sans art, mestier, bouticque, magasin, ouvroir, estoffe ny marchandise ? Et neantmoings, il ne leur sera pas permis de negocier s'ilz ne monstrent leur apprentissage, leur chef d'œuvre, leur lettre de maistrise.

Il est donc tout certain que les edictz des establissemens desd. foires ne peuvent estre compatibles avec ceulx desd. maistrises et que les reiglements portés par ceulx cy ne sont ny plus necessaires ny sy utiles à lad. ville, au Roy et au royaulme que ceulx qui sont establis par les anciens statutz, franchises et libertés

lad. ville naées dès sa fondation et confirmées successivement jusques à noz jours et consequemment que donner lieu en lad. ville aux edictz desd. maitrises, c'est (comme l'on a dict cy dessus) abolir les antiennes institutions d'icelle ville et les privilleiges du consulat, ruyner les foires y establies, detourner les absens d'y venir et chasser ceulx qui y sont, et conséquemment depeupler et desgarnir la plus importante frontiere du royaulme contre l'intention de tous nos Roys, contre l'utilité publicque et au dommage de tout le royaulme et mesme contre l'intention des edictz dont est question.

Estant certain que prenant aujourdhuy une voye contraire aux antiens ordres qui avoient acquis à lad. ville la preheminence par dessus toutes les autres plasses de commerce de la chretienté, dont cest estat a rapporté des tresgrandz fruitcz et des commodités indicibles, il n'en fault attendre que les effects tous contraires et que, comme Lyon se perdra, tout le surplus en aura les sentimens. Cela fust recogneu par messieurs des grandz jours seans en lad. ville en l'an IIII^{xx}XVII, qui sur semblables remonstrances ne voullurent connoître les requestes de quelques menus artisans qui se penserent reunir pour avoir la maistrise.

Il y a une aultre raison qui rend l'execution des esdictz non seullement impossible en lad. ville, mais encores de tres perilleuse consequence au service du Roy et au bien de tout l'estat, qui est que ce a esté ung statut de tout temps observé, agréé et confirmé par plusieurs edictz et arrestz, que les eschevins de lad. ville sont annuellement esleuz et créés à la nomination des maistres des mestiers qui sont en charge en lad. année et qu'aucuns ny sont appellés et ne s'en peuvent entremectre.

Chascun scait que Lyon est tout plein d'estrangiers, les plus qualiffiés des marchans et artisans sont savoysiens, comtoys, lombardz et d'aultres nations. Et presque tous les mesmes (1) artisans sont de Savoye, de la Comté et du Comtat d'Avignon, le moindre desd. marchans et artisans ha en l'eslection des échevins voix libre et du mesme poidz que celle du plus apparent, et les naturelz de la ville qui ne font pas la vingtiesme partie n'y peuvent rien par dessus sy grand nombre des estrangiers.

Doncques il n'y a doubte que [si] l'eslection des maistres de l'année se faict entre eulx et par eulx ; et que le consulat perde l'auctorité de les créer et nommer annuellement comme il a faict jusques icy, c'est mectre la liberté d'eslire et créer les eschevins entre les mains et à la discrection des estrangiers qui sont le plus souvent subiectz des ennemys du royaulme et consequemment mectre lad. ville en ung danger tout apparent.

---

(1) Mesmes (?).

Et le moindre mal qui en peult arriver dès aussy tost que les edictz seront executés sera que lesd. marchans et artisans estrangiers monopolleront à la ruyne des naturels françoys et n'en pourront estre empeschés.

Mais toutes choses sont encores entieres, car estant ainsy que le Roy a declairé par le 2ᵉ article de son edict qu'il ne veult rien hinover aux antiennes institutions et ordonnances au prejudice de ses subiectz et de la chose publicque et qu'il appert que l'establissement du reiglement porté par lesd. edictz seroit la ruyne des statuz de lad. ville et des foires y establies ; Attendu aussy que Sa Majesté n'a pas speciffiquement et particullierement revocqué les edictz et declarations de ses predecesseurs Roys faisans au proffict de lad. ville et pour la conservation de leurs particulliers statutz, libertés et franchises qui sont fondés en des raisons et considérations particullières que les aultres villes n'ont pas, il n'y a doubte, soubz vostre reverence, qu'il ne peult ni ne doybt estre procedé à l'execution desd. edictz en lad. ville de Lyon, ains qu'elle en doibt estre et sera, s'il plaict au Roy, exceptée et declairée exempte pour tousiours.

Et pour faire et proposer les susd. remonstrances et toutes aultres que besoing sera, poursuivre et obtenir toutes provisions necessaires au nom du corps, consulat et communaulté de lad. ville et de tous les estatz et ordres d'icelle, et à ces fins se transporter par devers le Roy et nosseigneurs de son conseil la part ou mestier sera, nous, prevost des marchans et eschevins susd., avons commis et deputés sçavoir noble Claude de Bourges, seigneur de Myons, l'ung des cent gentilz-hommes de la maison du Roy, et premier eschevin, et le sieur Pierre Bernico, bourgeois d'icelle ville, avec tout pouvoir en tel cas requis, lesquelz ont accepté lad. charge, de laquelle nous avons esd. noms promis

et promectons les relever indemnes. Faict et arresté
au consulat tenu en l'hostel commung de lad. ville
par Mons. Pierre de Baillon, Roland Henry, Maurice
Poculot et Claude Regnaud, le douziesme jour de
septembre l'an mil six cens, en foy de quoy nous avons
faict expedier ces presentes par le secretaire et greffier
de lad. ville et communaulté et y apposer le scel des
armes d'icelle (1).

DOCUMENTS RELATIFS A L'ENTRÉE DES PRODUITS ÉTRANGERS

VI

Assemblée tenue à Lyon sur le fait des manufactures étrangères

**Du dix huictiesme jour d'aoust
l'an mil cinq cens quatre vingtz dix huit, après midy,
en l'hostel commung de la ville de Lyon.**

Sur les advis donnés ausd. sieurs par Messieurs de
la ville de Tours de la poursuite qu'ilz entendoient
faire vers le Roy pour obtenir de Sa Majesté la deffense
proposée, en l'assemblée convocquée à Rouen en l'année
IIII^{xx}XVI, de l'entrée et usage dans ce royaulme
des draps et toute aultre manufacture d'or, d'argent
et de soye faites hors icelluy, pour se joindre à laquelle
poursuite ilz auroient invité ceste ville de Lyon, asseu-
rant que Sad. Majesté les avoit laissé en grande esperance d'obtenir leur intention et que mesmes elle leur

(1) Arch. de la ville de Lyon, BB. 137, fol. 120 et suiv.

avoit commandé d'envoyer homme en court pour l'en ressouvenir et faire lad. poursuite, depuis lequel advis desd. sieurs de Tours, qui en ont escript par deux diverses foys et pour ce envoyé hommes exprès, il en est arrivé d'aultres, venans d'aulcungs des principaulx de la court, par lesquels l'on est bien adverty que cest affaire s'y traicte avec chaleur ; pour ces causes, ayant esté mis en consideration par lesd. s^{rs} prevost des marchans et eschevins de quel poidz estoit ceste ouverture et la consequence qu'elle peult apporter à cested. ville selon qu'ilz en ont trouvé des opinions fort diverses entre leurs concitoiens, quand, en particulier, il en a esté traicté avec les principaulx d'entre eulx, ont, sur ce sujet, convocqué, pour se trouver au present consulat, tant les plus apparens de tous les ordres de lad. ville que les mieux entendus au faict des negoces qui s'y exercent et mesmes en l'art de la soye, lesquelz sont cy après nommés, scavoir :

Du Clergé.

Monsieur le doyen de Charmazel (1).	De Rochefort.
c. Monsieur Chalon (2).	Allard (4).
De Bourg (3).	Mellier, advocat du Roy (5).
. Brocquin,	Clapisson, proc^{r} du Roy.

(1) Ou Chalmasel. La *Bibliographie lyonnaise* de Péricaud renvoie au mot Talaru, où elle ne donne aucune indication sur ce personnage.

(2) Etienne-Emmanuel Chalom, official de l'archevêque Pierre d'Epinac.

(3) Est-ce Laurent, fils d'Etienne ?

(4) Pierre, conseiller au présidial, auteur de la *Catacrise du droit romain.*

(5) Nicolas, avocat en la sénéchaussée en 1573, maître des requêtes de Catherine en 1581, avocat au présidial en 1585.

Des Finances.

Messieurs
c. De Rivière.
De Servières.
c. Scarron.
Daveyne.

Barailhon (3).
Pollaillon, receveur des
deniers.
Corneille.

Des Notables bourgeois.

Messrs de Saillans, ch^r
de l'ordre du Roy.
Du Soleil.
De Myons.
c. Lorans, conservateur.
Scarron, cy devant m^e
des foires.
De Masso.
Pinet, esleu.
c. Regnauld, esleu.

Du Buisson.
Livet.
c. Nepveu, advocat.
Chevalier, advocat.
Vize.
Prost.
Croppet.
Dutroncy (4).
Richomme.
Ducoing.

De la Justice.

Messieurs
Austrein (1).
Vandel (2).

Bernico.
Jacquet.

Des Marchands.

Messieurs
Poculot.
c. Depure.

Thieron.
Charrier.
c. Bernard.

(1) Pierre, qui sera prévôt des marchands en 1614-1615.
(2) Sans doute Jean, petit-fils de l'échevin Claude, vice-chancelier de Milan, Jean était conseiller au présidial.
(3) Jean, seigneur de Nantas, trésorier de France. Son fils Antoine sera tué au siège de Montauban. Un Aimé Baraillon sera prévôt en 1616-1617.
(4) Benoît du Troncy, notaire, né vers 1525, mort vers 1600, premier traducteur du *De consolatione*.

Colhabaud.
c. Noirat.
c. Teste.
c. Denot.
c. Richard.
Gallier.
Vaissière.
Poisson.
Pecoil.
Piccou.
Guzmier.
Bernard.
Penault.
Aguesseau.
Verges.

c. Serre.
c. Plasses.
Navelle.
c. Fialac.
c. De Roddes.
Guette.
Igapailhot.
c. Orlandin (1).
Passard.
Loys.
Estienne Gaigneron.
Michel.
Clement dict Voisin.
Hostier.
c. Minet.

Esquelz susnommés sont seulement comparus ceulx qui sont marqués au marge par la lettre c, et après que les absens ont esté longuement et suffisamment attendus, led. prevost des marchans a faict la proposition susd. de la cause de ceste assemblée et a disertement exposé et faict balanser toutes les raisons et circonstances que les plus judicieux ont mis en advant quand il a esté pourparlé du faict dont est question, les unes faisans pour monstrer que la deffense de l'entrée et usage de marchandises estrangières en ce royaulme peult apporter beaucoup d'utilité à cested. ville en particullier, et les autres monstrans, tout au contraire, que ce seroit la ruyne du commerce estably en icelle sans lequel elle ne peult commodement subsister ; et neantmoingtz parce que toutes en general concourrent en une mesme conclusion que

(1) Alessandro Orlandini, marchand d'origine toscane, avait prêté à Henri IV 450.000 l.

lad. deffense seroit utile et proffitable à tout ce royaulme
quelque bien ou mal que ceste ville en puisse rapporter
en son particullier, led. s^r prevost des marchans a prié
les assistans qu'en opinant par ordre sur l'importance
de cette theze, qui est vrayment problematique, de
scavoir sy lad. ville rapporteroit utilité ou non de lad.
deffence, il leur plaise ne se poinct tant arrester à cella
qu'à prevoir et ouvrir les moyens par lesquelz, en
tant que Sad. Majesté, postposant nostre intcrestz
particullier à celluy du general, viendroit à se resouldre
de faire lad. deffence, pour le moingtz s'y ayt mal pour
cested. ville l'on en puisse tirer du bien, et sy c'est
bien pour elle que, sur ce sujet, l'on puisse meliorer
sa condition, se pouvant chascun asseurer que lesd.
sieurs prevost des marchans et eschevins, après avoir
heu le bon advis de ceste assemblée (qu'ilz eussent
desiré estre plus grande comme elle l'eust esté des deux
tiers sy tous ceulz qui ont esté priés d'y venir n'eussent
defailly au debvoir qu'ilz ont au public) ne manqueront
incontinent de depescher en court homme capable
de faire les remonstrances et poursuictes qui seront
jugées plus utiles pour le bien de cested. ville et par
mesme moyen de charger de plusieurs aultres affaires
tellement importantes que peult estre il ne se presente
de longtemps occasion plus neccessaire d'y envoyer ;
sur quoy, après que chascun des assistans a opiné
distinctement et par ordre, la diversité et la contrariété
de leurs opinions ayant esté grande parce que la pluspart ont dict y estre venus sans avoir preveu la difficulté qui s'offre qui est neantmoingtz de consequence
infinie, a esté arresté que chacsun y pensera à part
soy et en communiquera avec les aultres qui ne
sont en ceste assemblée et qui en peulvent parler
avec jugement, pour, dans trois jours prochains,
apporter leur dire par escript et le remectre es

mains du greffier de lad. ville, afin que estant sur ce prinse quelque sayne deliberation, l'on puisse deputer et envoyer en court au plus tost que faire se pourra homme digne d'une charge de sy grand poidz (1).

VII

Lettres des prévôt des marchands et échevins.

Du dixiesme jour de septembre l'an mil cinq cens quatre vingtz dix huit, en l'hostel commung.

A tous ceulx qui ces presentes verront. Nous Baltazar de Villars, con[er] du Roy, president et lieutenant general des seneschaussée, siege presidial de Lyon et parlement de Dombes, prevost des marchans, François de Muzino, con[er] du Roy et president en l'eslection de Lyonois, François Benoist, seigneur de la Chassaigne, Jacques Jacquet, seigneur de la Verrière, et Guillaume Charrier, eschevins de la ville et communaulté de Lyon. Scavoir faisons que, comme presentement lad. ville soit chargée de plusieurs grandes affaires ausquelles il est besoing de pourveoir, et, pour ce faire, envoyer en court homme capable de la poursuite d'icelles ; ainsi qu'il a esté jugé necessaire en diverses assemblées sur ce faictes, mesmes et par especial à l'occasion de la deffence que l'on tient avoir esté proposée et comme resolue aud. conseil de Sa Majesté de l'entrée et usage dans ce royaulme de toutes marchandises manufacturées hors icelluy, de laquelle deffence procederoit une grande ruyne à lad. ville sy,

(1) Arch. de la ville de Lyon, BB. 135, fol. 120 et suiv.

pour le moingtz, il ne plaisoit à Sad. Majesté l'ordonner avec des conditions et moderations qui feissent cesser . ung interest de sy grande importance selon les ouvertures qui en seront faictes pour le bien et utilité de lad. ville, conservation du commerce et establissement des arts et mestiers en icelle. Item, etc.

. . . .

A ces causes avons d'une mesme voix et deliberation nommé, commis et deputé led. Thomé pour la poursuite des affaires de la ville (1).

VIII

Lettre de la ville de Lyon au chancelier.

12 décembre 1598.

MONSEIGNEUR, .

Ce ne vous doibt estre chose nouvelle de recepvoir nos importantes requestes, mais le bon et asseuré support que nous avons tousjours treuvé en vous en toutes nous afflictions nous y faict d'aultant plus recourir que aussy nous croyons que les prenés de bonne part comme estant pour le bien et service du Roy et conservation de ceste ville en son obeissance. C'est pourquoy nous sommes contrainctz de vous escripre sur le sugect de la proposition faicte par les habitans de la ville de Tours pour la deffence des manufactures estrangières ; leur pretexte est beau en apparence parce qu'ilz se couvrent du bien public, mais soubz ce voile est caché

______

(1) Arch. de la ville de Lyon, BB. 135, fol. 133 v°.

leur gaing particullier et la perte de ceste ville, une des plus importantes du royaume, comme a esté fort amplement remonstré de nostre part par nostre greffier que nous avons expressement deputé ; encores que aulcungs particulliers habitans ayant vollu, par un tres pernicieux monopolle, faire croire que ce n'estoit point ung consentement general ny une resolution de nostre corps. Monseigneur, nous vous supplions très humblement de n'avoir aulcun esgard à ces declarations mendiées et dont les porteurs debvroyent estre chastiés d'avoir vollu, par des assemblées illicites et très dangereuses, pratiquer des advis contraires aux resolutions du corps de ville, et comme ce n'est poinct nostre interest particullier, mais le general qui nous convie à embrasser ceste cause generalle, Nous pouvons dire avec verité que, sy le desseign de nos envieux a lieu, que ceste grande ville, qui a esté la première qui a secoué le joug de l'injuste domination pour recognoistre son prince naturel, perdra en ung instant son nom et sera rendu esgalle au plus depeuplé village de ce royaulme. La liberté du commerce est son ornement, voire son seul maintien ; si elle en est privée, l'on verra, dans peu d'années, que les marques de la ruyne la feront recongnoistre avoir esté grande quelques fois. Monseigneur, nous esperons que ces justes plainctes vous persuaderont de nous assister de vostre favorable secours pour empescher ceste cheute, qui ne seroit pas nostre sceullement, mais apporteroit dommaige à tout le royaulme. Nous demeurons, par ce moyen, tousjours obligés du très humble service que nous vous debvons et à prier Dieu qu'il vous doinct,

Monseign^r, en parfaicte santé, heureuse et longue vye (1).

(1) Arch. de la ville de Lyon, AA. 141.

IX

Arrêt du Conseil d'État du 14 décembre 1600.

Sur la requeste presentée par les prevost des marchans et eschevins de la ville de Lyon à ce qu'il pleust au Roy ordonner que les colonels et capitaines suisses prendront communication de leur production faicte sur l'opposition qu'ilz ont formée à l'establissement qu'on veult faire des maistrises en lad. ville suivant l'edict de l'année M V^c IIII^{xx} ung pour icelle contredire si bon leur semble, et cependant leur faire deffenses de passer outre à l'exécution dud. edict, le Roy, en son conseil, a ordonné que la surceance cy devant accordée aux supplians pour six septmaines sera encores continuée pour decembre, pendant laquelle S. M. faict deffenses de passer outre à l'execution dudit eedict (1).

(1) Bibl. nat., ms. fr. 18165, fol. 96.

CHAPITRE VII

Le *Parfait Négociant* de Jacques Savary

Une grande maison de commerce de notre temps ne saurait fonctionner sans une bibliothèque spéciale où figurent des ouvrages économiques et géographiques, où l'on reçoit et tient à jour une foule de publications périodiques. Si la documentation d'un négociant de la fin du XVIIe siècle était moins compliquée, il ne faut pas croire qu'elle fût inexistante. Il avait au moins sur sa table, à côté de livres d'arithmétique et de comptabilité, *le Parfait Négociant* de Jacques Savary. C'est dans ce manuel des affaires qu'il allait chercher une solution aux mille et un problèmes qui pouvaient se poser à lui : comment rédiger une lettre de change pour Lubeck ou pour Beyrouth, et à qui l'adresser ? Comment établir un acte de société ? Comment se comporter à l'égard d'un débiteur ruiné, d'un failli, d'un banqueroutier ? Où acheter des marchandises, en réalisant quels bénéfices ? Tels sont quelques-uns des secrets que Jacques Savary révélait à ses compatriotes engagés dans les affaires.

I

Qui était-ce Jacques Savary, et dans quelles conditions écrivit-il son livre ? Il est d'autant plus nécessaire de répondre à ces questions que l'on a souvent confondu l'auteur du *Parfait Négociant* avec l'un de ses fils, pourvu du même prénom, Jacques Savary, dit des Bruslons, lequel grossit la bibliothèque des marchands en composant, mais plus tard, le *Dictionnaire universel du commerce*. Cette famille a bien mérité de la science commerciale. Ce n'est cependant pas une raison suffisante pour ne faire de ses deux principaux représentants qu'un seul et même personnage. Le savant bibliographe Brunet a commis cette erreur ; dans les éditions successives de son *Manuel du libraire*, au mot *Savary des Bruslons*, il dit que l'édition du *Dictionnaire* de 1741 « est à très bas prix, ainsi que le *Parfait Négociant* du même auteur ». Cette bévue, comme il arrive d'ordinaire, a été reproduite ultérieurement, et même par des historiens de marque.

La biographie de Jacques — disons Jacques Ier — Savary n'a été esquissée, à notre connaissance, que par un de ses compatriotes, dans deux articles de la *Revue de l'Anjou* parus en 1856 (1). C'est une consciencieuse analyse des renseignements contenus dans la préface de Savary lui-même et dans les préfaces mises par ses fils en tête de ses éditions successives. Car Bellanger avait dû constater, comme nous l'avons constaté nous-même, l'étrange silence que gardent sur Savary les fonds de la Bibliothèque nationale et ceux des Archives nationales. Ni Clément, ni Depping n'y ont rien trouvé, et nos propres recherches n'ont pas eu plus de succès (2). Les Archives de Maine-et-Loire ne sont pas plus riches,

(1) Ph. BELLANGER : *Jacques Savary, sa vie, ses ouvrages et son époque* dans *Revue de l'Anjou et du Maine*, 5e année, t. XI, 185 j, p. 197 et 371 (et à part, 1857).

(2) M. Bourgin, en particulier, a bien voulu m'aider dans ces recherches. Depuis M. Samaran a eu l'occasion d'en faire d'autres, également infructueuses.

puisque le savant et consciencieux Célestin Port n'a pu que répéter Bellanger (1).

Force nous est donc de nous contenter, comme Bellanger, de renseignements que les lecteurs de Savary n'ont jamais révoqués en doute. Il était né en Anjou, à Doué, le 22 septembre 1622, et sur ce point du moins Bellanger nous apporte un document, l'acte de baptême, qui le dit « fils de sire François Savary, marchand, et de Denise Guérineau sa femme ». Il a pour parrain un apothicaire. Il sort donc d'une famille de commerçants, adonnée au négoce dès le XVe siècle (2). Orphelin de père de bonne heure, il est envoyé à Paris, où il est reçu par son oncle Guillaume Savary, qui avait fait fortune dans le commerce, et par Jean, cousin germain de son père, secrétaire du roi, et neveu par sa mère de M. d'Aligre. Le voilà donc qui frôle le monde administratif. D'Aligre était parent de Le Tellier. Le jeune homme travaille chez un procureur au Parlement, chez un notaire au Châtelet, puis il entre en apprentissage

(1) *Dictionnaire de Maine-et-Loire*, t. I, p. 498. Il renvoie aussi à Niceron, t. IX, p. 203, *Jacques Savary et Jacques Savary des Bruslons, son fils.* Mais Niceron se borne à résumer les préfaces. *Ibid.*, t. X, p. 279, quelques errata sans importance.

(2) M. R. du Buysson (de Saint-Rémy-la-Varenne, par Saint-Mathurin, Maine-et-Loire), dont la femme, née d'Espinay, est une descendante des Savary, veut bien me communiquer quelques renseignements généalogiques sur cette famille. Elle a dû, pense-t-il, habiter le Mans, où son nom figure parmi les échevins, avant de venir à Doué, aux Roziers et à Saumur. On relève François Ier Savary, époux de Catherine Falaiseau, deux enfants : son fils François II, grand-père de notre auteur, eut de Marguerite Saget huit enfants : le premier est François III, père de Jacques ; le deuxième, Guillaume, eut de sa femme, née Bodeau, un fils Mathurin, évêque de Séez (nommé en 1682, confirmé dans ce siège en 1690, consacré à Paris le 24 août 1692) ; le septième est une fille, Mathurine, épouse de René Delaville (des Roziers), dont cinq enfants. Une de leurs petites-filles, née Anastasie Desmé, épouse en 1748 Pierre Louis-Sailland. De là, par des mariages, sont issus le général Delavau et Mlle Delavau (de Saumur) d'une part, de l'autre d'Espinay, conseiller à la Cour d'Angers et le colonel du même nom.

chez un mercier, et il est reçu maître dans ce corps qui se considérait comme une sorte d'aristocratie du négoce et dont l'activité multiforme faisait éclater les cadres jalousement étroits des communautés de métiers. En 1605 il épouse, suivant l'usage, la fille d'un confrère, riche négociant allié à la robe, et fait une fortune considérable. Après quoi, suivant un autre usage — usage qu'il blâmera comme l'avaient blâmé avant lui Montchrestien et Richelieu — il quitte le commerce pour acquérir ce que l'on appelait une charge. Fouquet, son compatriote angevin, lui fait obtenir la régie des vendeurs de cuirs et il crée une Compagnie des domaines du roi. Il sera en 1661 agent général des intérêts du duc de Mantoue.

Sa situation fut ébranlée par la chute du surinten_ dant. Il perd son affaire des domaines, et des avances considérables ne lui sont pas remboursées. Mais Colbert n'était pas homme à laisser dans l'inaction les créatures de son prédécesseur quand il leur voyait de l'étoffe. Le fils du drapier de Reims s'accordait avec le mercier enrichi au moins sur un point : à savoir que rien ne pouvait nuire à la France autant que les habitudes de mauvaise foi généralement alors reprochées aux commerçants français. Déjà ce Richelieu, à qui le temps seul a sans doute manqué pour devenir l'un des plus hardis réformateurs de notre économie nationale (1), déjà Richelieu avait écrit (*Maxime* LXXXIV): « Bien que les fautes soient personnelles, il est certain que les légèretés et indiscrétions que les Français commettent aux païs étrangers impriment une marque de honte sur le front de toute la nation. » Paroles d'or qu'il faudrait graver, à l'usage de tous nos compa-

(1) Ce beau sujet, *The economic policies of Richelieu*, a tenté un professeur américain, M. F. Ch. Palm (Urbana, 1920). Le livre ne tient pas, malheureusement, les promesses du titre.

triotes qui passent les frontières, et non pas de nos seuls commerçants, dans le vestibule de nos consulats, légations et ambassades, et aussi écrire sur les passeports.

Colbert pensait ce que Savary écrira plus tard, par exemple à propos du fructueux commerce des Echelles: « N'est-ce pas une chose étonnante et honteuse tout ensemble que les négociants français aient détruit et ruiné dans le Levant le commerce des draps, qui est une des plus considérables manufactures de France, par leur infidélité et cela par la convoitise qu'ils ont eu de gagner beaucoup et faire par ce mauvais moyen leurs fortunes en peu de temps, sans considérer qu'ils faisaient perdre la réputation à la Nation, qui était si grande autrefois dans le Levant, que les autres nations de l'Europe n'y pouvaient faire leurs négociations que sous la bannière de France ? »

Relever la réputation de la Nation, c'est à quoi visa Colbert lorsqu'il adressa aux juges-consuls, chambres de commerce, etc., une sorte de circulaire sur les abus du commerce, et provoqua leurs réponses. Les marchands de Paris, en particulier, demandèrent au roi un règlement, faisant valoir que les lois civiles étaient insuffisantes pour trancher avec la rapidité et la précision nécessaires les litiges commerciaux, et qu'il importait d'unifier les usages, encore très différents de ville à ville.

Or parmi les mémoires qui furent soumis au contrôleur général, deux, qui sont d'août et de septembre 1670 et qui contenaient un projet de règlement, avaient pour auteur Jacques Savary. L'un contenait les abus qui se commettaient dans le commerce; l'autre était un projet de règlement. C'est pourquoi Savary fut choisi, avec un ancien échevin et un ancien garde de la mercerie, pour assister au Conseil de réforme qui devait, sous la présidence du fidèle Pussort, « préparer l'ordonnance sur le commerce ».

Du moins devons-nous l'en croire sur parole ; car, chose troublante, nous n'avons conservé ni les mémoires de Savary, ni les procès-verbaux, ni la composition de la commission (1), où cet édit fut élaboré, ni même aucune lettre de Colbert qui fasse allusion à ce travail, ni, en réalité, aucun document relatif à la préparation, à la promulgation, à l'application de ce monument législatif.

Si Jacques Savary a dit vrai, son rôle dans les travaux de la commission fut considérable et s'exerça dans le sens que nous devinons. Savary s'opposa constamment « aux adoucissements dangereux que l'intérêt inspirait sur certains articles ». Ses avis triomphèrent si bien que Pussort donnait couramment le nom de « Code Savary » à l'ordonnance signée par le roi à Saint-Germain, en mars 1673 : « Règlements capables d'assurer, parmi les négociants, la bonne foi contre la fraude et de prévenir les obstacles qui les détourneraient de leur emploi par la longueur des procès. »

Cette collaboration à l'Ordonnance avait placé la personnalité de Savary en pleine lumière. C'est dans ces conditions qu'il se mit à rédiger, suivant le mot de Levasseur, un « commentaire pratique », on peut ajou-

(1) P. Clément, t. II, de l'éd. de 1674, p. 317 : « Œuvre de l'infatigable Pussort, assisté cette fois d'un habile commerçant, Jacques Savary... Sous la présidence de Pussort, qu'inspirait et dirigeait Colbert... ». D'après les éditeurs, avant d'arrêter le projet rédigé par de Gomont, le conseil de réforme entendit encore Bellinzani, André le Vieux, Robert Poquelin et Savary. Des recherches dans les archives communales, des chambres de commerce, des juridictions consulaires donneraient sans doute des résultats. Nous nous excusons de n'avoir pu encore les entreprendre.

Aux Archives nationales, ADxi 9 (*Commerce, règlements généraux, 1677-1787*) on ne relève comme pièces intéressantes que des extraits sur feuilles volantes des articles de l'ordonnance.

ter le commentaire moral « de l'ordonnance de commerce ». Deux ans après la publication de l'Ordonnance paraissait la première édition de *Le Parfait Négociant ou instruction générale pour ce qui regarde le commerce des marchandises de France et des pays étrangers* (1).

Savary nous dit lui-même que ce travail lui aurait été suggéré par les membres mêmes du Conseil (2). En tout cas, l'ouvrage répondait à un tel besoin, il eut un tel succès que l'auteur dut en donner une seconde édition dès 1679. Déjà il avait été, en 1676, traduit en allemand dans la ville de Francfort, traduction sans doute publiée à Genève (3).

Cette édition de 1679 est déjà augmentée. En 1675, Savary n'avait voulu parler que des choses « tirées, dit-il, de sa propre expérience ». Pour les pays voisins de la France, il s'était servi de « Mémoires très assurés... donnés par mes amis, qui y ont négocié longtemps ». Il avait examiné des livres et factures de leurs commissionnaires. Pour les pays lointains, Baltique, Arkhangel, Antilles, Canada et Guinée, il avait consulté, outre les bons auteurs, « des mémoires de personnes qui y ont été depuis trois ou quatre ans », mémoires «dressés par ordre des puissances supé-

(1) Cette première édition était visible cette année à la Bibliothèque nationale, lors de l'Exposition du Siècle de Louis XIV.

(2) « Ce fut en cette dernière occasion que quelques-uns des MM. qui le composent, après la levée du Conseil, me portèrent à travailler et à faire quelque ouvrage sur le sujet du commerce qui pût être utile aux jeunes gens qui voudraient se mettre dans la profession mercantile ». — LEVASSEUR, *Hist. de l'industrie*, t. II, p. 293, n. 1, avait écrit par négligence à propos du *Parfait Négociant* : « La première édition est de 1669. » Plus correctement, *Hist. du commerce*, t. I, p. 302 : « Deux ans après la promulgation de l'ordonnance. »

(3) M. Charliat me fait savoir qu'il a consulté à Upsal cette édition : *Der vollkommene Kauf — und Handelsmann... Genf*, H. Widerhold, 2 vol. in-8°. Au frontispice du t. II un convoi de voitures et de mulets, portant des marchandises vers une ville, et escorté de gens armés.

rieures ». Ce qui veut dire que Colbert lui avait ouvert ses archives. Mais dans cette première édition il avait passé sous silence le commerce des Echelles, malgré son importance, parce que, disait-il, il n'avait pas eu sur ce sujet de mémoires « assez forts ni assez étendus pour en pouvoir traiter présentement ». Mais entre 1675 et 1679 il a reçu des mémoires d'un de ses amis qui a fait ce commerce pendant plus de vingt ans, et il peut ainsi ajouter à son livre un « Traité du commerce qui se fait par la Méditerranée dans toutes les Echelles du Levant, par les Français, Italiens, Anglais et Hollandais. »

Cette édition de 1679, dédiée à Colbert, contient une autre innovation. Savary était devenu, depuis 1675, un personnage célèbre, une sorte d'oracle de la jurisprudence commerciale, que l'on consultait dans les cas épineux. Ses consultations, ou pour prendre l'expression italienne, ses « parères », qui s'appliquaient à des espèces concrètes, pouvaient servir à résoudre des cas analogues. Savary crut donc rendre service en insérant dans son livre dix ou douze « questions sur lesquelles j'ai donné mon avis ». D'édition en édition, grossira le nombre de ces *Parères ou avis et conseils sur les plus importantes matières du commerce*, titre relevé dans l'édition de 1688. Déjà *le Parfait Négociant* avait paru en 1683 en hollandais à Amsterdam, avant de paraître à Londres en anglais, et en italien à Milan.

La mort de Jacques Savary, en 1690, n'arrêta pas le succès de son œuvre. Des 17 enfants qu'il eut, ou plutôt des onze qui lui survécurent, plusieurs s'employèrent à le rééditer. Il y eut au moins une édition lyonnaise de 1697 et une autre en 1712. Celle qui fut publiée en 1713, et très augmentée par Savary des Bruslons, est déjà considérée comme la septième. Des Bruslons mourut en 1716, mais c'est sur un exemplaire corrigé de sa main que Guillaume publia la 8e en 1721. La belle édition de 1757, à Paris chez Francis Estienne, en deux tomes in-4°, reproduit toutes les additions de des Bruslons « ensemble la vie de l'auteur par Philémont-Louis Savary, chanoine de l'Église royale de Saint-Maur, son fils ». Non seulement il y eut encore une édition en 1777, mais la dernière, d'après Brunet, est de l'an VIII ! Levasseur n'est donc pas allé assez loin, en écrivant que ce livre est « resté jusqu'à la fin de l'ancien régime le manuel du commerçant ».

II

Mais ce serait donner du livre de Savary une idée inexacte que de le décrire comme un pur manuel. Ce serait en faire disparaître l'élément pittoresque, la représentation si animée de la vie marchande de son temps. Les formules administratives des ordonnances royales et de la correspondance de Colbert (1) s'éclairent et prennent un singulier relief dans l'œuvre de ce mercier enrichi. On éprouve à le lire un plaisir du même genre que celui que nous procura, par exemple, le *Soll und Haben* de Gustav Freytag. Il y a, chez l'un comme chez l'autre, une poésie de la comptabilité, de l'épicerie, du commerce des étoffes.

Le propos de Savary est avant tout pédagogique ; « Mon dessein, répète-t-il sans cesse, étant de donner des maximes à la jeunesse qui voudra entrer dans le commerce, afin qu'elle se puisse bien conduire dans son entreprise et éviter les malheurs qui accompagnent cette profession. » Cette profession est une profession

---

(1) Si incomplètement reproduite dans le travail très surfait de Clément, où la partie *commerce* est particulièrement sacrifiée

noble et utile. Aussi, quand il s'agit de la vanter,
Savary recourt-il à des accents presque religieux. Je
ne sais si cet Angevin avait lu l'admirable opuscule
publié en 1568 par son compatriote Jean Bodin. On
le croirait à voir comment, dans son chapitre
De la nécessité et utilité du commerce, il reproduit les
idées de son prédécesseur sur le caractère providentiel
des inégalités régionales, génératrices des échanges :
« De la manière que Dieu a disposé les choses sur
la terre, l'on voit bien qu'il a voulu établir l'union et
la charité entre tous les hommes, puisqu'il a imposé
une espèce de nécessité d'avoir toujours besoin les uns
des autres. Il n'a pas voulu que tout ce qui est nécessaire à la vie se trouvât en un même lieu, il a dispersé
ses dons afin que les hommes eussent commerce
ensemble. »

Profession difficile, contrairement à l'opinion du vul-
gaire. Il paraît qu'au XVIIe siècle, comme au XIXe —
et peut-être encore au XXe — les parents choisissaient,
pour les mettre dans le commerce, ceux de leurs enfants
qu'ils jugeaient les moins intelligents, ceux qui ont,
dit Savary, « l'esprit lourd et stupide ». Car on en est
à croire que le négoce consiste tout uniment en
ceci : « acheter une chose dix livres pour la vendre
douze ». En réalité, enseigne notre auteur, il n'est
« point de profession où l'esprit et le bon sens soient
plus nécessaires ».

Aussi, quand il énumère les qualités indispensables
à un enfant que ses parents destinent aux affaires,
place-t-il au premier rang « une bonne imagination ».
Nous n'avions pas tort, tout à l'heure, de parler de la
poésie des affaires, puisque l'imagination créatrice y
joue son rôle : le premier. Cela est vrai, pensons-nous,
d'un commerçant de notre temps comme d'un commerçant du temps de Colbert, mais il fallait encore à celui-

là des qualités dont le nôtre n'a plus un égal besoin. Savary le veut « fort et robuste » pour qu'il puisse résister aux fatigues des voyages, fréquentation des foires, visite des pays étrangers. Il doit pouvoir « faire des ballots et porter aisément la marchandise qui est de gros volume sans s'incommoder ». Du courtaud de boutique au chef de maison, la distance est alors plus brève qu'aujourd'hui.

Il souhaite encore à notre jeune commerçant des dons naturels que nous ne nous aviserions plus d'évaluer en notes à l'entrée de nos écoles de commerce, à savoir « une bonne mine, parce qu'elle convient fort bien à un marchand ». Nous aimerions à savoir si Savary a démontré par son exemple « que l'on aime mieux traiter avec un homme bien fait ». Mais aucun portrait n'est parvenu jusqu'à nous.

Les enfants ainsi pourvus devront être soumis de bonne heure, dès l'âge de sept ou huit ans, à une éducation spéciale, dont Savary esquisse le programme tout pratique : de l'écriture, de l'arithmétique, de la comptabilité, des langues vivantes : italien, espagnol, allemand. Qu'on leur fasse lire les histoires françaises et étrangères, et les voyages, car ils apprendront par là à connaître non seulement les mœurs des peuples, mais les marchandises que l'on trouve et que l'on demande dans les pays étrangers. Inutile, par contre, de leur enseigner le latin, la grammaire, rhétorique et philosophie. Si nous avons trop peu de négociants, estime Savary, c'est que nous avons trop de collèges. Il partage là-dessus les idées que Colbert a héritées de Richelieu et, s'il y avait eu en son temps une querelle des enseignements classique et moderne, il se serait rangé hardiment, à la suite du Grand Cardinal, du côté des modernes.

Comme Richelieu aussi, il voudrait voir la noblesse

française se tourner vers les affaires. Il essaie de l'exciter par l'exemple de l'Italie, « où la noblesse tient le trafic pour chose honorable, particulièrement ceux de Gênes, de Venise et de Florence, y ayant plusieurs gentilshommes qui ont des galères en leur particulier pour négocier sur toute la mer Méditerranée. En Angleterre, le commerce est trouvé tellement honnête que la noblesse de la plus haute dignité fait le commerce de laine et de bétail... Et d'autant que les cadets de la noblesse n'ont que la vie et le vêtement chez leurs aînés, ils ne tiennent point à déshonneur d'être apprentis chez les marchands, pour y apprendre le commerce, afin de le faire ensuite pour leur compte particulier ». On voit que l'observation sociologique est chez Savary d'assez bonne qualité.

Pour lui, la grande faiblesse des négociants français, c'est l'ignorance. Ignorance qui vient « premièrement de ce que dans leur commencement ils manquent d'instruction, n'ayant pas fait leur apprentissage chez d'habiles maîtres. Secondement, pressés d'agir à leur propre compte, ils ne servent pas assez longtemps. Tiercement, à l'examen de la maîtrise, on ne les interroge pas sur les principales choses du commerce », qui sont les qualités, largeurs et longueurs des étoffes, la connaissance des registres, l'usage des lettres de change.

Il nous faut donc des commerçants instruits. Mais une préparation purement technique ne saurait suffire. Dans un chapitre amusant — Savary ne l'a pas écrit pour s'amuser, et nous avons tort d'en sourire — sur les qualités multiples que doit avoir et acquérir l'apprenti, il rappelle que « la science d'un bon vendeur ne s'acquiert qu'avec beaucoup de temps et d'expérience ». Cet être qu'il s'agit de modeler, le parfait négociant, ne devra pas seulement connaître les poids et mesures, l'origine des étoffes, afin de ne pas faire de mauvaise coupes ; il devra encore être aimable avec les clients, même s'ils n'achètent pas. Les bons boutiquiers doivent, « en les reconduisant, leur témoigner avec un visage doux et riant qu'ils ont eu du déplaisir de ne leur avoir vendu » ; excellent moyen pour les engager à revenir. On reconnaît bien ici l'amabilité traditionnelle des vendeurs et surtout des vendeuses de chez nous, qui contraste avec la morgue de certains de leurs rivaux.

Aimable, il faut l'être surtout dans le recouvrement des créances. Il est impossible de ne pas songer à M. Dimanche en lisant le chapitre : « Comment l'on se doit comporter en la sollicitation des dettes, et ce qu'il y a à faire pour éviter les fins de non-recevoir. » Savary conseille un mélange de respect et de fermeté, « particulièrement aux personnes de qualité ».

Je ne dis point que nous songions aujourd'hui à exclure du programme des études commerciales l'enseignement de la morale, mais si nous avions à traiter *De la manière que les apprentis..... doivent se comporter en la maison de leurs maîtres et ce qu'ils doivent apprendre pendant leur apprentissage*, viendrait-il à l'esprit même des plus traditionalistes de dire : « La première chose que les apprentis doivent avoir devant les yeux est l'amour et la crainte de Dieu, sans laquelle Dieu ne bénira jamais leur travail et ils ne réussiront jamais dans leurs entreprises ? » Il nous paraîtrait indécent de faire de Dieu un auxiliaire du négoce et un collecteur de bénéfices. Mais, dit naïvement Savary, « il faut l'aimer et le servir, et pour cela ils doivent entendre la sainte messe tous les jours, s'il se peut. » S'il se peut, c'est-à-dire sans nuire à leur travail : « ils en trouvent assez les occasions et la commodité en allant et venant par la ville ». Entre deux courses, ne peut-on entendre un bout de messe ? « Et ceux qui sont obligés à une grande résidence dans leur magasins et leurs boutiques se peuvent lever une demi-heure plus matin. Tant s'en faut que leurs maîtres y trouvent à redire, au contraire, ils en seront bien aises, parce que cela les assure de leurs bonnes mœurs. Et en effet, il y a plusieurs négociants gens de piété, qui envoyent tous les jours leurs serviteurs, tant de boutique que domestiques, entendre la messe, et d'y manquer suffirait pour les chasser de leur maison. »

N'y a-t-il point là, dans ce dernier trait, dans cette conception du négoce dévot, comme un écho de la Confrérie du Saint Sacrement ou de la Compagnie des œuvres fortes (1) ? Hélas, tout s'en va ! tout s'en allait déjà en 1675. « La bonne et ancienne coutume d'aller les dimanches à la messe de la paroisse avec leurs maîtres », générale il y a trente ans, se relâche tous les jours, car « la plupart [des maîtres] sont aussi libertins que leurs apprentis. » Libertins : nous nous faisons peut-être des illusions sur l'unité de croyance dans la bourgeoisie commerçante au temps du grand roi.

Arithmétique, comptabilité, langues, morale et religion, voilà de quoi faire un bon négociant. Mais Savary ne se nourrit pas d'illusions ; il sait que le succès est dû encore à un élément incalculable, la chance, et il ouvre le chapitre premier du livre IV de sa seconde partie par ces graves paroles :

« Encore qu'un négociant soit très habile et très attaché à son commerce, qu'il tienne ses affaires en bon ordre, qu'il ait eu beaucoup de biens de naissance, qu'il ait telle application et telle prudence qu'il pourra en la conduite de ses affaires, si tout cela n'est pas

____

(1) Il suffit de renvoyer aux beaux travaux de MM. R. ALLIER et A. REBELLIAU.

accompagné de bonheur et de fortune », il aura peiné en vain, « car c'est bien souvent le bonheur et la fortune qui décident tout ; elle est bizarre, car elle favorise très souvent les méchants et les ignorants, et se rend contraire aux plus capables et à ceux qui sont les plus gens de bien..... »

Voilà, n'est-il pas vrai ? de quoi rendre les pédagogues modestes. N'importe, ils doivent multiplier leurs conseils, et d'abord insister sur l'importance du choix d'un quartier pour le commerce de détail. A leur suite nous pénétrons dans les détails de la topographie commerciale parisienne et nous en notons les transformations. Les draps d'or, d'argent et soie étaient jadis concentrés uniquement rue aux Fèvres, et sur le Petit-Pont. Depuis quelque temps, un grand nombre de marchands s'installent rue Saint-Denis, rue Saint-Honoré, même rue des Bourdonnais. Les points de dentelles de fil étaient localisés dans les rues Aubry-le-Boucher et Saint-Denis. Mais depuis l'établissement de la manufacture des points de France, on en trouve « en beaucoup d'autres endroits ». Les drapiers ordinaires s'installent rues Saint-Honoré, Saint-Antoine, de la Harpe, Saint-Jacques, place Maubert, « et devant le Palais » ; les épiciers, bonnetiers, pelletiers, orfèvres, se dispersent « indifféremment dans tous les quartiers », de même que les merciers, représentants de l'universel négoce.

Après le quartier, la boutique. L'essentiel est l'orientation, car le même jour ne convient pas à toutes les marchandises. Savary, qui pense surtout aux marchands d'étoffes, nous apprend que le noir doit être montré au septentrion, sinon l'on voit le fond des velours et les cordes des draps. Le couchant les rougit le soir, mais leur est favorable au matin. Les blancs, sous la même exposition, deviennent roux ou bleus s'ils sont teints à l'alun. Le marchand habile les fera voir l'après-midi au Levant, le matin au midi. Et ainsi de suite pour toute la gamme déjà très riche dont disposait au XVIIᵉ siècle la technique des matières colorantes (1). Chacune des teintes, aux noms évocateurs, mérite une présentation sous un jour particulier :

« Les bleux mourants, les verts de gris, les gris de lin, couleur de chair, noisette, tristamie et jaune pâle se doivent montrer du côté du Levant ; comme aussi les couleurs de rose, les rouges cramoisis, couleur de feu, grenade, incarnadins d'Espagne, écarlate, violets, pensées et amarantes doivent être vus du côté du septentrion, parce que, le jour venant de loin, ils paraissent toujours plus enfoncés en couleur, et l'après-dînée du côté du Levant. Les étoffes façonnées et les damas doivent être vus dans les mêmes jours parce que les figures y paraissent avec plus de relief. » Il y aurait là, dans cette étude de l'action de la lumière sur les couleurs, de quoi tenter la curiosité des physiciens de notre temps.

Mais on ne trouve pas toujours une boutique dont les orientations multiples permettent de pratiquer cet art de faire valoir la marchandise, qui se concilie avec la stricte honnêteté. On aura en ce cas recours à des stratagèmes. Si les ouvertures manquent au Nord, on fera faire « des vues de bois pour tirer le jour de loin », c'est-à-dire qu'on garnira les fenêtres de trémies destinées à tamiser la lumière. Savary ose ici une comparaison un peu risquée : On traitera, dit-il, les étoffes délicates comme ces belles dames qui « ne se font guère voir au grand jour », mais préfèrent s'envelopper de voiles discrets, pour mieux faire valoir leurs charmes.

(1) Voyez en particulier H. Roy, *La vie, la mode et le costume au XVIIᵉ siècle... Étude sur la cour de Lorraine.* Paris, Champion, 1924.

III

Voilà comment on forme un jeune homme au commerce de détail.

Mais qu'est-ce que ce négoce à côté du commerce de gros, profession bien « plus honorable et plus étendue (1) » ? Il est piquant d'entendre ce commerçant, après avoir blâmé les préjugés du temps contre le commerce en général, épouser à son tour d'autres préjugés, opposer magasin à boutique : le magasin où l'on vend « par balles, caisses ou pièces entières », la boutique ouverte avec son étalage et son enseigne. Il y a, chez ce mercier, du bourgeois gentilhomme. Il prend un ton lyrique pour célébrer les négociants en gros, ces aristocrates de la marchandise qui « n'ont affaire qu'à deux sortes de personnes : savoir aux manufacturiers auxquels ils commandent... et aux marchands en détail à qui ils vendent ». Le commerce de gros se fait par noblesse comme par roturiers, « mais jamais en détail parce qu'il y a quelque chose de servile, et que dans le gros il n'y a rien que d'honnête et de noble ».

Cette hiérarchie fondamentale se complète par la hiérarchie spécialisée des corps qui font le gros. Celui de la mercerie est plus noble que les autres corps, parce que ces derniers « sont mixtes, tenant tous un peu de l'artisan ». On voit, même chez cet esprit qui se croyait moderne, combien était tenace le préjugé classique, rafraîchi par la Renaissance, contre le travail manuel. Qu'il s'agisse des drapiers, chaussetiers, des épiciers, des confiseurs, des ciergiers, ces marchands sont presque des artisans. Les pelletiers, bonnetiers et

____

(1) Ce mot d'honorable est déjà celui employé en 1646 par Eon, *Le commerce honorable*.

orfèvres, « travaillent aussi et font des chefs-d'œuvre ». Au contraire, dans le noble art de mercerie, « les particuliers ne travaillent point, et ne font aucun ouvrage de la main, si ce n'est pour enjoliver les choses qui sont déjà fabriquées et manufacturées, comme de garnir des gants, attacher à des habits et autres vêtements des rubans et autres sortes de galanteries... ». Aussi les apprentis y sont-ils « reçus noblement, ne leur étant pas permis par les statuts de faire ni manufacturer aucune marchandise de la main que d'enjoliver comme il a été dit ci-dessus ».

On aurait bien vexé Savary si on lui eût rappelé le temps où les merciers étaient d'humbles porte-balle. Il célèbre en eux, avec enthousiasme, ceux qui entreprennent les grands voyages. C'est un métier où l'on « peut commencer le négoce par cent écus et le faire ensuite avec des millions », et il a connu des familles où l'on est parti de 500 livres pour réaliser des fortunes immenses et « dont la postérité occupe aujourd'hui les plus belles charges de la Robe ».

Cela est du La Bruyère, mais pas du tout dans le ton de La Bruyère. Le malheur, dit avec raison Savary, c'est justement que toutes ces belles fortunes commerçantes vont se perdre dans la robe. Pourquoi les négociants français sont-ils moins riches et puissants que les Hollandais, pourquoi, dirions-nous en langage moderne, le capitalisme commercial est-il moins développé chez nous ? Parce qu'il y a, en France, un autre mode d'utilisation des capitaux. « Dès le moment qu'en France un négociant a acquis de grandes richesses dans le commerce, bien loin que ses enfants suivent cette profession, au contraire, ils entrent dans les charges publiques. » Tandis qu'en Hollande, « tel a plus de biens en commençant le commerce pour son compte particulier que le plus riche marchand de France n'en a quand il en sort pour établir sa famille dans d'autres professions ».

Et pourtant gens de robe et nobles même ne pourraient-ils s'intéresser aux affaires, au moins sous la forme, qui ne peut être « déshonorable », de la commandite ? Les sociétés en commandite se font généralement pour ce commerce de gros, qui n'a « rien de bas ni d'abject ». Les commanditaires « ne font point le commerce, et ne font autre chose que de donner leur argent à des marchands qui, faisant le négoce sous leurs noms, leur donnent participation dans les profits et pertes.... N'agissant point dans l'achat ni la vente des marchandises, l'on ne peut pas dire qu'ils fassent aucune action servile et vilaine qui les puisse déshonorer. Tout cela ne déroge point à leur noblesse, ni à leur qualité. » Bien plus Louis XIII a, par ordonnance de janvier 1627, anobli les marchands en gros, et l'édit de 1669 a déclaré que le commerce de mer au long cours ne dérogeait point.

C'est une grande affaire pour Savary que le commerce en gros, et qu'il est dangereux d'entreprendre seul. Il y faut un capital considérable, dont l'importance varie naturellement suivant qu'il s'agit de marchandises plus ou moins précieuses. Il faut faire des avances aux ouvriers — entendez par là ceux que nous appellerions les fabricants — souvent avant même qu'ils aient monté leurs métiers. Il faut conserver, comme nous dirions, des stocks en magasin ; il faut compter avec les dettes actives des détaillants.

Toutes les formes du commerce de gros ne sont pas également périlleuses. « Ceux qui le font de marchandises qui s'achètent dans les manufactures de France, ou qui en font manufacturer pour en faire la vente dans une seule ville aux marchands de détail, comme il se pratique particulièrement à Paris, courent moins de risques et le font plus facilement que ceux qui vendent leurs marchandises non seulement dans la ville de leur résidence, mais encore aux marchands des autres villes du royaume et dans les foires et marchés. »

Il y avait donc en ce temps-là, et à Paris en particulier, des commerçants qui suivaient la règle du moindre effort. Il y en avait d'autres plus hardis qui, sans pratiquer encore directement le capitalisme industriel, utilisaient la puissance du capitalisme commercial pour dominer l'industrie. « Dans les lieux où il y a des manufactures considérables, comme à Paris, Lyon, Saint-Chamond, Tours, Sedan, Amiens, Châlons, Reims, Rouen, Laval et autres villes du royaume, il y a plusieurs négociants associés qui font le commerce des matières qui y sont nécessaires, qu'ils vendent aux ouvriers et qui achètent d'eux les marchandises qu'ils ont manufacturées pour les vendre ensuite à ceux des autres villes qui les vont acheter sur les lieux, ou qui leur en donnent la commission ».

Nous reconnaissons bien là, par exemple, ces maîtres-marchands-fabricants de Lyon qui fournissaient les soies aux maîtres ouvriers et se chargeaient ensuite du placement des étoffes, ou ces drapiers rouennais pour qui battaient les métiers des vallées cauchoises. Mais déjà se marquait une tendance à l'émancipation chez « des ouvriers qui sont assez puissants pour maintenir leurs manufactures, qui achètent et qui font venir les matières propres à leurs manufactures de première mains ». Ceux-là sont déjà, au sens moderne du mot, des industriels. Enfin, « il y a encore de petits ouvriers qui entretiennent chez eux trois ou quatre métiers, qui vendent leurs ouvrages aux premiers qui leur en demandent ».

Un marchand en gros avisé doit savoir acheter aux trois catégories de producteurs. Il doit suivre de près les variations des prix, dont Savary sait fort bien qu'elle sont causées par le plus ou moins de « rareté » ou « d'abondance », par « la demande » qui s'en fait avec plus ou moins de « chaleur ». Un bon commerçant doit savoir « si la récolte des soies a été bonne ou mauvaise, car si l'année a été humide et pluvieuse, il y en aura assurément peu, ainsi la rareté fait qu'il en vient peu des lieux où elle se tire et c'est cette rareté qui produit la cherté et l'augmentation du prix de la marchandise fabriquée ». De même que les toiles sont chères « quand il n'y a pas grande récolte de chanvre et de lin ». Mais il faut distinguer entre une hausse durable et progressive, auquel cas il faut se hâter de conclure des marchés, et une raréfaction qui peut être due au hasard, par exemple à la concurrence des commandes, laquelle amène très vite une production plus active, « ce qui fait l'abondance qui produit le bon marché ». On voit que les idées économiques de Savary sont assez saines.

Le marchand en gros ne saurait se passer de commissionnaires. Représentons-nous la France de ce temps-là, avec ses communications encore imparfaites, où l'on passait souvent, pour les parcours d'une certaine longueur, de la voie de terre à la voie d'eau et réciproquement.

Certaines villes, nœuds de la circulation, jouaient le rôle d'entrepôts. C'est dans ces villes, surtout quand il fallait y opérer des transbordements, que s'installaient les commissionnaires. Lyon était l'entrepôt des marchandises d'Italie et de Marseille, qui avaient remonté le Rhône ; ses commissionnaires les envoyaient par terre à Roanne, d'où elles étaient chargées sur bateaux pour Paris, Orléans, Tours, Angers, Nantes. En somme rien n'était changé aux directions de ce trafic depuis le temps des guerres d'Italie. A Orléans débarquaient les marchandises de Nantes et de toutes les villes de la Loire, d'où elles allaient par charrettes à Paris et de là par eau à Rouen. Il est curieux que Savary ne fasse pas état du canal de Briare. L'Alsacien Elie Brackenhoffer l'avait encore utilisé en 1644 (1). Était-il moins fréquenté en 1675 ?

Rouen était l'entrepôt pour les produits de la Hollande, de l'Angleterre, du Nord allant vers Paris. Nantes, Saint-Malo, la Rochelle recevaient les marchandises d'Espagne et du Portugal venant par voie de mer. Paris préludait à son rôle de centre de distribution intérieure en recevant les provenances de Flandre, d'Amiens, de Reims, de Châlons et en ravitaillant la Picardie, la Champagne et le Bourbonnais.

Dans cet état de la circulation le rôle des commissionnaires est bienfaisant, car les « voitures » — on entend par là indifféremment les véhicules terrestres ou fluviaux — seraient plus chères « s'il fallait envoyer directement de Nantes à Paris ou en Champagne, sur des charrettes, les marchandises qui viennent d'Espagne, Portugal et autres pays étrangers ». On diminue la difficulté en la divisant, en recourant dans la plus large mesure possible à la voie d'eau, qui est moins chère, « ainsi que l'expérience nous a appris ».

Mais un commissionnaire est autre chose qu'un entrepreneur de roulage doublé d'un entrepositaire. C'est encore une sorte de banquier, qui reçoit les lettres de change pour en procurer l'acceptation ou les payer à l'échéance ; c'est un mandataire et un correspondant.

Nous pouvons maintenant nous représenter, près d'une rivière, « un magasin grand et spacieux » où les marchandises sont soigneusement classées. Le commissionnaire vérifie à l'arrivée la condition des balles, caisses et tonneaux. Il surveille la manutention des

(1) *Voyage en France*, trad. H. LEHR, 1925.

marchandises fragiles, « ce qui est marqué par une main imprimée sur les balles et caisses ». Il évite de rapprocher les unes des autres des marchandises qui peuvent se gâter par le voisinage, par exemple les huiles et les draps. Il tient ses livres de réception et d'envoi. Il existe, enfin, une morale du commissionnaire : il doit, dans l'intérêt de ses clients, ménager le prix des voitures et veiller à ce que les retours ne se fassent pas à vide. Il doit surtout s'interdire ce que *l'Interstate trade commission* reprochait naguère à certaines compagnies de chemins de fer américaines, à savoir « ne point préférer dans l'envoi des marchandises les unes plus que les autres », mais les faire partir dans l'ordre d'arrivée, exception faite seulement des denrées périssables ou de celles dont la vente est pressée, comme le poisson salé en carême.

En lisant ce portrait du parfait commissionnaire, me revient à l'esprit (rencontre inattendue) un passage du dernier volume de M. Brémond sur *l'Histoire littéraire du sentiment religieux en France*. L'une de ses héroïnes, Marie de l'Incarnation, de son vrai nom Marie Guyard, veuve d'un fabricant de soieries de Tours, avait pour beau-frère, nous dit son fils dom Martin, un « commissionnaire pour le transport des marchandises dans tous les côtés du royaume... Il avait chez soi tout ce qui était nécessaire en hommes, chevaux, harnais, carrosses ». Et elle-même, comment vivait-elle quand elle était dans le siècle ? « Je me suis trouvée parmi le bruit des marchands... Je passais presque des jours entiers dans une écurie qui servait de magasin et quelquefois il était minuit que j'étais sur le port à faire charger ou décharger des marchandises. Ma compagnie ordinaire était des crocheteurs, des charretiers et même cinquante ou soixante chevaux, dont il fallait que j'eusse le soin. » C'est ainsi qu'avant

de s'élever sur les sommets de la mystique, Marie de
l'Incarnation fut une commissionnaire suivant le
cœur de Savary.

IV

Si intéressant que soit le rôle des commissionnaires,
il se restreint encore au trafic intérieur, tout au plus
s'élargit-il jusqu'à la distribution « dans tous les côtés
du royaume » des marchandises provenant de l'étranger,
et à la collection des marchandises nationales d'exportation. Mais le vrai négociant, le « parfait négociant »,
c'est celui qui s'occupe du commerce extérieur.

Ce commerce fait un peu peur à Savary. Il y faut,
dit-il, beaucoup de prudence. Il y a « beaucoup à gagner »
mais aussi « beaucoup à perdre par les grands périls et
mauvaises fortunes ». Pour s'y livrer, il importe d'abord
de se spécialiser, c'est-à-dire de choisir son champ
« d'action géographique ». « Les marchands en gros ne
font pas en même temps le commerce dans tous les
pays étrangers, les uns s'attachent à faire celui d'Angleterre, les autres celui de Hollande, d'autres celui de
Flandre, ceux-là celui d'Italie, ceux-là celui d'Allemagne, d'autres celui d'Espagne, du Portugal, du
Danemark, Suède, Pologne, Moscovie, Indes occidentales d'Espagne, des côtes françaises de l'Amérique,
Canada, Guinée et dans d'autres pays les plus éloignés
par des voyages de long cours... »

Il faut étudier en détail les conditions de chacun
de ces commerces. Il faut choisir entre le commerce
d'importation, celui d'exportation ou les deux réunis,
ou encore se contenter du commerce par commission.
De toutes façons, il faut engager dans l'affaire des
capitaux considérables. Aussi les commerçants fran-

çais, dont nous avons vu que les moyens sont limités, feront-ils sagement de se grouper en sociétés.

Le commerce extérieur ne s'improvise pas. Il exige de sérieuses études préalables : connaissance des marchandises étrangères et aussi des marchandises demandées par les pays étrangers, des droits d'entrée et de sortie, des routes, des poids et mesures, monnaies, changes et traites. Bien des commerçants croient que tout est assez bon pour l'exportation. Quelle erreur ! Le commerce du Portugal, par exemple, était très avantageux jusqu'en 1667, particulièrement en soieries et velours de Tours et de Lyon qu'y envoyaient les marchands de Paris, « auxquelles marchandises l'on joignait tout ce qui se trouvait à Paris dans les magasins et dans les boutiques qui était hors de mode, parce que des modes quoique passées pour la France demeuraient alors nouvelles pour les Portugais qui envoyaient dans le Brésil une partie des dites marchandises, où la consommation était considérable ». Les négociants parisiens, que ruinent les transformations de la mode, trouvaient là un notable soulagement. Malheureusement, ce commerce a été gâché par les commissionnaires français installés en Portugal, qui ont abusé de la situation.

Le commissionnaire, si utile pour l'intérieur du royaume, est dangereux dans ces pays où l'on ne peut exercer sur lui aucun contrôle. « Qui trafique par commission, dit Savary, va en personne à l'hôpital. » Il vaut mieux recourir à des associés. L'un des avantages de l'association, c'est qu'un des associés peut résider hors de France. Que l'un deux, par exemple, s'installe à Amsterdam. « Quand la flotte des Indes orientales arrive... la compagnie fait imprimer les cargaisons... quantité et qualité . » S'il y a raréfaction en France, l'associé se hâtera d'acheter. « On a vu des

négociants s'enrichir par un seul achat... pour avoir
bien pris leur temps... et d'autres qui se sont ruinés. »
L'associé gagnera toujours plus de 10 pour 100 par
comparaison aux Français qui opèrent par commissionnaires, et qui ne reçoivent par conséquent les marchandises que de seconde main.

De même pour le commerce d'Espagne, fertile en
ruines subites et retentissantes, il faut tâcher d'avoir
sur les lieux une personne intéressée plutôt que de
payer des commissions. Commerce difficile, car il faut
vendre à crédit, et attendre souvent longtemps, jusqu'à
trois ou quatre ans, quand il s'agit de marchandises
expédiées de Cadix pour les Indes, marchandises qu'il
faut payer comptant. Il faut donc n'opérer qu'avec
ses propres deniers, à cause des intérêts. Il faut acheter
soi-même, dans les lieux de production, au plus bas
prix. Il faut ne faire venir de France que des marchandises de consommation courante et indispensables
aux Espagnols, sur lesquelles on gagne moins, mais
on risque moins de perte. En raison de ces difficultés,
il est bon d'être plusieurs, famille ou groupement arti-
ficiel : les uns achètent en France, les autres vendent sur
place et s'occupent d'assurer les retours.

S'agit-il du commerce de Moscovie ? Ira-t-on le
faire sur place, à Moscou, et dans les autres villes ?
Mais on y subira bien des vexations. Les gens y sont
mauvais payeurs — ceci se passait deux cent cinquante
ans avant les Soviets — et il faut se tenir en garde
contre « la fierté et l'inconstance de cette nation, et
les mauvais traitements qu'elle fait aux étrangers ».
Ces Moscovites, que visitent les Anglais, les Hollandais et les Hambourgeois, inspirent à notre homme
« peu de confiance ». Il les sait « ingénieux et adroits,
particulièrement dans les affaires de commerce », mais
d'une ingéniosité qui ira loin, car ils « ne tiennent pas

toujours ce qu'ils promettent », et ce sont « les hommes du monde les plus opiniâtres ». Ne voilà-t-il pas une psychologie de peuple assez joliment brossée ?

Il faut faire un ou deux ans de crédit sur les marchandises que l'on vend, et payer au comptant les retours. Difficile de trouver des commissionnaires, d'autant plus que les Hollandais, par une habile propagande, inspirent aux Russes mépris et défiance des Français, à quoi ils réussissent fort bien. Ils y sont d'ailleurs aidés par les nôtres, « qui n'ont pas toujours toute la modération qui serait à souhaiter ». Pour toutes ces raisons, il est plus sage pour une maison française de concentrer ses affaires à Arkhangel, la ville des foires, et d'y avoir un intéressé qui fera les ventes et achats. Les Hollandais s'y servent très peu de commissionnaires, ils y envoient même leurs enfants. Aussi y réussissent-ils fort bien. « Il n'y a point de meilleur négoce dans toute l'Europe que celui-là. »

Les choses ne se passent point autrement avec le commerce du Levant « très avantageux » pourvu qu'il soit fait avec prudence et économie, et pour lequel il ne faut pas se fier aux commissionnaires ou « coagis » (1). Que de belles affaires à réaliser, si nous voulions ! « Mais », conclut tristement le conseiller de Colbert, « c'est une grande lâcheté à notre Nation qui, en toute autre chose que celle du commerce, est si généreuse et entreprenante. »

Pour l'édification de ses lecteurs, Savary passe en revue les principaux marchés qui s'ouvrent au commerce français. Enrichie d'édition en édition, cette partie de l'œuvre est une sorte de géographie économique, farcie de conseils pratiques. Malgré le plaisir et l'intérêt qu'il y aurait à suivre l'auteur dans ces péré-

____

(1) Il suffira de renvoyer aux excellents travaux de M. Paul MASSON.

grination autour du monde commercial d'alors, nous ne pouvons songer à le faire. Mais nous pouvons dire que chaque fois que les documents originaux nous mettent en mesure de vérifier les affirmations de Savary, ils viennent corroborer ses renseignements.

Nous avons pu faire l'expérience, en particulier, avec un travail établi d'après les sources originales par un de nos élèves, M. Charliat, sur la Compagnie du Nord. Les détails donnés dans Savary sur les ports baltiques, leurs facilités d'accès, leur trafic, leurs relations, sont d'une rare exactitude (voy. *Revue d'histoire moderne*, 1926, p. 452 et 458 n. 1).

Son livre a donc, à cet égard, la valeur d'une source, puisqu'il a été fait souvent avec des données transmises par Colbert (1).

Notons au moins au passage quelques observations caractéristiques, et qui nous renseignent sur les habitudes et les réalités économiques du temps.

Le gros commerce est le commerce d'Angleterre, ou plutôt des Trois Royaumes. La liste des articles d'importation et d'exportation est très longue, et au nombre des premiers figure déjà le charbon de terre. Mais ce commerce est très difficile. On eût bien étonné Savary si on lui eût montré dans l'Angleterre le futur berceau du libre-échange. Celle de son temps, qui avait la première érigé le mercantilisme en système et qui l'avait complété par les Actes de navigation, avait la prétention de se suffire à elle-même et faisait la vie dure aux négociants étrangers. Les importateurs français devaient donner caution en s'engageant à employer le produit de leurs ventes en marchandises britanniques pour la France. Contraints d'accepter les emballeurs

(1) Sur l'Angleterre, un travail inédit de Mlle Désavis a donné des résultats analogues.

désignés par les fermiers de Sa Majesté, non seulement ils payent fort cher, mais « leurs affaires ne sont
jamais secrètes ». Obligés de faire peser au poids du Roi
quand ils vendent, ils doivent accepter le poids du marchand quand ils achètent. Même l'article traditionnel de
l'exportation française, le vin, ils ne peuvent le vendre
directement aux taverniers, mais seulement à une
compagnie qui est maîtresse des cours, et encore le
Pourvoyeur du Roi peut-il prélever son choix sur les lots.

Un Français a-t-il chargé sur son navire les marchandises d'un autre étranger, si un Anglais se présente pour la même destination, on décharge le Français pour charger l'Anglais. Les Français paient des
taxes « comme s'ils étaient naturels du pays ». Pour
les levées extraordinaires, ils paient double (1). Bref
l'on n'en finirait point si l'on voulait énumérer toutes
les avanies que l'on fait subir aux Français, et cependant les « Anglais ne sont pas ainsi traités en France ».
Mais « cette nation est avare et convoiteuse d'amasser
du bien ». Il faut craindre « l'humeur cruelle et barbare
qu'ont ces insulaires [le mot est vieux] pour les étrangers et particulièrement pour les Français. Ils sont
méfiants et attachés à leurs intérêts ».

Le commerce de Hollande est presque aussi important et se compose d'articles encore plus variés. Cependant « les Hollandais n'ont rien dans leurs États de
toutes les marchandises ci-dessus... que les draps,
camelots, toiles, fil, beurre et fromages ». Mais, pour les
autres, laines et peaux de castor, perles, épices, drogues,
matières tinctoriales, camphre, couperose et vitriol,
étain, plomb, cuivre, poêles, barres d'acier, chaudières
à faire eau-de-vie, fils de laiton et de fer blanc, fer en

____

(1) Tous ces faits sont strictement exacts. La plupart de ces pratiques remontaient, au moins, au temps des premiers Tudors.

verges et jusqu'à du vif argent, sans parler des cuirs, chanvres, poix et goudrons, mâts de navires, planches, armes à feu, « ils les vont acheter et échanger dans tous les pays étrangers, en y portant d'autres marchandises qu'ils achètent ordinairement en France ». Ne vont-ils pas en Moscovie racheter « le poil des peaux de castor du Canada que l'on y porte » et qu'ils revendent ensuite en France pour les chapeliers ?

Savary n'aime pas ces rouliers des mers, mais il les admire (1). Quoiqu'il écrive pendant la guerre de Hollande, il sent bien que le centre économique du monde ce n'est point Paris, c'est alors Amsterdam.

Le commerce de Flandre qui porte à peu près, notamment celui d'Anvers, sur les mêmes articles, est plus facile, d'abord parce qu'il se fait en partie par terre, mais aussi parce que « les Flamands sont fort bons et fidèles négociants et de bon compte. Ceux d'Anvers font leur commerce particulièrement à Rouen, à Nantes et à Bordeaux pour l'achat des vins, eaux de vie et toiles ; ceux de Bruxelles, Gand et autres villes le font particulièrement à Paris », et fréquentent les foires de Saint-Germain, celles de Saint-Denis et de Rouen. Il s'agit donc de relations très étroites.

Nous ne pouvons suivre Savary à travers les villes italiennes, d'où les Français « tirent plus de marchandises qu'il ne s'y en transporte de France ». C'est le vieux grief français contre le commerce d'Italie. Chaque cité a son paragraphe, Milan avec ses soies, Gênes avec ses velours, Bologne ses « moustardelles » et ses vermicelles, Modène et Reggio, Florence, Parme,

(1) Cette admiration des Hollandais est générale alors ; on la trouve che Richelieu comme chez Montchrestien et chez Eon. Voy. J.-G; VAN DILLEN, *Amsterdam marché mondial des métaux précieux* (*Revue hist.* t. CLII, p. 194) et l'article de M. Sée dans *Tijdschrift voor Geschiedenis*, 1926, p. 246.

enfin Venise. En 1679 l'auteur ajoute un mémoire sur le Banco de Venise et un autre sur Livourne, qui est « l'entrepôt ou le magasin de marchandises du Levant et de celles que les Anglais et Hollandais y apportent du côté du Ponant et des Indes, d'où après on les fait passer par les autres villes d'Italie et ports de la Méditerranée et du Levant, suivant les occasions et conjonctures de débiter.» La légèreté relative et la simplification des taxes douanières en font presque un port franc. On y spécule sur les monnaies, on y règle les assurances pour la Turquie et les Échelles ; « les Juifs et Arméniens y ont un établissement considérable et font la plus grande partie des affaires ».

Il faut se défendre des manœuvres de certains Italiens. Ainsi les Tourangeaux se fournissaient de soies grèges à Messine. Mais les Génois ont essayé d'accaparer les productions des éducateurs (1), après quoi, par quelques surenchères, ils ont voulu relever les cours, dans la croyance que Tours ne pouvait se passer d'eux. Mais les Tourangeaux ont décidé de faire leurs achats en Syrie, et les Génois ont dû capituler.

Nous avons déjà parlé des mystères du commerce d'Espagne, « qui était autrefois le meilleur de l'Europe, et où les négociants faisaient plus de fortune ». On y achète surtout des laines fines, utilisées à Sedan, à Rouen, à Reims, à Châlons, en Languedoc et, pour les moires, en Poitou et à Château-Gontier. Mais il faut acheter à Ségovie des lots de six sacs : trois seulement de la première finesse, deux de la moyenne, un de la moindre. Ce lot qui coûte, rendu et emballé et tous frais faits à Ségovie — nous dirions *Fob* — 173 l. 53, revient à 224 l. 18 sols à Nantes, plus 4 l. d'entrée.

(1) Ce « monopole » est signalé encore en 1696 (Bossebœuf, *Fabrique de Tours*, p. 98).

Pour le commerce des îles françaises d'Amérique, une part importante en est constituée par les « nègres que l'on va acheter en Afrique sur la côte de Guinée, commerce d'autant plus avantageux qu'on ne se peut passer de nègres dans les dites îles pour travailler aux sucres, tabacs et autres ouvrages ». On les vend à l'arrivée, contre du sucre ou du tabac. Évidemment il ne faut pas demander à Savary d'avoir pour les noirs les sentiments d'un Montaigne ou, plus tard, d'un Montesquieu. Avec la froideur d'un pur économiste, il ne voit dans la traite qu'un commerce « avantageux » et il cherche même à en défendre la « légitimité ». Ce qui prouve, soit dit en passant, que celle-ci commençait à être mise en doute par plus d'un. « Ce commerce paraît inhumain à ceux qui ne savent pas que ces pauvres gens sont idolâtres ou mahométans et que les marchands chrétiens, en les achetant à leurs ennemis, les tirent d'un cruel esclavage... et leur font trouver une servitude plus douce..., la connaissance du vrai Dieu et la voie du salut. » Allons, tant mieux, c'est pour le bien temporel et spirituel des noirs qu'on les transporte aux Antilles !

Mais à défaut de philanthropie, l'intérêt bien entendu exige que l'on donne « de bons ordres pour la nourriture, transport et bon gouvernement de ces pauvres misérables, qu'il n'en meure aucun par la faute des armateurs (1) ». Il prend même la peine d'énumérer les victuailles qu'il faut emporter pour les nourrir. Il conseille de mettre à la voile aussitôt après l'embarquement, car « ces esclaves ont un si grand amour pour leur patrie » qu'il importe de les en éloigner au plus vite. « J'ai ouï dire à des négociants... qu'il en meurt

---

(1) Bellanger a cité la première partie de ce passage sur les nègres, mais pas la suite.

plus avant de partir du port que pendant les voyages ; les uns se jetant dans la mer, les autres se battant la tête contre le vaisseau, les autres retenant leur haleine pour s'étouffer, et d'autres qui ne veulent point manger pour se laisser mourir de faim. » Evidemment, ce n'est point l'accent des *Poems of Slavery* de Longfellow ni la poésie tragique du *Slave ship* de Turner ; c'est déjà quelque chose que d'avoir eu pitié de ces suicides nègres. Au reste, ces grands enfants se consolent vite quand ils ont perdu leur pays de vue, et ce n'est pas gâcher son argent que d'avoir à bord des violons pour leur jouer de la musique et les faire danser. Ils arriveront plus gaillards, et s'en vendront mieux.

Nous avons déjà touché à Arkhangel, vu les cargaisons de zibelines, hermines, petit-gris, et payé le droit de 5 pour 100 sur toutes les marchandises importées, sauf sur les vins et eaux-de-vie. Ces derniers droits fixés « par les fermiers du grand-duc, qu'ils appellent Czar ». Ceci est écrit sept ans avant l'avènement de Pierre Romanof. Si vous partez en mai pour la foire d'Arkhangel, d'où vous reviendrez en octobre, munissez-vous d'argent comptant, car il faut solder tous les comptes dans les cinq ou six semaines que durent les affaires, et l'argent sur cette place hyperboréenne coûte 7 à 8 pour 100 jusqu'à fin décembre. Il est vrai qu'on peut, comme les Hollandais, les Anglais, et aussi nos Rouennais, payer moitié en argent, moitié en marchandises. Mais pour tout simplifier, pourquoi ne pas se joindre à la Compagnie du Nord, l'une des créations encore aujourd'hui les moins connues de Colbert ? Avec son capital d'un million de livres (1) elle n'a pas encore assez pour faire là-bas le commerce « avec répu-

(1) D'ailleurs ce chiffre n'a jamais été atteint, comme l'a établi M. Charliat.

tation ». Elle lutte cependant contre la suprématie des Hollandais qui ont brisé le monopole anglais, et qui tous les ans envoient 25 à 30 navires chargés de marchandises de France ; leurs retours sont surtout aussi pour la France, sauf deux ou trois navires pour Gênes et Livourne.

Ce qui est vrai de la Moscovie, est vrai des autres pays visités par la Compagnie du Nord qui va chercher directement dans la Baltique les mâts de navires et les bois. Il faut lutter contre la concurrence hollandaise, car ceux-ci, qui avaient inventé le *dumping*, vendaient leurs marchandises même à perte, et achetaient celles du pays plus cher afin de dégoûter les Français et de se réserver le trafic franco-baltique (1).

Sur Brême et sur Hambourg, sur Kœnigsberg. Dantzig et Stettin, sur Lubeck et Riga, même luxe de détails, précis et utiles, comme sur la Suède, la Norvège, le Danemark. « Tout le commerce de Danemark se fait par Copenhague, le port le plus sûr et le plus commode qui soit sur la Baltique, la ville étant dans une situation admirable pour le commerce . »

Passons sur le commerce des Échelles. Arrêtons-nous simplement à celui de l'Égypte. Près de deux cents ans après l'ouverture de la route du Cap, le commerce d'Alexandrie, de Rosette, du Caire et de là par caravanes à Suez ou sur les bords de la mer Rouge vers l'Arabie est toujours fructueux. « Il serait encore plus facile aux Français de faire ce commerce s'il y avait communication de la mer Méditerranée à la mer Rouge. Il n'y aurait qu'à faire un canal depuis Suez jusqu'au-dessus de Damiette, ou bien par le moyen d'un canal qui irait depuis la mer Rouge jusqu'au

(1) Voy. P. BOISSONNADE, *Relations... entre la France et l'État prussien.*

lieu le plus proche du Nil. » Savary rappelle les projets des Ptolémées et des Soudans ; il examine les objections tirées de la différence supposée du niveau entre les deux mers, de la difficulté de se procurer de l'eau sur le parcours, et il conclut par ce vœu patriotique : « Si notre grand monarque, Louis le Grand, était maître de l'Égypte, comme il serait à souhaiter », il viendrait à bout de ces difficultés, comme il l'a fait pour unir la Méditerranée à l'océan.

On cite souvent le mémoire de Leibniz à Louis XIV. Sait-on que la même idée était caressée par des commerçants français ? Leibniz écrit en 1672, Savary avait-il eu connaissance dès ce moment de ses projets (1) ?

V

Au grand trafic international, il faut des organes appropriés, C'est surtout pour ce genre de commerce qu'il est utile de constituer des sociétés. Je n'analyserai pas ici les pages consacrées par Savary aux diverses formes de sociétés — notamment à la société anonyme, si différente alors de ce que nous appelons de ce nom — parce que c'est la partie de son œuvre qui a été le mieux étudiée par les historiens du commerce et par ceux du droit commercial. Rappelons seulement sa préférence pour la commandite. « Il n'y a, dit-il, rien de si utile à l'État et au public que les sociétés en commande, pour cinq raisons », lesquelles il énumère.

Le gros problème qui se pose devant le commerce extérieur, c'est celui du change.

Le change qui, en ce temps, joue d'ailleurs aussi son rôle dans les transactions à l'intérieur du pays

(1) P. Clément a noté la coïncidence, p. 315 du t. II de son *Colbert.*

est alors une notion complexe : il comprend à la fois la commission perçue par le tireur en raison de son opération même, et le bénéfice réalisé sur la différence du prix de l'argent entre deux places. « Le change est un profit qu'un banquier ou négociant reçoit d'une somme de denrées, pour laquelle il tire une lettre de change sur un autre lieu que celui d'où elle est tirée, et dont il a reçu la valeur d'un autre négociant, ou d'autres personnes dans le même lieu. » Ce profit peut être de 2, 3, 4, mais aussi de 10 ou de 15 pour 100 « selon la différente loi des espèces et que l'abondance ou rareté de l'argent se trouve différente aux lieux où sont tirées les lettres avec ceux où elles doivent être payées ».

Le change engendre lui-même un rechange, en cas de non-paiement. « Il est dû le rechange des lettres qui reviennent à protêt par ceux qui les ont tirées. » Ainsi Pierre a tiré de Paris une lettre de 3.000 livres sur Paul à Bordeaux, payable à Jean à dix jours, à 2 pour 100 de change, soit 60 livres. Cette lettre étant protestée faute de paiement, Jean prend pareille somme de 3.000 livres d'un négociant de Bordeaux, qui tire sur Paris. Pierre devra à Jean : 60 livres pour le rechange de Bordeaux à Paris, plus les 60 livres de Paris à Bordeaux, plus les frais.

Mais Savary sait très bien distinguer, sous l'indigence de la langue économique du XVIIe siècle, deux phénomènes tout différents. Il sait aussi que, dans le change de place à place, il faut encore distinguer deux choses : la valeur relative des diverses espèces métalliques, écus, rixdales ou florins, et la plus ou moins grande abondance des moyens de paiement. « Si toutes les espèces et monnaies étaient à même loi dans tous les États de l'Europe... les changes seraient au pair » ; ceci est la première apparence : un louis d'or remis en France permettrait à votre correspondant d'en recevoir un autre de pareille valeur, c'est-à-dire de même poids et de même loi, sur une autre place. « Ainsi il n'y aurait profit ni perte de part et d'autre. » Conclurons-nous de cette phrase que l'analyse de Savary est incomplète, qu'il a confondu le change purement monétaire avec le change des valeurs, qu'il a imaginé, comme certains rêveurs de notre temps, que l'adoption d'une monnaie internationale ferait disparaître les oscillations du change ? Que non pas. Relisons la phrase et lisons-la cette fois jusqu'au bout : « Ainsi il n'y aurait profit ni perte de part et d'autre *et tout le profit ou toute la perte du change se réduirait selon l'abondance ou rareté de l'argent* qui se rencontrerait dans les lieux où se feraient les traites ou remises. » Ainsi donc, en dehors du bénéfice prélevé par le banquier, en dehors de la différence de valeur entre les espèces, un troisième élément intervient pour faire qu'une lettre de change n'ait pas sur la place où elle arrive exactement la même valeur que sur la place d'où elle est tirée, à savoir l'abondance ou la rareté relatives de l'argent sur ces deux places. Pour bien montrer que ce phénomène est indépendant du change monétaire, Savary prend pour exemple deux places situées dans un même pays, en France, où la monnaie est unique. Si Paris a besoin d'un million pour le paiement d'août à Lyon, et si Lyon a besoin d'un million pour régler ses dettes à Paris — entendez par ces mots la collectivité des négociants parisiens et la collectivité des négociants lyonnais, — le change entre les deux places sera au pair, c'est-à-dire qu'une lettre de mille livres tirée de Lyon vaudra 1.000 livres à Paris, et réciproquement. Mais si Paris devait 1.500.000 livres et Lyon seulement un million, « les lettres seraient rares [à Paris] et l'argent que l'on donnerait à Paris, pour avoir des lettres sur Lyon perdrait, et les lettres gagneraient ; et si l'abondance d'argent était à Paris, et la rareté à Lyon, les lettres perdraient et l'argent gagnerait . » Nous dirions aujourd'hui : l'argent ferait prime sur le chèque.

Nous ne connaissons plus le change de place à place à l'intérieur d'un même État. Par contre, une abondante et cruelle expérience nous a si bien familiarisés avec les fluctuations du change international que nous avons tendance à croire que ces phénomènes sont spéciaux à notre époque, tout au moins croyons-nous qu'ils n'étaient point sentis par les hommes des siècles passés.

C'est là une erreur profonde. On commence à entrevoir la répercussion exercée par les fluctuations du change, indépendamment de la dépréciation des assignats, sur le commerce extérieur de la France révolutionnaire (1). Savary nous permettra de faire les mêmes constatations pour la France louisquatorzienne.

Quel était, en 1675, l'état du change français ? Distinguons d'abord la monnaie de compte, la livre tournois, et l'espèce métallique en circulation, l'écu. Cette distinction entre monnaie de compte et monnaie réelle, assez subtile pour nos prédécesseurs immédiats, nous est devenue familière depuis que nous possédons une monnaie, le franc-papier, dont la valeur est perpétuellement variable par rapport au franc-or, c'est-à-dire à un poids déterminé de métal fin. Nous taillons, comme on disait jadis, plus ou moins de francs dans un même poids d'or.

Légalement un écu, monnaie sonnante, vaut trois livres tournois, monnaie de compte. En conséquence, « le change de Paris, Lyon, Rouen et autres villes de

(1) Voir la thèse de M. MANGER sur *Le commerce franco-hollandais pendant la Révolution*.

France, se règle pour les traites et remises de Flandre, Hollande et Angleterre sur un écu de 60 sols ». Mais cette base est purement théorique, car « il [l'écu] est tantôt à un prix, tantôt à un autre, c'est-à-dire que l'on reçoit ou que l'on donne en Hollande ou Flandre, plus ou moins de deniers de gros pour un écu ; il en est de même pour l'Angleterre où l'on donne aussi plus ou moins de deniers sterlings pour un écu : *c'est selon que le change est plus haut ou bas.* »

Voilà le grand mot lâché. Si les changes étaient au pair, on devrait recevoir en Hollande 120 deniers de gros pour chacun des écus de trois livres versés en France ; telle est la parité métallique des deux monnaies. Mais ce que l'on envoie de France en Hollande, ce ne sont pas des espèces métalliques, ce sont des ordres de paiement, en deniers de gros, correspondant à des versements faits en France en écus. Or le prix de l'écu, dans une lettre sur Amsterdam, n'est jamais de 120 deniers de gros. Après une étude, sans doute prolongée, des variations de ce prix, Savary conclut : « Il n'est jamais moindre de 90 deniers de gros ni plus haut que 107 », car « les espèces sont plus basses en Hollande qu'en France ». L'argent, dirions-nous, y est moins cher.

Une double réflexion s'impose : 1º les variations de la courbe sont d'une assez large amplitude ; elles se meuvent, comme on dirait aujourd'hui, entre 17 points ; 2º la monnaie française, même aux heures les plus favorables, est à 14 points au-dessous du pair.

Notons qu'il ne s'agit pas là d'un fait exceptionnel, dû à la guerre de Hollande, mais d'un fait que Savary considère comme permanent. Lorsqu'il enseigne aux cambistes comment il faut opérer la conversion des changes étrangers, il choisit, par hypothèse, une valeur conventionnelle de l'écu sur les places étrangères. Or cette valeur, pour les pays avec lesquels nous avons de grosses relations commerciales, est toujours au-dessous de la parité métallique. Par exemple ses calculs du change sur Amsterdam ont pour base une parité conventionnelle de 96, soit vingt-cinq points au-dessous du pair nominal. En monnaie française, on dira que l'écu vaut 48 sols au lieu de 60.

Donc « pour trois mille livres payées en France, l'on recevra en Hollande 400 livres de gros, qui font 2.400 livres de France », l'opération se soldant par 20 pour 100 de perte — « supposé que le change soit à ce prix, parce qu'il varie toujours ».

De même pour l'Angleterre, le pair de l'écu est de 72 deniers sterling. Mais « quelquefois un écu ne vaut que 54 deniers sterling, 55, jusqu'à 60 deniers sterling, *qui est le change le plus haut*, quoique 72 d. st. fassent notre écu, et si le change montait jusque-là, il serait au pair ». Pair tout théorique, puisque Savary raisonne sur un pair moyen de 56 deniers seulement par écu. 56 au lieu de 72, c'est un véritable effondrement, une perte de près d'un quart.

Pour 3.000 livres tournois, valant 1.000 écus, on ne recevra à Londres que 233 livres 6 sh. 8 d. au lieu de 300 livres, car une livre sterling devrait valoir 10 livres tournois.

Voilà une vérité qui n'a, je crois, été aperçue par aucun historien. Durant une période qui apparaît à distance comme l'une des plus brillantes de notre histoire, le change français a été constamment un change déprécié. Louis XIV a fait ses guerres, bâti Versailles, pensionné les savants étrangers, acheté à la fois le roi d'Angleterre et le Parlement britannique avec un écu valant en moyenne 56 pence au lieu de 72. Chaque fois que son ambassadeur à Londres corrompait un membre de l'opposition, il perdait cinq ou six sols par livre tournois. Colbert avait beau lutter contre le monopole des Hollandais, il ne pouvait remonter l'écu au delà de 96 deniers, au lieu de 120. Comment, dans une pareille situation de notre crédit, a-t-il pu risquer la guerre contre les Provinces-Unies ?

Je sais bien que l'importance du phénomène était largement atténuée du fait que la France recourait alors beaucoup moins à l'étranger ; le volume de sa dette était donc proportionnellement beaucoup plus restreint. Il n'empêche qu'avec cette balance des comptes perpétuellement défavorable, la France se ruinait tous les jours et que ces chiffres de Savary expliquent la détresse des dernières années du règne.

Ce qui devait contribuer à la hausse des changes, c'était l'organisation médiocre du commerce français, la difficulté qu'il éprouvait à se procurer du change sur l'étranger. « La plupart des villes de France n'ont pas toujours leurs correspondances dans les pays étrangers. » Pour le commerce avec l'Italie, on peut toujours se procurer des lettres à Lyon, où les principales d'Italie ont leurs correspondants, et qui a les siens à Milan, Gênes, Bologne, Florence, Venise, Rome et autres villes. « D'ailleurs Lyon, écrit Savary — cet Angevin de Paris — Lyon est la ville de France où il se fait le plus de commerce dans les pays étrangers, soit pour en recevoir des marchandises, soit pour en envoyer. » La description enthousiaste que Savary nous donne des paiements en foire prouve que, malgré la crise des guerres de religion, Lyon était resté ou redevenu un grand marché des capitaux, et donnait encore « la loi pour le prix de change à toutes les places des principales villes de l'Europe, excepté à Plaisance ». Mais son enthousiasme même, et le soin qu'il apporte à démonter un mécanisme « assez surprenant à ceux qui ne savent pas comment se font ces paiements » suffiraient à prouver qu'il s'agissait là d'une heureuse exception.

A côté de Lyon, Marseille, qui avait ses correspondants à Smyrne et à Constantinople, et, par l'intermédiaire de ces deux places, en Perse et « autres États de l'Asie ». Mais tout change quand on sort des pays de la Méditerranée, centrale et orientale. « Ceux qui veulent tirer ou remettre en Allemagne, Suède, Pologne, Danemark, Moscovie et autres États du Nord, et en tout l'Espagne et Portugal, ont leur correspondance à Amsterdam, à Anvers, à Hambourg ; il n'y a qu'en Angleterre, où la plupart des banquiers et négociants des villes de France où il se fait des manufactures et commerces de considération, font les traites et remises directement. »

L'exception anglaise est de poids. Mais que l'on mesure l'immensité des relations commerciales (l'Espagne et le Portugal comprennent leurs colonies) pour lesquelles nous étions tributaires de la banque d'Amsterdam ou de celle de Hambourg, avec recours en certains cas à Anvers. C'est au prix de ces difficultés qu'il avait fallu essayer d'enlever aux Hollandais le monopole du commerce baltique, car « il n'y a que deux endroits où l'on puisse avoir correspondance pour envoyer de l'argent dans toutes les villes du Nord, et pour y faire les traites et remises, qui sont Amsterdam et Hambourg ». Amsterdam est dangereux pour les Français à cause de la jalousie des Hollandais contre nos marchands, et surtout contre la Compagnie du Nord. Toute opération conclue par l'intermédiaire d'Amsterdam sera immédiatement connue de nos concurrents, car la Banque et les compagnies hollandaises de commerce ne sont en réalité qu'une même puissance.

Mieux vaut s'adresser à la Banque de Hambourg,

célèbre par son organisation, par sa fidélité, surtout par son secret. « Le silence inviolable des teneurs de livres », tous assermentés, garantit la clientèle contre toute indiscrétion. Banque mystérieuse, dont nul ne peut connaître le capital, les entrées ni les sorties, qui ne laisse pas saisir les fonds qu'un débiteur a déposés dans ses caisses, elle impose à ses clients des conditions très dures, et seuls les bourgeois de Hambourg peuvent s'y faire ouvrir un compte. C'est par leur intermédiaire seulement que l'on pourra se soustraire à l'emprise de ces puissants instituts néerlandais, que Savary ne peut s'empêcher d'admirer et dont une addition à son livre dans l'édition de 1757 dira : « Les banques établies en Hollande et la confiance qu'elles se sont acquise ne sont pas sans doute une des moindres raisons de la réputation et du succès de l'immense commerce que font les Hollandais, depuis plus d'un siècle, dans toutes les parties du monde. »

Il nous a semblé qu'il valait la peine d'attirer l'attention sur ce commerçant du XVIIe siècle. Assurément Savary n'a rien d'un écrivain. Il écrit comme on parle, quand on parle sans grand souci de la forme. Mais il observe avec soin les faits économiques, il cherche à se renseigner sur ce qui se passe en France et dans les pays les plus éloignés ; il entretient des correspondances, il dépouille des « mémoires », il constitue des dossiers. Pourvu d'une éducation commerciale et en même temps rompu à la pratique des tribunaux, il est l'un des auteurs de cette ordonnance qui a passé en grande partie dans notre Code de commerce et qui a contribué à donner au négoce français des habitudes et une réputation de sévère probité. Il a essayé d'élargir l'horizon de ses compatriotes, de leur donner le goût des grandes entreprises. Ce mercier à demi basochien a été l'un des meilleurs collaborateurs de Colbert.

CHAPITRE VIII

Le mot « industrie » et l'évolution industrielle

Les mots ont leur histoire, qui reflète l'histoire
même des institutions et des mœurs. Quand un mot
nouveau entre dans la langue, ou quand un mot ancien
revêt un sens nouveau, c'est que l'évolution sociale a
rendu ce sens nécessaire pour traduire la réalité nouvelle. Ce n'est pas un des moindres mérites des beaux
travaux de M. Ferdinand Brunot que de nous montrer
ainsi dans la langue le miroir mouvant de la vie.
Entendue de cette façon large et neuve, la linguistique,
la terminologie deviennent des sciences auxiliaires de
l'histoire et de la sociologie.

I

A cet égard, rien ne saurait être plus intéressant
que l'évolution sémantique du mot *industrie*, puisqu'elle devra refléter les transformations du travail
industriel lui-même et nous permettre de noter le
passage des formes anciennes de la production à l'organisation moderne du travail. De là l'intérêt exceptionnel que présente l'étude donnée par M. Henri Sée
sur ce sujet : *A propos du mot « industrie* (1). Fixer
d'une façon précise le moment où le vieux sens clas-

(1) *Revue historique*, t. CXLIX, p. 58 et suiv.

sique « d'invention, de savoir-faire » — le sens du latin *industria* — a fait place au sens « d'entreprise industrielle », ce serait nous renseigner sur la date même de la formation de l'industrie.

Dans cette étude, M. Sée posait en principe que le mot avait été employé uniquement dans son premier sens jusqu'à l'apparition du livre célèbre de Chaptal, *De l'industrie françoise*, dont les deux volumes sont publiés en 1819 (1).

Je ne sais si une étude lexicologique un peu minutieuse donnerait tout à fait raison à la thèse de mon savant collègue. Il est parfaitement exact que les diverses opérations relatives à l'élaboration des produits sont plus souvent confondues alors sous le vocable commun de *commerce* ou, dans la dernière partie du XVIIIe siècle, désignées par le mot d'*Arts*, soit employé seul, soit joint à ceux de *métiers* (2) ou *manufactures* ; mais le mot *industrie* n'est pas ignoré. On peut discuter sur le sens précis qu'il a dans ce passage de Vauban (3) : « Ces quinze livres quatre sols ne le mèneront pas fort loin, à moins que son industrie, ou quelque commerce particulier, ne remplisse les vuides du temps qu'il ne travaillera pas. » On est là très près du latin *industria*. Mais le sens se précise de bonne heure dans la langue administrative. Dès octobre 1716, on projette d'asseoir la taille « dans la proportion la plus exacte qu'il sera possible... par rapport au commerce, main-d'œuvre et industrie... L'industrie, main-d'œuvre et commerce seront taxés dans le lieu du domicile du contribuable ». Un arrêt du Conseil du 7 juillet 1733 oblige les collecteurs à « marquer dans leurs rôles le nom et la profession de

---

(1) Et non, comme il l'a écrit par inadvertance, en 1817.
(2) *Arts et Métiers* est chez Vauban.
(3) T. de l'éd. in-16, de 1708

chaque taillable, ainsi que l'espèce de son commerce ou industrie, la quantité de terres qu'il exploite », etc. La Déclaration du 7 février 1763 recommande aux intendants de se renseigner « sur le commerce et l'industrie de chaque habitant, et sur le bénéfice que chacun fait sur l'un et l'autre (1) ».

Dans l'expression officielle *vingtième d'industrie*, l'administration fiscale faisait tout juste l'inverse de ce que l'on avait fait en appelant *Bureau du commerce* le corps qui s'occupait à la fois des marchands et des manufacturiers. Ce vingtième d'industrie ne frappait-il pas les revenus qui n'étaient ni des revenus immobiliers, ni des valeurs mobilières, ni des revenus de professions libérales ? N'était-il pas, comme nous dirions aujourd'hui, la cédule des professions commerciales et industrielles ? C'est bien le sens que l'on trouve dans l'arrêt du Conseil du 2 novembre 1777, supprimant ce vingtième dans les villes, bourgs et campagnes : Sa Majesté, nous dit-on, a remarqué « qu'une partie de cette imposition portait sur l'industrie, c'est-à-dire *sur les fruits inconnus et présumés du travail et de l'intelligence* », et si elle la supprime dans les petites localités c'est « pour y attirer davantage l'industrie (2) ».

Ces documents parlent comme les économistes.

Bien que Turgot emploie plus fréquemment les mots d'*arts* ou de *manufacture*, il intitule cependant un paragraphe de ses célèbres *Réflexions* de 1766 (3) : « Autre emploi de l'argent en avances des entreprises de fabrication et d'industrie. » Il remarque que « tous les travaux, soit de la culture, soit de l'industrie, exigent

(1) Textes pris à M. M. MARION, *Les impôts directs sous l'ancien régime, principalement au XVIII* siècle*, p. 133, 143, 161.
(2) *Ibid.*, p. 311.
(3) Le § LIX. (T. II, de l'éd. Schelle, p. 567-569.) Voy. § LX et LXI.

des avances ». Il parle, au paragraphe suivant, des
« entreprises d'industrie », et cite comme exemple la
préparation des cuirs. Il subdivise ensuite « la classe
stipendiée industrieuse en entrepreneurs, capitalistes
et simples ouvriers », ce qui prouve bien que l'adjectif
industrieux est synonyme de notre *industriel* : « Toute
la classe occupée à fournir aux différents besoins de la
société l'immense variété des ouvrages de l'industrie se
trouve... pour ainsi dire, subdivisée en deux ordres... ».

En 1767, Le Mercier de la Rivière, interprète à son tour
de la doctrine physiocratique sur les *arts stériles*, proclame que « l'industrie n'est aucunement productive...
L'industrie n'est pas... créatrice de la valeur de ses
ouvrages... De toutes les pierres assemblées par l'industrie résulte naturellement la hauteur et la longueur du
mur qu'elle a construit... L'industrie est créatrice des
formes... Dans l'opinion de ceux qui se persuadent que
l'industrie multiplie les valeurs des matières premières,
les fabricants de dentelles doivent être des personnages bien importants.. Qu'une telle industrie doit
être précieuse à l'humanité !... Modérez votre enthousiasme, aveugles admirateurs des faux produits de
l'industrie... (1) ». Baudeau (2), en 1771, parlant « des
ouvriers employés aux ouvrages de durée », notamment de ceux qui transforment les matières premières
pour en faire « des maisons, des meubles, des habits, des
bijouteries », travail qui se fait « dans les boutiques des
artisans », s'exprime ainsi : « Il serait inutile sans doute,
et presque injurieux à nos lecteurs de leur expliquer
l'utilité de cette industrie, de son développement, de ses
progrès successifs et continuels. » Plus tard (3) il parle

---

(1) *L'ordre naturel et essentiel des sociétés*, éd. Depitre, p. 320-322.
(2) *Première introduction*, éd. Dubois (par erreur le titre porte 1767),
p. 75.
(3) *Ibid.*, p. 75.

de « l'industrie des manufacturiers et des artisans ».

Peut-être ne faut-il pas demander, en ces matières, une terminologie trop précise. En vertu d'une tradition qui remonte à l'origine déjà ancienne de ces institutions, nous continuons bien à nommer Chambres *de commerce* des compagnies qui s'occupent d'intérêts industriels en même temps que d'intérêts commerciaux et qui ont, d'ailleurs, à côté sinon au-dessous d'elles, des Chambres consultatives des *arts et manufactures*. Bien que le ministère préposé spécialement à la vie économique s'appelle ministère du Commerce et de *l'Industrie*, ne le désigne-t-on point, couramment, par l'expression abrégée ministère du Commerce ? Il n'est donc pas très surprenant que l'ancienne terminologie ait subsisté à l'époque prérévolutionnaire et révolutionnaire, que la société créée en 1776 par Baudeau et où l'on peut trouver la préfiguration de la future Société pour l'encouragement à l'Industrie nationale porte le titre de « Société libre d'émulation pour l'encouragement des inventions, découvertes et nouveaux procédés qui tendent à perfectionner la pratique des arts et métiers (1) », que la Constituante ait créé un bureau de consultation des arts et métiers, que la Convention ait appelé Conservatoire des arts et métiers l'établissement qui reçut les machines provenant de l'ancien dépôt de l'Académie des sciences.

Cependant la nouvelle terminologie faisait son chemin.

M. Henri Sée avait cru pouvoir faire état de ce fait que, dans l'*Encyclopédie méthodique* due à Roland de la Platière, « on ne trouve jamais le mot *industrie* employé au sens actuel du mot ». C'est de quoi nous nous permettons de n'être point persuadé.

(1) Voy. Ch. BALLOT, *L'introduction du machinisme dans l'industrie française*, p. 15.

En fait, on relève quatre fois le mot « industrie » dans le *Discours préliminaire* du tome premier des *Manufactures*, qui est de 1785. Il vaut la peine d'examiner ces divers emplois.

Dès les premières lignes de son *Discours* le zélé inspecteur, se plaçant à un point de vue qui, malgré l'identité du vocabulaire, est assez éloigné de celui de Rousseau, dépeint l'homme primitif nu, dépourvu de besoins comme de vêtements : « L'homme eût vécu en paix, rien ne manquait à sa destination. Entouré maintenant des objets *de son industrie* (1), je le vois lutter contre les intempéries, s'efforcer de s'y soustraire, adoucir les éléments, maîtriser et embellir la nature... » Ou nous nous trompons fort, ou il y a là plus que le sens classique d'invention, de savoir-faire. L'expression « objets de son industrie » indique bien que le travail humain s'est incorporé dans des produits nouveaux, lesquels n'auraient point existé sans lui. Roland dépasse évidemment le point de vue des physiocrates, et il ne faudrait pas beaucoup forcer les termes pour trouver à sa phrase une allure déjà saint-simonienne. J'y vois tout au moins une sorte d'hommage rendu au génie de l'être humain, avec ses « facultés exercées à la recherche du bonheur ».

Dans la même page Roland, qui a lu Turgot, fait allusion au progrès intellectuel qui a rendu enfin, à ce que nous appellerions le travail industriel, sa place dans l'estime publique. Ce progrès il le nomme, d'un mot qui est bien du temps, la philosophie : « C'est à ses lumières que les arts doivent l'espèce de distinction qui les encourage et les développe. Longtemps l'orgueilleuse ignorance confondit dans ses dédains

____

(1) Naturellement les soulignés sont de nous.

le génie des inventions avec les pratiques communes qui les mettent à profit par les soins de l'artisan laborieux. *Les jouissances procurées par l'industrie* lui parurent des tributs dus à la richesse. » Dans ce passage, réaction contre les préjugés anti-industriels de l'époque classique, industrie désigne les perfectionnements techniques, ou, comme nous dirions, les sciences appliquées ; on disait alors : les arts appliqués. Un contemporain de Vaucanson devait s'exprimer ainsi. Il devait, comme Roland, vanter « les progrès dans les opérations raisonnées qui plient à l'usage de l'homme les substances végétales et la dépouille des animaux ». A titre d'exemple, Roland, qui connaît à fond la fabrique lyonnaise, énumère toutes les opérations qui mènent de la sécrétion d'une humble chenille aux étoffes les plus somptueuses.

On ne trouverait jamais chez lui, nous avait-on assuré, « le mot *industrie* employé au sens actuel du mot : il est question de *manufactures*, de *fabriques*, de *métiers*, quelquefois d'*usines* (1) » ; nous ajouterons d'*ateliers*. Mais nous connaissons au moins deux passages où les mots d'*industrie* et de *manufactures*, loin de s'opposer l'un à l'autre, apparaissent presque comme des synonymes.

P. 3, c'est en parlant des *Manufactures* que Roland écrit : « Du besoin naquit l'*industrie*... ». On pourrait croire d'abord que le terme est employé en son sens classique d'*industria* ; la suite va nous éclairer : « Mais cette fille féconde et perverse » — apparition offensive de la phraséologie rousseauiste — « à la marche inégale, rebroussant sans cesse, inonda les champs de sa source, et bientôt rien ne put suffire aux besoins qui s'épandirent par toute la terre ».

(1) Ici les soulignés sont de M. Sée.

Enfin p. 25, Roland termine par ces mots significatifs un éloge de Trudaine, restaurateur des manufactures : « Depuis près d'un siècle, depuis que Louvois établit son crédit et ruina la France, aux dépens
et en dépit de Colbert, l'*industrie* contrainte se heurtait de ses chaînes.... ».

Peu importe la valeur historique de ces dernières
affirmations de Roland. Ce qui importe, c'est que le
mot *industrie* est couramment employé par lui, trente
et quelques années avant l'œuvre de Chaptal, et dans
un sens très voisin de celui où Chaptal l'emploiera.
Ce sens était familier aux négociants, fabricants,
savants, administrateurs qui, en 1794, se réunissaient
deux fois par semaine à l'Agence des arts et manufactures pour y prendre part à des conférences sur les
« moyens d'étendre et de perfectionner l'industrie (1) ».
Ne présentait-on point alors à la Commission des arts
et manufactures un recueil périodique intitulé *Les
ressources de la République française ou les conquêtes
de l'industrie nationale* (2) ? C'est en 1758 qu'en ouvrant
la première exposition des produits de l'industrie,
François de Neufchâteau s'écriait (2) : « Ils ne sont
plus ces temps malheureux où l'industrie enchaînée
osait à peine produire le fruit de ses méditations et de
ses recherches... Lisez avec attention le catalogue,
disait sa circulaire, et vous vous convaincrez que l'industrie française, prise au dépourvu, a honoré le
génie national... Cette exposition... est réellement une
première campagne, une campagne désastreuse pour
l'industrie anglaise... ». Peut-on souhaiter une langue
plus moderne ?

Chaptal, en l'an VIII, vingt ans avant son livre

(1) Ch. Ballot, *ouvr. cité*, p. 28.
(2) Textes cités par Levasseur (t. I, p. 279) d'après le *Moniteur*
des 1er vendémiaire et 5 frimaire an VII.

fameux, disait déjà dans son *Essai sur le perfectionnement des arts chimiques* « qu'il devait être libre au fabricant de s'approvisionner où il voudrait de toutes les
matières premières de son industrie (1) ». Pendant
les négociations qui suivirent la paix d'Amiens, le
Conseil de l'agriculture, des arts et du commerce
exprimait l'avis que la paix ne pouvait durer entre la
France et l'Angleterre « si leur industrie restait à
l'état de guerre (2) ».

M. Sée lui-même signale, en 1802, l'apparition de la
Statistique de l'Industrie minérale. En 1805, le rapport
de Vital Roux examine le rôle des corporations comme
moyen de « garantie pour l'industrie ». Une note sur la
fin de 1806, célébrant la prospérité de nos manufactures,
rappelle les temps où nos « ennemis implacables »
s'employaient à « ruiner notre commerce et toutes les
forces de notre industrie » en contrefaisant nos étoffes.

Le mot passe avec la chose aux Bourbons restaurés.
Dans l'*Exposé de la situation du royaume*, lu à la
Chambre de 1814 (le 12 juillet) par Dambray et Mon-
tesquiou, il y aura bien encore un écho du sens ancien
d'industrie : « Certes rien ne prouve mieux l'industrie
de notre nation... que les progrès de son agriculture
sous un gouvernement oppressif », mais à plusieurs
reprises le sens nouveau apparaît dans ce texte, notamment sous la forme, chère à Chaptal, d' « industrie
manufacturière (3) ». L'épithète a pour effet de préciser et de fixer un sens jusque-là incertain.

Nous voilà tout droit menés à Chaptal. En 1816
Henry de Saint-Simon, dans sa lettre « à messieurs les
cultivateurs, les fabricants, les négociants et les ban-

(1) Cité par Levasseur, p. 405.
(2) *Ibid.*, p. 466.
(3) Je dois ce renseignement à un de mes élèves de l'Ecole nor-
male supérieure, M. Henry.

quiers (1) » disait déjà : « Dès que l'opinion industrielle sera formée, rien ne pourra lui résister », et il publiait les fameux cahiers de l'*Industrie littéraire et scientifique liguée avec l'industrie commerciale et manufacturière*...(2), dont le titre deviendra l'année suivante : *l'Industrie ou discussions politiques, morales et philosophiques*..., pour aboutir à celui de *Cahiers de l'Industrie*. N'oublions pas que la même année 1819, qui vit s'ouvrir une exposition et paraître le livre de Chaptal, est aussi l'année de la *Parabole*, et celle des *Nouveaux principes* de Sismondi.

II

Au reste, ces questions de terminologie n'ont peut-être pas, en elles-mêmes, l'importance qu'on veut leur attribuer.

Il est parfaitement exact qu'il est bon « de se servir le plus possible des termes qu'emploient les contemporains » et de s'inspirer sur ce point des idées de Fustel de Coulanges. Il nous semble avoir encore dans l'oreille le souvenir des pénétrantes et minutieuses analyses où le maître retraçait l'évolution des mots *curia, curialis, senator, Romanus*, etc. Nous avons nous-même, bien des fois, essayé d'écarter le mot tout moderne (du XVIIIe siècle) de *corporations* pour le remplacer par celui de *communautés de métiers*. Ce serait cependant rendre à l'historien la tâche impos-

---

(1) Alfred PEREIRE, *Autour de Saint-Simon*, p. 2-3.
(2) *Ibid.*, p. 11. Voy. dans ce volume l'histoire des éditions successives. En se séparant de Saint-Simon par une lettre à Decazes le 30 octobre 1817, les banquiers, négociants, manufacturiers, qui avaient d'abord souscrit à cette publication, déclarent qu'ils avaient cru favoriser des études sur « les Progrès du commerce et de l'industrie ».

sible que lui interdire d'exprimer en langage moderne des phénomènes que les contemporains n'ont pas su nommer. Si Levasseur, G. Fagniez ou M. Germain Martin avaient eu tort de parler d'*industrie*, M. Pirenne aussi aurait eu tort de décrire le *capitalisme* dans les républiques italiennes ou flamandes. Pourtant le phénomène capitaliste a devancé l'évolution linguistique d'où devait sortir, avec son sens actuel, le mot de capital. De même que les périodes historiques ne reçoivent d'ordinaire un nom qu'alors qu'elles sont closes, de même les institutions sociales ne sont nommées que du jour où elles apparaissent générales et habituelles.

Mais derrière cette querelle de mots, n'y a-t-il point, à bien voir les choses, une légère divergence sur l'interprétation des faits eux-mêmes ?

Deux écueils sont à redouter en matière d'histoire économique.

Il est assurément dangereux de faire à l'excès état de phénomènes exceptionnels, d'aventure même artificiels, et qui n'ont pas eu de lendemain : les quelques usines, au sens moderne du terme, que l'histoire, grossie par la légende, nous montre installées dans quelques-uns des monastères anglais sécularisés par Henry VIII, ne doivent évidemment pas nous amener à conclure que la draperie anglaise devient dès le temps des Tudors une industrie concentrée. William Ashley, dans ses belles études, nous a mis en garde contre cette illusion. Mais l'erreur ne serait pas moins grave de négliger des faits qui annoncent et préparent les évolutions ultérieures.

Dans une Bretagne où la *manufacture* de toiles apparaît comme une industrie purement rurale et dispersée, lorsque M. Sée lui-même et M. R. Durand nous montrent, à Nantes, une véritable usine, avec les caractères essentiels de l'industrie concentrée, il ne faut pas nier l'apparition de quelque chose de nouveau. L'analyse des articles *Atelier, Manufacture, Usine,* de Roland de la Platière permet de se rendre compte que, déjà vers la fin du XVIIIᵉ siècle, la lutte était engagée entre les formes du passé et celles de l'avenir.

Il ne faut pas que l'expression commode de *révolution industrielle* nous induise en erreur. Si nous voulions adresser une chicane à l'œuvre magistrale de M. Paul Mantoux, nous lui reprocherions d'avoir un peu trop appuyé sur cette nouveauté, sur cette originalité du mouvement anglais. Encore moins qu'une révolution politique, une révolution économique n'est jamais un *saltus*. Un nouveau régime industriel se construit en partie avec des matériaux préexistants. Les études malheureusement inachevées de Ballot prouvent que si la révolution industrielle, au sens plein de l'expression, s'est d'abord réalisée en Angleterre, elle se prépare en France dès la fin de l'ancien régime. A mesure que les années s'écoulent, il me semble que ces études apparaissent mieux ce qu'elles furent pour beaucoup de personnes : une révélation (1). Ces personnes sont devenues moins sévères pour ceux qui parlaient chez nous de grande industrie au XVIIIᵉ siècle, et même d'une première révolution industrielle. A la date tardive où la tradition des économistes la fait commencer en France, elle est déjà en marche. Lorsque Michelet écrit que la révolution de juillet a marqué la victoire de la formule saint-simonienne : *Honneur à l'industrie*, l'évolution est à peu près achevée, et Rouget de l'Isle peut dédier à Ternaux son *Chant des Industriels.*

1) Nous le disions dans l'*Avant-propos*, en 1923.

Inversement une « révolution » économique ne saurait avoir pour effet de faire disparaître, du jour au lendemain ou même après une période plus ou moins longue, toutes les formes anciennes d'organisation de la production et des échanges. La stratigraphie économique a ses fossiles, mais qui ont ceci de particulier d'être des fossiles vivants. Dans la France de 1917, à côté d'usines qui emploient des milliers d'ouvriers, ne relève-t-on pas la survivance des petits métiers, très peu différents de ceux que nous font connaître les anciens textes ? Ceci n'a pas tué cela.

Cette coexistence des formes nouvelles et des formes qui semblent périmées est naturellement surtout apparente dans nos vieilles sociétés, où les institutions anciennes se défendent par la force d'inertie. Mais les sociétés plus neuves, c'est-à-dire celles qui se sont constituées à peu près à l'heure où triomphait la révolution industrielle, n'ont pas complètement éliminé les résidus de leur passé ou sont impuissantes à éliminer ceux de ces résidus que leur apporte l'immigration des pays de vieille civilisation. Si, d'une façon générale, les États-Unis, le Canada, l'Australie, etc., se caractérisent par la prédominance de la grande industrie moderne, l'usine colossale n'y a pas complètement aboli la boutique et l'échoppe.

Il est parfaitement vrai que, dans une métropole américaine, il est beaucoup plus facile de se procurer une paire de souliers neufs, fabriqués dans une usine qui les confectionne par centaines de mille, que de faire réparer la paire que vous portez aux pieds. La fable du savetier et du financier est proprement devenue inintelligible pour un habitant de Wall Street, car il n'y a pas de savetier au bas des *buildings*, où d'ailleurs aucun financier ne songerait à passer la nuit, et où l'on ne peut ouïr d'autre chant que la trompe des automobiles et la sirène des vapeurs. Mais à deux pas de ce point du monde où la concentration des capitaux atteint peut-être son maximum, il suffit de pénétrer dans les rues du quartier italien pour y retrouver les « regrattiers » et jusqu'aux marchandes « d'esgrun » de notre *Livre des Mestiers*, tandis que les vendeurs de condiments en plein vent de Chinatown évoquent le souvenir du « crieur de sauce verd » ou des moutardiers de Rabelais, tandis que les brocanteurs de la ville hébraïque de l'*East side* nous rappellent non seulement les juiveries de l'Europe orientale et centrale — Bratislava ou Kisinau — mais encore les interminables procès plaidés devant nos parlements et nos bailliages par les fripiers ou les merciers contre les chaussetiers, drapiers, etc. Tout cela sur quelques kilomètres carrés. Et en dehors même de ces quartiers spéciaux, la clientèle de New-York ou de Boston n'a-t-elle pas le choix entre la *laundry* à vapeur du dernier modèle et le petit blanchisseur jaune, dont les yeux bridés contemplent, sur un comptoir, les menus paquets de linge enveloppés de papier de riz, timbrés de caractères étranges ?

La vie est faite de ces contrastes. Ils sont plus abondants de ce côté-ci de l'océan. Le *village blacksmith* n'est plus qu'un poétique souvenir au pays de Longfellow. Il est une réalité dans nos villages à nous où le même artisan est charron, maréchal-ferrant, forgeron, sans cesser d'être, à ses heures, un paysan — ce qui explique la difficulté que nos statisticiens éprouvent, comme les historiens de la Révolution, pour distinguer dans leurs classifications les professions rurales et les professions industrielles.

Il peut être commode pour les économistes d'ignorer ces survivances, ces coexistences du passé avec le présent, et d'opposer, en un diptyque, l'Angleterre révolutionnée d'Arkwright et de James Watt à une France qui aurait attendu, pour connaître les bienfaits et les périls de la grande industrie, le triomphe de la bourgeoisie censitaire. Les choses apparaissent plus complexes et plus fluides au regard de l'historien.

C'est dans un monde où régnaient encore la communauté jurée et la réglementation que se sont élaborés les éléments de la grande industrie moderne. Les fluctuations mêmes et les incertitudes de la terminologie en portent témoignage.

TABLE DES MATIÈRES

Imp. des *Presses Universitaires de France*, Paris. — 1927. — 0.912

9 782329 174815